망명과 자긍심

망명과 자긍심
교차하는 퀴어 장애 정치학

1판 1쇄 2020년 4월 1일
1판 5쇄 2023년 7월 10일

지은이 일라이 클레어
옮긴이 전혜은, 제이
펴낸이 김수기

펴낸곳 현실문화연구
등록 1999년 4월 23일 / 제2015-000091호
주소 서울시 은평구 불광로 128, 302호
전화 02-393-1125 / 팩스 02-393-1128 / 전자우편 hyunsilbook@daum.net
ⓗ hyunsilbook.blog.me ⓣ hyunsilbook ⓕ hyunsilbook

ISBN 978-89-6564-249-7 (03300)

이 도서의 국립중앙도서관 출판예정도서목록(CIP)은
서지정보유통지원시스템 홈페이지(http://seoji.nl.go.kr)와
국가자료종합목록 구축시스템(http://kolis-net.nl.go.kr)에서 이용하실 수 있습니다.
(CIP제어번호: CIP2020009622)

망명과 자긍심

교차하는 퀴어 장애 정치학

일라이 클레어 지음

전혜은·제이 옮김

현실문화

일라이 클레어에 대한 찬사

"근본적인 세계의 언어로, 인간의 복잡한 교차성을 기술하고, 잔혹함을 그 반대의 것으로—생명을 살리는 강력한 치료제로 변형시킨다."

— 앨리슨 벡델Alison Bechdel, 『펀 홈: 가족 희비극Fum Home: A Family Tragicomic』, 『경계해야 할 다이크Dykes to Watch Out For』 저자

"일라이 클레어의 『망명과 자긍심』은 (…) 우리에게 정체성 정치를 넘어 사유해 보라는 난제를 던진다. 이 아홉 편의 서로 연결된 에세이들은 퀴어와 장애만이 아니라 계급, 인종, 도시와 지방의 구분, 젠더 정체성, 성적 학대, 환경 파괴, 그리고 집의 의미까지 탐구함으로써 범주화에 저항한다. (…) 클레어는 단일 쟁점만 다루는 운동으로 서로 분열된 현재의 정치 상황 너머로 우리를 데려갈 광범위한 교차성 정치의 비전을 제공한다."

— 레이철 로젠블룸Rachel Rosenbloom, 《여성들의 북 리뷰The Women's Review of Books》

"일라이의 글은 당신의 내부에서, 당신이 균형을 잡고 있는 곳 바로 옆에서 폭발한다."

"우리를 가장 감동시키는 책은 우리가 겪은 일을 이해하게끔 도와주고, 우리가 이미 알고 있던 것을 새로운 통찰, 새로운 분석으로 조합하여 우리 자신과 삶에 대한 새로운 비전을 만들어낼 수 있게 해준다. 나에게는 오드르 로드의 『시스터 아웃사이더』, 에이드리엔 리치의 『거짓말과 비밀과 침묵에 대하여』가 그런 책이었고, 다른 중요한 책들도 있었다. 그리고 이제는 일라이 클레어의 『망명과 자긍심』이 있다."

바위와 나무, 언덕과 해변에게

차례

1부
—
장소

일러두기

1. 원서인 Eli Clare, *Exile and Pride: Disability, Queerness, and Liberation*은 South End Press에서 1999년 초판, 2009년 2판이 발간되었으며, Duke University Press에서 2015년 3판이 발간되었다. 이 책은 3판을 번역한 것이다.

2. 외국 인명과 지명은 국립국어원 외래어 표기법을 원칙으로 하되, 국내에서 널리 사용되는 표기는 관행에 따르기도 했다.

3. 옮긴이 주는 각주로 달고 *, **, ***으로 표기했으며, 저자 원주는 미주로 달고 1, 2, 3으로 표기했다.

4. 제목을 표시하는 기호로 단행본에는 『 』를, 논문과 기사와 단편 문학작품에는 「 」를, 잡지와 신문에는 《 》를, 영상물과 예술 작품에는 〈 〉를 사용했다.

3판 추천의 글

아우로라 레빈스 모랄레스 Aurora Levins Morales [*]

나에게 종소리처럼 작용하는 예술이 있다. 그런 예술은 나를 통하여 진동하고, 나를 화음으로 채운다. 다른 이의 삶으로부터 나온 창조적 행위는 내 창조력이 샘솟는 깊은 곳을 휘젓는다. 그리고 내가 미친 듯이 주머니를 뒤져 종잇조각을 찾아, 그에 대한 응답으로 솟아오르는 신선한 언어의 파편들을 휘갈겨 쓰게 만든다.

그런 일은 재능이나 통찰력만으로 촉발되지 않는다. 나는 내가 높이 평가하는 훌륭한 글, 더없이 아름다운 음악, 시각예술 작품을 매일 마주한다. 하지만 마음 속 고요한 파동이나 약동하는 날갯짓을 항상 느끼는 건 아니다. 그런 일은 그 예술가의 용기가 거짓된 것을 모조리 벗겨낼 때 일어난다. 그렇게 남겨진 것이 너무도 진실하게 울릴 때, 그에 응해서 나는 진실한 것들을 콧노래처럼 흥얼거리지 않고는 못 견디게 된다. 『망명과 자긍심』은 그런 종류의 예술이다.

---

[*] '아우로라 레빈스 모랄레스(Aurora Levins Morales, 1954~)'는 푸에르토리코 출신의 작가이자 시인이다. 라틴 페미니즘과 제3세계 페미니즘에 큰 영향을 미쳤다.

· — · —·

이 글을 쓰고 있는 지금은 인종차별적 폭력이 처벌받지 않은 일에 대한 분노가 다시금 거리를 가득 메워 전국적인 시위가 벌어진 바로 다음 날이다. 그리고 가자Gaza, 아요트시나파Ayotzinapa,* 퍼거슨Ferguson**에서 일어난 일들이 내 마음을 연신 때리고 지나간 한 해가 저물어가는 시기다. 그 당시에 나는 출구 없는 분노, 비탄, 두려움 때문에 육체적으로 아팠고, 시위에 나가 행진할 수도 소리칠 수도 없는 내 몸의 무능함 때문에 좌절하곤 했다. 그러한 잔혹함에 직면하여 복잡한 진실들을 말하는 건 불가능해 보이기에, 시는 내 목에 걸려 나오지 않았다.

나는 고문당한 어린아이로서 나를 고문한 자의 인간성을 저버리지 않는 것에 대해 글을 쓴 적이 있다. 그런데도 나는 가자 지구에서 벌어진 참상의 근원이 무엇인지, "아랍인을 죽이자"는 구호를 외

---

* 2014년 9월 26~27일 사이 밤에 멕시코 게레로(Guerrero)주 이괄라(iguala)에서 아요트시나파 지방사범대학 남학생들이 경찰에 의해 피습되어 6명이 사망하고 40명이 부상당하고 43명이 실종된 사건을 말한다. 멕시코 범죄 조직과 연루되었다는 의혹이 있으며, 사건에 대해 납득할 만한 규명이나 책임자 처벌이 이뤄지지 않았다. 보다 자세한 정보는 미주인권위원회(Inter-American Commission on Human Right, IACHR)의 조사 보고서(www.oas.org/en/iachr/docs/Mesa/ReportAyotzinapa. pdf), 또는 골드스미스 런던 대학교 소속 포렌식 아키텍처(Forensic Architecture, FA) 팀이 제작한 웹페이지(www.forensic-architecture.org/case/ayotzinapa)를 보라.

** 2014년 8월 9일 미국 미주리주 퍼거슨에서 18세 아프리카계 미국인 남성 마이클 브라운(Michael Brown)이 비무장 상태로 길을 걷던 중 경찰이 수차례 쏜 총에 맞아 사망했다. 이 사건은 경찰의 인종차별적 과잉 대응에 분노한 시민의 대규모 시위로 이어졌다.

치고 팔레스타인 사람들의 집에 포탄이 떨어지는 걸 보며 환호하는 이스라엘 젊은이들의 기저에 무엇이 놓여 있는지에 대해 글을 쓸 수가 없었다. 잔학 행위는 미묘한 맥락을 침묵시킨다. 유럽의 엘리트들이 어떻게 유대인을 이렇게 되도록 몰아갔는지, 인종차별주의와 유럽 식민주의에 얽혀 있는 반유대주의가 어떻게 이런 가해자들을 만들어냈는지, 시온주의가 어떻게 공포심을 특권 의식과 혐오로 변형시켰는지에 관한 이야기를 어디서 할 수 있을지 나는 모르겠다. 무자비한 공격이라는 엄연한 현실 뒤에 복잡한 문제들이 있다고 지적하는 건 쓸모없고 모욕적인 짓처럼 보인다. **실은 더 깊은 사연이 있다**고 말하는 게 폭력에 공모하는 셈이 되어버리는 거다.

그러나 바로 지금이 우리가 더 깊은 사연을 알아야 하는 순간이며, 다양한 목소리, 장기적 관점, 복잡한 분석, 그리고 많은 노력을 기울이고 정교하게 접근해야 가능한 저항 동맹이 필요한 순간이다. 우리는 기꺼이 우리 자신을 알고자 하고, 우리가 기여한 모든 것을 더욱더 제대로 인식하고, 우리의 구체적이고 다층적인 삶을 바탕으로 정직하게 책임을 지고 발언해야 한다. 그래서 나는 여기서 시작한다. 바이섹슈얼bisexual이자 만성질환자이고 푸에르토리코계 유대인이며 계급적 위치가 뒤섞인 이 자리가, 나를 종소리처럼 울리게 만든 이 책을 읽는 자리이다.

· — · —·

일라이 클레어의 삶과 나의 삶에는 몇 가지 두드러진 유사점이 있고, 마찬가지로 두드러진 차이점도 많다. 우리 둘 다 가난한 시골 공동체에서 자라났고, 거기서는 가까스로 중산층에 속해 있었다. 그곳에서 우리가 사랑했던 풍경("우리의 뼛속 깊은 곳에서 묵직하게 울리는 사랑")은 멀리 떨어져 있는 기업들의 힘으로 쑥대밭이 되었다. 기업들은 그 재앙을 일으키는 데 그곳에 살고 있는 사람들, 우리가 양가적으로나마 사랑했던 사람들의 손과 궁핍함을 활용했다.

일라이에게 그 장소는 미국의 오리건주에 있는 포트 오포드Port Orford로, 벌목과 연어 어업으로 먹고 사는 백인 노동계급 마을이었다. 나에게 그 장소는 인디에라 바하Indiera Baja*였다. 인디에라 바하는 푸에르토리코 서부에 있는 커피 재배 지역과 바나나 재배 지역의 경계에 있고, 제국주의의 직접적인 표적이 된 인도계-아프리카계-유럽계-카리브계 노동계급 사람들보다 더 가난한 이들이 산다. 우리 둘 다 동네 사람들 집 마당에 놓인 고장 난 자동차를 가지고 놀며 자랐다. 그리고 세세한 것들, 냄새, 소리, 색("날리는 나무 부스러기, 발효 중인 커피 열매")을 사랑하고 우리 이웃의 고된 노동과 기술을 존경하며 자라났다. 그들이 종사했던 산업들이 우리를 먹고 살게 해준 동시에 우리의 땅을 파괴했다. 우리 둘 다에게 남겨진 건, 우리에게 위안이 되었던 자연 세계를 가로지르는 거대한 상흔처럼 나무가 모조리 베어져 나간 산비탈, 그리고 우리 공동체를 절망에 몰아넣은

* '인디에라 바하'는 서인도제도의 섬 푸에르토리코(미국 자치령)에 있는 마리카오(Maricao)시의 한 구역이다.

경제 붕괴였다.

우리는 둘 다 수년에 걸쳐 성폭행과 고문을 당했다. 일라이의 경우 아버지와 아버지의 친구들에 의해서였고, 나의 경우 학교를 통해 접근한 아동 포르노 업자들과 인신매매단에 의해서였다. 우리가 겪은 폭력은 모두 더 큰 사회 통제 시스템에 불가피하고도 복잡하게 엮여 있다.

우리는 둘 다 숲에서 도시로 이주했고 그에 수반되는 모든 상실을 겪었지만, 일라이에게 이주는 탈출이기도 했다. 나에게 이주는 선택하지 않은 일이었고, 쓸쓸하고도 전적으로 애통한 일이었다. 그럼에도 결국 이주는 나를 뿌리째 뽑아냄으로써 황량하면서 달콤한 분열된 언어를 작가인 내게 선사했다. 우리가 도착한 도시에서, 일라이는 당면한 계급 문제와 도시화에 대해 글을 쓴다. 나는 당면한 인종 차별주의와 성폭력에 대해, 국가·기후·언어의 변화에 대해 쓴다.

일라이의 가족은 그가 자란 편협하고 보수적인 세계의 일부였다. 급진적이었던 내 가족은 반공주의의 표적이 되었고, 내 인생에서 겪었던 정치적 균열을 부모님과의 관계에서 겪었던 적은 없었다. 우리는 둘 다 망명의 의미, "상실의 의미뿐만 아니라, 뒤에 남겨두고 온 장소에 대한 애정 어린 소속감과 연결감의 의미도—그것이 아무리 양가적인 것이라 해도—품고 있는" 이 단어의 의미에 대해 생각한다. 개인이 주권을 추구하는 일이 어떻게 그토록 많은 상실을 짊어지게 하는지에 대해 생각한다. 망명하지 않고 집단적 주권을 구축하려면 무엇이 필요한지에 대해 생각한다.

일라이는 정치적으로 의식화된 도시의 다이크dyke들* 사이에서 자신이 속할 곳을 찾아냈다. 내 경우에 바이섹슈얼로 존재한다는 것은 1970년대, 1980년대, 1990년대 내내 한 번도 완전히 환영받은 적이 없다는 뜻이었고, 그래서 퀴어가 내 정체성의 중요한 부분이었음에도 한 번도 나에게 편안함과 소속감의 주요 원천인 적이 없었다. 대신에 나는 유대 급진주의, 중남미 혁명가, 다양한 페미니스트, 퀴어와 장애와 갈색 피부가 겹쳐지고 인구통계학적 다양성을 가진 사람들과 연대하고 서로에게 쉴 곳을 내어주며 의지해왔다.

일라이는 태어날 때부터 남들이 쉽게 알아챌 수 있는 장애가 있었다. 나의 장애는 질병으로 인해 생긴 것이라 쉽게 간과되거나 의심받는다. 우리는 각자 무언가를 명명하고자 하는 어려운 길을 모색해가는 중이다. 일라이는 **프릭**freak**이라는 단어의 복잡하게 얽힌 역사와 영향이라는 문제를 붙잡고 씨름 중이고, 마찬가지로 나는 병과 트라우마를 둘러싼 단어들이 만들어내는 별자리를 붙잡고 씨름하고 있다.

일라이 특유의 말하기가 가진 직설적인 정직함과 감각적인 섬세함은 나를 끌어당기고, 존경과 신뢰를 불러일으킨다. 하지만 내가 황급히 펜을 찾게 만드는 것, 뭔가를 써야 한다는 충동을 일으켜 몇 번이고 읽기를 멈추게 만드는 것은 우리가 공유하고 있는 것들에 대

---

*   '다이크'에 대해서는 「옮긴이 후기」 310~311쪽을 보라.
**   '프릭'에 대해서는 「옮긴이 후기」 303~304쪽을 보라.

한 친숙함 때문도 아니고, 우리가 공유하지 않은 것들에 대한 나의 호기심 때문도 아니다. 나를 잡아끄는 건 단지 그가 **무엇을** 말하는 가가 아니다. **어떻게** 말하는가이다.

・ ─ ・ ─ ・

일라이는 2판 서문에서 『망명과 자긍심』이 집에 대한 책이라고 쓰면서 그 의미를 밝힌다. "우리가 어떻게 집으로부터 도망쳐왔고 집을 갈망해왔는지를 뜻한다. 결국 집이 가능하게 만들어줄 지극히 진실한 다중 쟁점 정치를 뜻한다." 나아가 그는 이렇게 말한다.

> 집으로서의 몸. 하지만 몸은 장소와 공동체 그리고 문화가 우리의 뼛속 깊이 파고들어 있다는 것이 이해될 때에만 집일 수 있다. (…) 집으로서의 몸. 하지만 몸은 몸들이 도둑맞고, 거짓과 독을 주입받고, 우리로부터 억지로 떼어내질 수 있다는 것이 이해될 때에만 집일 수 있다. (…) 집으로서의 몸. 하지만 몸은 도둑맞은 몸을 되찾을 수 있다는 것이 이해될 때에만 집일 수 있다.

우리에게 필요한 것이 복잡성, 모순, 모호성, 양가성이라는 점이 **이해될 때에만** 몸은 집일 수 있다. 도시 환경운동가들의 오만한 계급 차별주의가 주제일 때도, 벌목 노동자들이 멍청하고 짐승 같고 비난받을 만한 존재로 규정되는 것이 주제일 때도, 장애인이 겪는 성적 대상화의 다층적인 의미를 주제로 다룰 때도, 일라이가 독자인 우리에게 몇 번이고 요청하는 것은 긴장이 발생하는 그 장소로 들어가 거기 머무르면서 함께 흔들리고, 우리를 확 잡아당기는 다중적 관점을 받아들이라는 것이다. 그는 이렇게 단언한다. "우리 삶과 이 세상의 모든 복잡다단함을 반영하는 정치를 건설하는 일은 선택할 수 있는 문제가 아니라 절대적으로 필요한 일이다."

생태학자이자 5대째 급진주의자인 내 아버지는 내게 이렇게 가르쳐줬다. "두 가지 타당한 요구가 충돌하는 것처럼 보일 때는, 둘 중 어느 쪽도 충분히 요구하지 않고 있는 거란다." 우리에겐 나무와 사람 모두를 살리는 경제 체제가 필요하고, 모든 인간의 욕망과 주권을 존중하는 성 문화가 필요하다. 우리가 할 일은 다른 모든 것에 우위를 점하는 단일 쟁점을 찾는 것도, 우리의 피부를 압박하는 것들에 대한 우선권을 쟁취하는 것도 아니다. 우리가 할 일은 그 피부들이 맞닿는 장소를, 우리가 더 기꺼이 수긍할 만한 길을 찾을 수 있는 불꽃 튀는 접점을, 우리가 의미를 층층이 더해갈 수 있는 장소들을 찾아내는 것이다. 그리고 우리 삶의 복잡함을 자축하고, 그 복잡함을 활용하여 우리가 지금까지 가능하다고 생각했던 한계 너머로 우리의 욕망을 확장하는 것이다.

· — · —·

일라이는 컴바히강 집단Combahee River Collective[*]과 선집 『내 등이라고 불리는 이 다리』[**]를 언급하며, 급진적 유색인 여성들의 작업에서 일찍이 정치를 배웠다고 말한다. 작업을 함께했던 내 의견을 말하자면, 그 작업은 성차별주의 아니면 인종차별주의 둘 중 하나만 선택하라고, 다른 사람들이 편해지기 위해 우리 스스로를 분열시키라고 강요하던 단일 쟁점 조직화를 우리가 격렬하게 거부하는 가운데 자라난 것이었다. 그 작업은 우리가 우리의 온전한 자아를 가지고서는 입장할 수 없었던 출입구에 서 있는 와중에 자라난 것이었다. 그곳에서 우리가 충실하고자 했던 다중적 입장과 가치는 그것들이 가진 풍부한 생성적 힘을 인정받기는커녕 반역이라고 공격받았다. 나는 문자 그대로 논쟁으로 가득 찼던 그 방들을 똑똑히 기억한다. 우리는 거기서 동맹을 위해 투쟁했다. 늘 급박했고 번번이 분노했고 쓰라린 마음에 자주 이를 악물어야 했지만, 우리는 포괄적이면

[*] '컴바히 강 집단'은 1974년에 미국 보스턴을 거점으로 앤절라 데이비스(Angela Davis), 오드르 로드(Audre Lorde), 체리 모라가(Cherríe Moraga), 바버라 스미스(Barbara Smith) 등이 만든 유색인 페미니스트 단체다. 이 단체의 이름은 1863년 해리엇 터브먼(Harriet Tubman)의 주도로 진행된 노예해방을 위한 군사 활동을 칭하는 이름에서 따온 것이다. 이 단체는 백인 중산층 여성 중심의 페미니즘 운동이 유색인 여성에게 시급한 사안을 다루지 않는다는 점을 비판하며 활동했다. 주요 활동 중 하나로, 유색인 여성을 위한 출판사 "키친 테이블(Kitchen Table: Women of Color Press)"을 설립했다. 이 출판사는 유색인 여성들이 세운 세계 최초의 출판사로, 인종, 민족, 국적, 연령, 사회경제적 계급, 성적 지향에 상관없이 모든 유색인 여성의 글을 알리고 글쓰기를 고취할 목적으로 세워졌다. 이 출판사를 통해 수많은 유색인 페미니스트들이 사회 비평서와 문학작품과 에세이를 출간했다.

[**] Cherríe Moraga and Gloria Anzaldúa, eds. *This Bridge Called My Back: Writings by Radical Women of Color*(SUNY Press, 2015[초판 1981]).

서도 날카로운 정치학을 손에 넣기 위해 투쟁했다.

『망명과 자긍심』에서 일라이 클레어는 우리를 그런 방으로, 그리고 그다음 방으로 차례차례 데려간다. 잠재적 동지끼리 서로 헐뜯던 혼란스러운 순간들로, 깊고 고통스러운 모순들이 있었던 곳으로 데려간다. 극히 상처받기 쉬운 개인적 이야기와 통렬한 분석 둘 다를 아름답게 세공된 산문에 담아내면서, 일라이는 우리에게 요청한다. 앞으로 나서라고, 여러 군데에 소속감을 느끼고 애정을 쏟는 복잡한 위치성과 변동하는 맥락이 보편적 확실성의 허상을, 즉 그것이 사실은 독선적 관점에서 만들어진 것임을 폭로하고 약화시키는 모습을 마주하라고, 그리고 뭔가 더 어렵고 더 보람찬 일을 추구하라고.

· — · —·

이 책 중간에 나오는 문장 "자기혐오와 자긍심이 맞닿는 들쑥날쑥한 가장자리"에 핵심적인 질문이 놓여 있다. 우리를 좀먹는 비인간화와 억압이 가하는 학대에도 불구하고, 우리는 어떻게 자기애를 구축하고 재구축하는가? 우리는 어떻게 트라우마로 가득한 우리의 역사 속에서, 우리가 찬미하고 자랑스러워할 것들을, 영감과 긍정과 자기 존중이란 귀중한 조각들을 걸러내는가? 경멸적인 용어를 자기 긍정의 수단으로 끌어다 쓸 수 있는 건 언제이고, 그 역사에 깃든 악취가 너무 심해 허용될 수 없다고 판명되는 건 언제인가?

일라이는 **퀴어**queer와 **불구**crip*을 포함하여 자신이 받아들인 몇몇 용어의 목록을 살펴보다가, **프릭**freak이란 단어에서 멈춘다. 그리고 이 용어에 대해 자신이 본능적으로 어떤 반응을 보이는지를 풀어내고, 이 용어를 지적으로 면밀히 검토한다. 그는 프릭 쇼freak show를 뻔뻔한 착취와 모욕이 가해졌던 동시에, 때로는 재기 넘치는 반항과 행위성이 있었던 장소로서 생각해보라고 제안한다. 프릭 쇼를 옹호하는 이들과 비난하는 이들 양쪽 다 프릭 쇼 이야기를 영웅 서사 아니면 피해자 서사로 단순화하는 비슷한 경향을 보이는 반면, 일라이는 뉘앙스와 맥락을 탐구한다.

집단적 역사는 내가 찬미하고 이용하고 싶어 할 만한 순수한 저항과 전복의 이야기로 환원되기 어렵다. (…) 이처럼 충돌하는 역사들은 나로 하여금 증언이라는 행위에 대해 사유하게 한다. (…) 장애인을 프릭으로 범주화하는 이런 종류의 폭력은 우리가 우리의 자긍심 안에 통합하기보다는 증언해야 할 문제인가? 증언은 자긍심과 어떻게 다른가?

일라이와 마찬가지로 나에게도 **불구**와 **퀴어**는 자긍심의 영역으로 훨씬 더 쉽게 들어가는 반면, **프릭**은 나를 움찔하게 한다. 내 몸은 나의 괴물스러움freakishness을 오직 간헐적으로만 드러낸다. 몇 년

---

* '불구'에 대해서는 「옮긴이 후기」 300~303쪽을 보라.

에 한 번씩 오직 몇 분 동안만, 실제로 바닥에 쓰러져 경련을 일으키며 혀가 피투성이가 되고 소변으로 옷이 흠뻑 젖을 때에야, 나는 그런 종류의 이상함을 내보이게 되는 것이다. 경련은 복잡하고 때로는 아름다운 신경학적 차이라는 빙산의 일각이고, 평소에는 아무도 이에 대해 알지 못한다. 그러나 오랜 역사 동안 간질 환자를 사람들 눈에 띄지 않게 숨기고 감금했던 것과 달리, 나를 학대했던 사람들은 내 발작을 유발하고 전시했다. 어떤 면에서 내 신경학적 증상은 국제적 아동 포르노 및 성매매 산업 안에서 내 몸값을 높이는 데에 기여했다. 그러니 내 몸이 대체로 비장애 규범에 맞더라도, 나는 이 논의의 이해 당사자다.

일라이는 한 세기에 걸쳐 일어났던 그 현상의 모순들 속으로 우리를 한 발짝 한 발짝씩 데려간다. 몇몇 프릭 쇼 스타들은 재정적으로 성공했고 직업적 통제력을 얻었다. 그러나 이에 상응하는 대가는 다른 이들이 치렀다. 이름도 붙지 않은 채 야만인으로 전시된 아프리카인과 토착민들은 자율성도 빼앗기고 보상받는 것도 불가능했다. 몸에 대한 응시와 그 몸을 둘러싸고 얽혀 있는 허구적 이야기들은 지독하게 해로웠다. 프릭 쇼 매니저와 공연자들은 어수룩한 시골뜨기를 착취하기 위해 공모했다. 프릭 쇼를 보러온 관중이 돈을 지불하면서까지 쇼에서 얻고자 한 건, 자신은 정상이라는 확인이었다. 뒤이어 특정 사람들을 프릭으로 범주화하는 새로운 인식틀이 부상했다. 의사와 자선 모금 방송 진행자들의 주도로 소름끼치는 현대적 의료화가 시작된 것이다. 의료 명목으로 발가벗기고 시설에 감금하는 일이 자행되었고, 이에 저항할 방도는 거의 없었다. 나는 나도 모르게 연필에 손을 뻗어, 만성적으로 아픈 사람들이 되찾아오기 시작한 **환자**sick란 말과, 아직 우리가 되찾아오지 않은 **병약자**invalid 같은 말을 나란히 놓고 탐구하는 작업을 구상해보기 시작한다.

우리의 삶과 책 속 구절이 부딪치는 곳에서 반짝이는 질문들이 흩날린다. 장애와 질병의 깊은 차이는 운동을 조직할 때 어떤 의미를 띠는가? 간질부터 에볼라까지 점점 더 많은 질병이 환경적 요인과 연관되는 것, 즉 땅과 몸이 단지 은유적으로만이 아니라 정말 물리적으로 서로 속박되는 현상은 우리의 정치적 작업에서 어떤 의미가 있는가? 관광산업은 성적 착취라는 어두운 뒷면에 더해, 프릭 쇼의 인종차별주의적 유산의 일부도 이어받았는가? (이걸 쓰면서 나는 산 후안San Juan에 배를 댔던 크루즈 여객선을 떠올린다. 카메라를 든 관광객 무리가 길거리에 들이닥치더니, 보이는 아무나 붙잡고 야자나무 옆에 서거나 코코넛을 들고 있으라고 했다. 이국적인 것을 게걸스럽게 탐하는 그 응시에 나는 소름이 끼쳤다.) 내가 이 단어는 받아들이고 저 단어는 받아들이지 않는 역사적인 이유는 무엇인가? 어떤 단어에는 거의 본능적 거부에 가까운 반응을 보이는 이유는 무엇인가? 우리는 언제 찬미하고, 언제 분노하여 울부짖고, 언제 증언하고 애도하는가?

・ — ・ — ・

올해 아바나Havana에서 열린 "히스테리모니아: 인신매매된 소녀의 선언Histerimonia: Declarations of a Trafficked Girl"이라는 강연을 준비하면서, 나는 내가 태어난 곳인 마리카오Maricao 지역의 한 시골 마을에 대해 썼다. **마리카오**maricao라는 단어는 마리Mari라는 이름을 가진 여성의 고통이나 희생을 뜻한다. 또 벌채되어 점점 더 황폐해져 가는 내 나라의 산악 지대에 있는 나무 이름이기도 하다. 내가 성적 폭력과 생태학적 폭력이라는 두 종류의 폭력을 맞닥뜨렸던 장소다. 나는 그 땅을 파괴한 것과, 내 몸을 해치고 침입한 것을 분리할 수 없다. 둘 다 애초부터 성적 행위로 서술되었던 정복이란 물렛가락에 함께 감겨 있다.

마지막 부분에서 일라이는 몸의 트라우마를 깊이 파고들어, 어떻게 성적이고 신체적인 학대를 통해 "어른들이 아이들에게 권력과 위계가 무엇인지를 몸으로 배우게 하는"지를 자세히 설명한다. 그는 계속해서 이렇게 쓴다. "동시에 우리 몸은 단지 권력이 가르침을 적는 텅 빈 석판이 아니다. 우리는 몸 자체를 무시할 수 없다. 우리의 심장과 폐, 근육과 힘줄의 감각적인 경험은 언어로 말하지 않아도 우리가 누구인지에 대해 우리와 세상에 이야기해준다."

1998년에 이주, 식민주의, 국가 해방의 정치에서 땅이 은유로 사용되는 방식에 대한 글을 쓰면서, 나도 비슷한 이야기를 한 적이 있다. "여기에 앉아 나무 사이로 부는 바람 소리를 들을 때마다, 골짜기에서 다가올 폭우를 예고하는 도마뱀뻐꾸기의 잊히지 않는 울음소리를 들을 때마다, 햇볕에 마른 양치식물과 썩어가는 바나나 잎의 냄새를 맡을 때마다, 내 아래 단단한 점토를 느낄 때마다, 그 상징은 흐트러지기 시작한다. 내가 귀를 기울이고 있으면, 천천히 땅은 다시 땅 그 자체가 된다." 상처 입고 살아남았을 때, 몸과 지구 그리고 그것들로부터 구축한 유대감은 우리를 되살아나게 할 가장 깊은 원천으로 남아 있다.

· — · — ·

"젠더는 장애에 다다른다. 장애는 계급을 둘러싼다. 계급은 학대에 맞서려 안간힘을 쓴다. 학대는 섹슈얼리티를 향해 으르렁댄다. 섹슈얼리티는 인종 위에 포개진다…… 이 모든 것이 결국 한 사람의 몸 안에 쌓인다. 정체성의 그 어떤 측면에 대해서든, 몸의 그 어떤 측면에 대해서든, 글을 쓴다는 것은 이런 미로 전체에 대해 쓴다는 뜻이다."

글을 쓰다가 미로 속에서 길을 잃었다고 느낄 때마다, 나는 내가 왜 쓸 수 없는가에 대해 쓴다. 나는 상처로 돌아가서 귀를 기울인다. 이런 실천은 이 책 곳곳에서 빛나고 있다. 일라이 클레어는 우리로 하여금 계속해서 장애물, 상처, 복잡함을 마주보게 하고, 그럼으로써 우리가 서로를 마주보게 한다. 각자의 현실적 필요가 충돌하는 것처럼 여겨져, 격렬한 의견 차이가 발생하는 곳으로 향하게 한다.

그래서 나는 다시 땅으로, 우리 몸으로, 부러진 삼나무와 과야칸$_{guayacán}$*으로, 성폭력에 도둑맞은 우리 몸으로, 산사태와 침식으로, 악몽과 흉터로, 그리고 우리의 몸과 땅과 사람들을 되찾을 가능성으로 향한다. 다음과 같은 진실을 향해 간다. "하지만 도둑맞은 몸이 존재하는 것처럼, 되찾은 몸도 존재한다. (…) 한번 골절되었던 뼈가 지금은 다시 붙었어도, 그 뼈는 결코 부러진 적 없는 뼈와는 다르다."

이런 질문을 받은 적이 있다. "당신은 그렇게 많이 부러지고 그렇게 많이 잃고선 어떻게 살아가나요?" 나는 대답했다. **"부서진 것에 대한 이야기는 그 자체로 온전한 이야기예요."**

"도둑맞은 몸, 되찾은 몸, 자신과 세상을 아는 몸, 돌과 그 돌을 데우는 체온. 내 몸은 결코 단일한 적이 없었다. 장애는 젠더를 향해 으르렁댄다. 계급은 인종을 둘러싼다. 섹슈얼리티는 학대에 맞서려 안간힘을 쓴다. **이게 피부 아래 다다르는 방법이다.**"

우리 몸의 피부와 세계의 피부. 이것이 육신만이 아니라 땅도 이해하는 방법이다. 보편적 연대와 힘든 동맹 속에서 부러지고도 온전한 채로, 비통해하고 또 자랑스러워하면서 단일하지 않게 존재하기. 긴급한 일이나 중대한 손실을 근거로 우리가 요구하는 온전하고 복잡하고 포괄적인 이야기를 가로막는 짓을 결코 허용하지 않기.

『망명과 자긍심』은 우리에게 해답을 주진 않지만, 질문만 던지지도 않는다. 대신에 계속해서 도전적인 초대장을 보낸다. 부서진 채

---

* '과야칸'은 카리브해와 남아메리카에 자생하는 꽃나무다.

로 온전한 우리의 자아를 우리가 힘겹게 싸우고 있는 이 문제들로 데려와, 우리의 존재 전부를 이 문제들과 맞물리게 하라고 초대하는 것이다. 주머니를 뒤져라. 당신 자신의 모순의 지도를 적기 시작하라. 이제 나는 가야겠다. 모든 것이 노래를 흥얼거린다. 나는 써야 한다.

단일 쟁점 정치에 도전하다: 10년 뒤의 회고

『망명과 자긍심』 초판 출간 후 10년 동안, 나는 자주 이런 질문을 받았다. "독자들이 당신의 책에서 무엇을 얻길 바랍니까?" 그 답은 나의 활동에서 일종의 기도문이 되었다. "나는 비장애인 진보 활동가들이 정치적 의제에 장애 문제를 추가하길 원합니다. 동시에 장애 활동가들이 단일 쟁점single-issue 정치와 전략을 버리길 원합니다." 2009년에도 내 대답은 1999년과 다르지 않다.

고작 10년이 지났을 뿐이지만, 나는 내 기도문이 더 이상 적절하지 않은 날이 어서 오길 기다린다. 예를 들어 ADAPT*와 크리티

---

*   '오늘의 미국 장애인 지지 행동(Americans Disabled Attendant Programs Today, ADAPT)'은 현재 미국 전역에 지부가 있는 풀뿌리 단체로, 1974년 콜로라도주 덴버(Denver)에서 만들어진 장애인 자립 지원 단체 '아틀란티스 커뮤니티(Atlantis Community)'에서 출발하여, 1983년에 '대중교통에 접근할 권리를 위한 미국 장애인 협회(Americans Disabled for Accessible Public Transit, ADAPT)'라는 이름으로 본격적인 활동을 시작했다. 초기 활동은 장애인 이동권 쟁취에 집중되었다. 1970년대 말부터 이 단체가 시작한 버스 리프트 캠페인은 미국 전역으로 확대되었다. ADAPT는 비폭력 직접행동과 소송 끝에, 1990년 미국 장애인차별금지법에서 버스에 장애인용 리프트 설치를 의무화하는 성과를 이뤄냈다. 그 후 1990년부터 단체 이름을 현재의 이름으로 바꾸고 다양한 장애 문제를 다루는 인권 단체로 거듭났다. 이 단체가 벌인 수많은 중요한 활동 중 하나는 '저소득층 의료보장 제도에서의 지역사회 활동보조

컬 리지스턴스Critical Resistance**가 힘을 합치기까지 얼마나 기다려야할까? 정체성을 기반으로 하는 장애인권 조직으로서 ADAPT는 장애인 수용 시설nursing home을 폐쇄하고 장애인을 시설로 몰아넣어 사회와 격리시키는 것을 막는 직접행동을 조직한다. 지난 20년간 수천 명까지는 아닐지라도 수백 명의 장애 활동가들이 출입문을 봉쇄하고, 관공서를 점거하고, 차량 통행을 가로막다가 체포되었다. 같은 시기 크리티컬 리지스턴스는 현실적 전략인 교도소 개혁을 거부하고 교도소 폐지를 위한 지원을 모으면서, 교도소-산업 복합체에 대항하는 풀뿌리 저항을 조직했다. 만약 이 두 단체가 사람들을 가두는 각기 다른 방식이, 그리고 이러한 투옥으로 이득을 얻는 각기 다른 제도가 서로 연결되어 있다는 것을 이해하고 이에 의거하여 행동한다면, 해방의 비전은 어떠한 새로운 형태로 만들어질까?

서비스 및 지원 법(Medicaid Community Attendant Services and Supports Act, MiCASSA)'을 개발하고 2007년까지 이 제도를 확대하도록 한 것이다(이 과정에서 단체 이름도 'Attendant Programs'를 넣어 바꾸게 된다). 이 법은 현재 '지역사회 선택법(Community Choice Act)'이라 불린다. 장애인이 저소득층 의료보장 제도가 제공하는 지원 서비스를 장애인 수용시설에서 받을지 개인 활동보조인을 두는 데 쓸지를 선택할 수 있게 함으로써, 장애인이 시설이 아니라 지역사회에서도 살 수 있도록 대안을 마련하기 때문이다. 동시에 ADAPT는 장애인에게 맞춰진 안전하고 저렴하고 접근성 있는 주택을 보장하는 캠페인을 벌여왔다. 또한 장애인 활동보조 프로그램뿐 아니라, 전반적으로 장애인의 사회 참여를 돕고 권익 향상에 이바지하는 다양한 활동을 지금도 활발하게 진행하고 있다(공식 홈페이지 'adapt.org', 단체에 대한 자세한 설명은 'en.wikipedia.org'의 'ADAPT' 항목 참조).

** '크리티컬 리지스턴스'는 아프리카계 미국인 철학자로 페미니즘, 사회주의 운동, 흑인 인권 운동에 투신했던 앤절라 데이비스가 1997년 설립한 단체로, 교도소-산업 복합체가 가난한 사람과 소수 인종, 여성, 퀴어에 대한 폭력이라고 주장하며 교도소 폐지 운동을 벌여왔다(공식 홈페이지 'criticalresistance.org').

불행히도 장애 또는 비장애 진보 운동 단체 중 인종, 계급, 젠더, 섹슈얼리티를 포괄하는 의제에 장애 정치를 깊숙이 새겨 넣는 다중 쟁점multi-issue적 사유와 조직화에 참여하는 단체는 많지 않다. 최근 ADAPT 집회에서 나는 "교도소가 나쁘다고 생각한다면, 장애인 수용 시설에서 살아봐라"라고 적힌 전단지를 보았다. 이 하나의 단순한 슬로건에서 장애 활동가들은 어떤 시설과 억압이 더 심각한지 줄 세우는 위계를 만들었고, 단 하나의 초점으로만 장애를 정의했으며, 교도소 투옥 방식이 특히 유색인 공동체에게 뼛속 깊이 상해를 입히는 방식에 대해 완전히 무지하다는 걸 드러냈다. 이 슬로건과 그 배후의 장애 정치는 교도소와 장애인 수용 시설의 비통함과 잔혹함을 양쪽 다 아는 사람들이 겪는 일상적인 복잡함을 연결하고 고민할 여지를 남기지 않는다.

나는 장애 활동가에게 교도소 인권 활동가를 소개하고 싶다. 그리고 독방 감금과 강간, 사형수 수감 시설의 이야기를, 형사법 체계에 만연한 불의를, 아프리카계와 라틴계 남성·여성·트랜스들trans people*의 수감률이 충격적일 만큼 높다는 사실을 알려주고 싶다. 그리고 교도소 인권 활동가에게는 장애인 수용 시설, 장애인 공동생활 가정group home, 정신과 병동, 국영 병원의 이야기를, 방치와 징벌, 강간, 권력 남용에 대한 이야기를, 장애인을 시설로 밀어 넣고 가두는 수많은 압력에 대한 이야기를 들려주고 싶다. 여러 공동체와 쟁

---

* '트랜스(trans)'가 붙는 다양한 용어에 대해서는 「옮긴이 후기」 306~307쪽을 보라.

점을 가로지르며 이어지는 대화—폭력, 격리, 강제 불임 시술, 생체 실험, 시설의 잔인함과 무관심에 대한 이야기를 나누는 시간은 고통스럽겠지만 지극히 중요할 것이다. 이러한 대화는 장애를 야기하는 동시에 장애인을 가두는 서로 맞물린 권력 구조를 폭로할 것이다.

· ─ ─ ·

『망명과 자긍심』에 영향을 준 다중 쟁점 정치는 1980년대와 1990년대 초 유색인 페미니스트들의 작업을 통해 배운 것이다. 그중에서도 체리 모라가Cherríe Moraga, 크리스토스Chrystos, 넬리 웡Nellie Wong, 바버라 스미스Barbara Smith, 앤절라 데이비스Angela Davis, 베스 브랜트Beth Brant 등의 저작이 없었다면 이 책은 존재할 수 없었을 것이다. 오늘날 많은 활동가가 다중 정체성multiple identity, 교차성 정치intersectional politics, 통합 분석integrated analysis과 같은 개념들이 마치 언제나 진보적 사유의 핵심에 있었던 것처럼 이야기한다. 그러나 1977년 컴바히강 집단이 그 유명한 성명을 냈을 때, 이 여성들이 선언했던 심오한 진리는 많은 활동가에게 완전히 새로운 것인 동시에 초기 흑인 페미니스트의 활동에 뿌리를 둔 것이었다.

우리는 인종 억압, 성 억압, 이성애 중심주의, 계급 억압에 대항하는 투쟁에 적극적으로 참여하고 있으며, 주요한 억압 체계가 맞물려 있다는 사실에 기반을 둔 채 통합적인 분석 및 실천의 계발

을 과제로 삼고 있다. 이러한 억압의 총체가 우리 삶의 조건을 창출한다.[1]

나의 정치적 교육은 바로 여기서부터, 가부장제와 백인 우월주의와 자본주의가 서로를 정의하고 영향을 주고 강화하고 또 서로 모순되는 다양한 방식을 역설했던 유색인 페미니스트들과 함께 시작되었다. 제도적 권력과 개인적 책임에 대해, 억압과 특권의 뒤얽힘에 대해 그들로부터 배운 것은 셀 수 없이 많다. 이 모든 가르침 속에서 나는 내 삶을 장애인으로서 재구성하기 시작했고, 노골적으로 괴롭힘과 창피를 당하던 고된 나날을 점차 정치적 인식 및 행동에 연결된 섬세하게 달라진 정체성으로 변화시켰다. 오드르 로드Audre Lorde가 자신의 시력 손상은 담담하게 받아들이면서도 암과 사회 불의의 연관성에 대해선 분노했던 일, 그리고 에식스 헴필Essex Hemphill이 에이즈에 대해 움츠러들지 않고 단호하게 분석과 운동에 투신했던 일 또한, 내게 신체적 차이가 **곧** 정치적인 것이라는 문제의식을 갖고 탐구하도록 유도했다. 나의 뇌성마비가 고통, 비탄, 부담이 아닌 다른 무언가일 수 있다는 깨달음은 나를 쪼개어 열어젖혔다. 오드르와 에식스는 **장애나 비장애 중심주의**ableism라는 단어를 직접 사용하지 않았지만, 신체적 차이라는 쟁점은 인종차별주의, 동성애 혐오, 계급차별주의, 성차별주의를 엮어내는 그들의 분석에 깊이 새겨져 있다. 『망명과 자긍심』은 이러한 정치를 기반으로 한다.

．—．—．

유색인 여성들의 글을 모은 획기적인 선집 『내 등이라고 불리는 이 다리』를 내가 처음 접한 지 26년, 『망명과 자긍심』 초판이 출간된 지 10년이 지났다. 우리 모두와 마찬가지로, 나 역시 오래 지속되는 전쟁 기간 동안 나의 정치를 실천하고 있다. 전문가와 정치인들이 이라크에서 자행되는 미국의 전쟁이 곧 끝날 것이라고 주장하는 바로 그 순간에, 아프가니스탄에서는 전쟁이 확대되고 있다. 테러와의 전쟁, 마약과의 전쟁, 미국이 자금을 대는 수많은 점령 전쟁은 끝날 기미가 보이지 않는다. 우리는 끝없는 전쟁의 시대를 살고 있다.

미국의 폭탄 투하를 막고 미군을 집으로 돌려보내기 위해서는, 전쟁을 종식시키고 정의롭고 영원한 평화를 만들어내기 위해서는, 근본적으로 사안을 다중 쟁점으로 조직하는 데 매진해야 한다. 얼마 전 반전 시위에서 "눈에는 눈'은 전 세계를 눈멀게 만들 것이다"라고 선언하는 현수막을 보았다. 이는 장애를 은유로 바꿔버리고, 장애란 망가졌다는 뜻이고 본질적으로 달갑지 않은 것이라는 인식을 강화하며, 전쟁과 연관된 수많은 장애 경험이 실존한다는 사실을 무시하는 많은 슬로건 중 하나이다. 참담한 군사적 폭력의 결과로 실명/장애가 발생한다는 사실을 알고 있는 사람들에게, "눈에는 눈" 슬로건은 비폭력을 위한 피상적인 근거만 보여줄 뿐 지속적인 정의正義는 제시하지 않는다. 이에 대응하여, 나는 그 반전 활동가들 옆에 서서 "평화를 원하는 또 다른 불구" 아니면 "실명은 섹시하다. 군사

폭력은 그렇지 않다"라고 적힌 현수막을 들고 싶다.

장애는 전쟁이 초래하는 주요 결과 중 하나이기 때문에, 우리에겐 장애를 애국주의나 비극의 상징으로 변형시키지 않는 반전 정치, 장애를 깊이 생각하는 정치가 필요하다. 누가 죽임을 당하고, 누가 장애인이 되는가? 그렇게 사람이 죽거나 장애인이 되는 데서 이득을 보는 것은 누구인가? 누구의 몸이 무기로 쓰이고, 누구의 몸이 소모품으로 취급되는가? 산산조각 나고, 망가지고, 불태워지고, 공포에 사로잡힌 무수히 많은 사람들에게 어떤 일이 벌어지는가? 전시 폭력은 어떻게 집까지 들어와서 어떤 악몽과 회상, 분노와 중독을 일으키는가? 이 모든 질문에 대한 답은, 이 문제가 장애에 관한 문제이기도 하다는 걸 분명히 밝히고, 백인 우월주의·자본주의·가부장제·제국주의·비장애 중심주의가 어떻게 협력하는지를 다층적으로 분석하는 것에 달려 있다.

· ─ · ─ ·

우리 삶과 이 세상의 모든 복잡다단함을 반영하는 정치를 구축하는 일은 임의로 선택할 수 있는 문제가 아니라 절대적으로 필요한 일이다. 『망명과 자긍심』은 그 프로젝트의 작은 일부분이다. "당신의 책은 무엇에 관한 책인가요?"라는 질문을 들으면 나는 항상 잠시 주저한다. 질문은 간단해 보인다. 하지만 오리건주의 개벌皆伐에서부터 프릭 쇼의 역사까지, 퀴어 시골 노동계급 조직화의 복잡함에서부터 성적 대상화에 대한 장애 정치학까지 망라하는 책을 어떻게 요약할 수 있겠는가? 마지못해 나는 이렇게 대답한다. "집입니다." 이 대답은 집으로서의 장소, 몸, 정체성, 공동체, 가족을 뜻한다. 건초가 쌓인 목초지, 나무, 바위, 해변, 버려진 공터, 식탁, 뒷마당의 해바라기—우리를 품어주고 지탱해준 모든 것을 뜻한다. 우리가 어떻게 집으로부터 도망쳐왔고 집을 갈망해왔는지를 뜻한다. 결국 집이 가능하게 만들어줄 지극히 진실한 다중 쟁점 정치를 뜻한다.

젠더에 대한 소고, 혹은 왜 이 백인 사내가 레즈비언으로 산다는 것에 관해 썼는가?

12년 전 나는 이 책의 마지막에 실린 글 「주머니 속의 돌, 심장 속의 돌」의 초고를 마치면서 이렇게 썼다.

만약 내가 젠더 이원론의 속박이 깨진 세상을 볼 만큼 충분히 오래 산다면, 나는 부치 다이크butch dyke*이자 기본적으론 여성으로서가 아니라, 뭔가 제3의, 제4의, 제5의 젠더로서 나 자신을 편안하게 느끼게 될까? 트랜스들이 공동체를 꾸리고 조직하고 우리의 삶에 대해 발언하기 시작한 이래, 더 가능성이 많아진 듯한 어떤 젠더. 이미 내가 다다르기 시작한 어떤 젠더로 말이다.

지속적으로 도달해가는 과정이었던 지난 10년 동안, 나는 어떤 젠더 선을 미끄러져 건너기를 선택했다. 이 과정은 가장 일반적으로는 젠더 이행으로 이해되지만, 나는 이 과정을 여성에서 남성으로

---

* '부치', '다이크', '부치 다이크'에 대해서는 「옮긴이 후기」 309~310쪽을 보라.

의 하나의 분리된 이행이라기보다는, 길고 구불구불한 미끄러짐으로 경험했다. 나의 내적인 젠더 감각이 남자도 여자도 아닌 젠더퀴어genderqueer**인데도, 오늘날 나는 이 세상을 남성으로서 살고 있다. 동시에 나는 소녀, 톰보이tomboy, 다이크, 여성, 부치로서의 나의 긴 역사를 버리거나 절연하고 싶은 마음이 없다.

오늘날의 많은 트랜스 및 퀴어 공동체에서 나의 젠더화된 이야기는 그렇게 드물지 않다. 그러나 그 공동체 바깥에서는 자존심 강한 레즈비언으로서의 긴 역사를 지니고 있는 백인 남성의 존재란 전적으로 혼란을 불러일으키는 것이다. 나는 문화적 혼란, 분노, 혐오 그 모두 혹은 일부와 직면하며 나 자신을 설명하기보다는, 젠더를 제한하고 강제하는, 젠더 위반을 처벌하는 모든 규칙들—여성 혐오, 트랜스 혐오, 동성애 혐오에 의해 형성된, 그리고 백인 우월주의, 자본주의, 비장애 중심주의에 의해 다시 형성된—이 무너져 내릴 날을 갈망한다. 나는 나의 젠더화된 이야기가 젠더 이분법을 거역하고, 구부리고, 박살 내는 많은 이야기들 중 하나이길 원한다. 그러나 결국에 내가 정말로 원하는 것은 이 세상의 수많은 젠더화된 가능성이 정상이 되는 것이 아니라, 매우 평범하고 친숙한 것이 되는 것이다.

** '젠더퀴어'에 대해서는 「옮긴이 후기」 306~307쪽을 보라.

망명과 자긍심

산

1. 은유

은유로서의 산은 자본주의, 가부장제, 백인 우월주의의 고된 일상 속에서 뼈가 으스러진, 사회의 주변부로 밀려난 사람들의 삶 속에 크게 다가온다. 우리 중 얼마나 많은 사람들이 버둥거리며 힘겹게 산에 오르고, 그 산을 기준으로 스스로를 평가하고, 거기서 실패를 겪고, 그 그림자에 묻혀 살아왔을까? 우리는 유리 천장에 머리를 부딪쳤고, 계급 사다리를 오르려 애를 썼으며, 동화주의同化主義에 맞서는 싸움에서 패배하고, 정상성이라 불리는 환상을 향하여 앞다투어 기어올랐다.

산 정상에서는 이런 말이 들려온다. 이 위에서 보이는 세상은 웅장하지만, 너희들은 게으르고 어리석고 나약하고 추하기 때문에 거기 아래 바닥에서 살고 있는 거라고. 우리는 산을 오르기로 결심하거나, 우리 아이들이 산에 오를 수 있도록 협약을 체결한다. 산에 오르는 건 상상할 수 없을 정도로 어렵다는 것이 밝혀진다. 우리는 두렵다. 앞을 내다볼 때마다 조금이라도 친숙하거나 편안한 것은 찾아볼 수 없다. 우리는 길을 잃는다. 우리의 휠체어는 막혀서 움직일 수 없다. 우리는 잘못된 악센트로 잘못된 언어를 말하고, 잘못된 옷을 입고, 잘못된 길로 몸을 움직이고, 잘못된 질문을 하고, 잘못된 사람들을 사랑한다. 그리고 산 저 위쪽은 빌어먹게 외롭다. 우리는 오르기를 그만두기로 하고, 우리가 있는 그곳에 새 집을 짓는다. 또는 우리가 사랑하는 사람들에게로, 음식, 옷, 먼지, 보행로, 발아래 뜨거운 아스팔트, 우리의 목발, 모든 것이 괜찮게 느껴지는 곳으로 다시 내려가기로 결심한다. 또는 우리는 길을 다시 찾아 계속 올라가기로 마음먹지만, 그러면 정상에서 삶이 얼마나 아름다운지를 말하던 바로 그 사람들이 우리의 움직임에 자극받아 길에 위장 폭탄을 설치해버릴 뿐이다. 그들은 매우 깊어 건널 수 없는 협곡 위의 다리를 불태워버린다. 그들은 우리의 지형도를 수정하여, 결국 우리가 빙빙 돌게 만든다. 그들은 용역 깡패—그들이 공무 집행용 짐승으로 고용한 노동계급 사람들과 가난한 사람들—을 보내 우리를 낭떠러지로 밀어낸다. 어쩌면 우리는 정상에 오를지도 모르지만, 아마 오르지 못할 것이다. 그리고 우리가 치러야 할 대가는 막대하다.

저기 산 위에서 우리는 외부 세력을 맞닥뜨린다. 가장 꼭대기에서 특권적 위치를 고수하고 현상을 유지함으로써 엄청난 이득을 취하는 실세들과 맞닥뜨린다. 하지만 우리는 그곳에서 우리가 소중히 여기면서 동시에 경멸하는 모든 것, 그곳에 깊숙이 박혀 있는 모든 것인 우리 자신의 몸과도 생생하게 마주하게 된다. 내가 이를 알고 있는 건, 휘청거리며 산을 오르는 나 자신과 마주한 적이 있기 때문이다.

2. 슈퍼장애인 이야기

나는 절름발이gimp, 불구, 뇌병변cerebral palsy 장애인*이다. 내가 휘청거리며 산을 오른 이야기는 산에서 시작되지 않는다. 지배적인 장애인 이미지 중 하나인 슈퍼장애인supercrip에서 시작된다. 손이 없는 소년이 어린이 야구 리그에서 타율 0.486을 기록한다. 시각장애인 남성이 애팔래치아Appalachia 등산로를 처음부터 끝까지 하이킹한다. 다운증후군 장애가 있는 사춘기 소녀가 운전을 배우고 남자친구를 사귄다. 다리가 하나뿐인 남자가 캐나다를 횡단한다. 비장애인의 세상은 이런 이야기로 포화 상태다. 2500마일 걷기 같은 원대한 활동이나 운전 배우기 같은 일상적인 일에 참여하는 절름발이 이야기. 그 이야기들은 장애인이 장애를 '극복'하는 데에 초점을 맞춘다. 그리고 비장애 몸과 정신의 우월성을 더 강화한다. 또한 그저 자신의 삶을 살고 있을 뿐인 각각의 장애인을 영감의 상징으로 둔갑시킨다.

---

*   '뇌병변 장애'는 뇌의 기질적 손상으로 인해 보행이나 일상적인 동작에 현저한 제약을 받는 중추신경 장애를 통칭한다. 뇌성마비, 뇌졸중, 외상성 뇌손상 등이 모두 이에 속한다(국립특수교육원,『특수교육학 용어사전』, 하우, 2009, 90쪽). 일라이 클레어의 장애는 뇌성마비로 출생 전후 뇌가 미성숙한 시기에 뇌의 영구적인 비(非)진행성 손상에 의해 생기는 운동 기능 장애이며, 뇌의 손상 부위와 정도에 따라 동반되는 증세가 다르다(질병관리본부 국가건강정보포털 'health.cdc.go.kr'의 '뇌성마비' 항목 참조). 한국에서는 '뇌성마비'라는 단어가 흔히 쓰이곤 하나, 뇌성마비는 선천적으로 혹은 영유아기에 발생하는 특정 뇌병변 장애에 국한된 진단명이고, 당사자들이 자신을 지칭할 때 병변의 원인을 굳이 적시하지 않고 '뇌병변 장애인'이라는 말을 주로 쓴다. 따라서 이 책에서는 '뇌병변'이란 용어로 번역하되, 어린 시절의 일상을 술회하는 부분에서는 '뇌성마비'로 번역하기도 했다.

슈퍼장애인 이야기는 다운증후군이 있는 사람이 연애를 하고, 시각장애인이 모험을 떠나고, 장애 아동이 스포츠를 즐기는 걸 어렵게 만드는 환경에는 결코 주목하지 않는다. 의료적 환경을 말하는 것이 아니다. 물리적·사회적·법적 환경을 말하는 것이다. 접근성, 고용, 교육, 활동보조인 서비스의 부족을 말하는 것이다. 고정관념과 태도를 말하는 것이다. 억압을 말하는 것이다. 장애에 관한 지배적인 이야기는 영감을 주는 슈퍼장애인이 어쩌고저쩌고하는 헛소리나 믿거나 말거나 식의 장애 이야기가 아니라, 비장애 중심주의에 대한 것이어야 한다.

나는 비장애인들의 상상 속에서 슈퍼장애인이었던 적이 몇 번 있다. 고등학교 때 크로스컨트리 경기에서나 트랙에서 달릴 때, 내가 꼴찌로 들어왔던 게 몇 번이었는지 다 세지도 못할 정도다. 나의 긴장되어 뻣뻣한 몸, 내가 점점 지쳐가면서 옆으로 쏠리던 오른발은 수 마일의 거리에, 스톱워치에, 마지막 백스트레치*에, 마지막 진흙투성이 언덕에 맞서며 밀고 나갔다. 1마일에 불과한 짧은 경주에서 때때로 선두주자가 나를 한 바퀴 이상 앞섰다. 크로스컨트리 코스에서는 이따금 2, 3, 4분 차이로 모든 참가자들보다 뒤처졌다. 나는 달리기를 사랑하기 때문에 뛰었다. 그러나 경주가 끝나면 언제나 낯선 이가 다가와 내게 고마워하고, 나를 붙들고 울고, 내가 얼마나 감동적이었는지를 말했다. 그들에게 나는 단지 절망적으로 느리지만

---

* '백스트레치'는 육상이나 경마 따위에서 결승점이 있는 트랙의 반대쪽 직선 주로다.

근성 있는 고등학교 운동선수 중 하나가 아니라, 슈퍼장애인, 뇌성마비를 가진 애처롭고 씩씩한 소녀, 용감한 불구자였다. 엿 같았다. 내가 가장 좋아하는 검은색 면 티셔츠에는 형광 분홍색 큰 글씨로, 한 줄에 한 단어씩 "동정에 오줌을 갈겨라PISS ON PITY"라고 쓰여 있다.

.　—　.　—　.

내가 휘청거리며 산을 올랐던 건 또 다른 종류의 슈퍼장애인 이야기다. 내면화된 슈퍼장애인 현상supercripdom에 대한 이야기, 내 관점에서 본 슈퍼장애인 되기에 대한 이야기, 지난여름 친구 에이드리앤과 애덤스Adams산을 올랐던 이야기이다. 우리는 이 여행을 수년간 준비했다. 에이드리앤은 어린 시절 뉴햄프셔의 화이트White 산맥을 돌아다니며 지냈고, 자신이 가장 좋아하고 자주 가는 곳에 나를 데려가고 싶어 했다. 우리는 6년 동안 여섯 번 여행 계획을 짰는데, 매번 마지막 순간에 뭔가가 틀어졌다. 마침내 지난여름 모든 것이 준비되었다.

나는 바다만큼이나 산을 사랑했고, 그건 부드럽고 로맨틱한 사랑이 아니라 뼛속 깊은 곳에서 묵직하게 울리는 사랑이었다. 에이드리앤은 등산로 안내서와 지형도를 꺼내 우리가 오를 산을 골라보라고 했다. 나는 큰 산을 찾았다. 길고 험난한 하이킹을 할 수 있는, 수목한계선보다 훨씬 위로 우리를 데려갈 산을 원했다. 애덤스산을 골랐다. 그리고 에이드리앤에게 "내가 이 산길을 오를 수 있을까?"라고 물었던 것 같다. 이 질문은 이런 뜻이었다. "이 산 정상에 도달하려면 난간도 없는 좁은 외나무다리로 깊은 협곡을 가로질러 기어올라야 할까?" 그녀는 망설임 없이 답했다. "문제없어."

나는 평화행진에 참가해 로스앤젤레스에서 워싱턴 D.C.까지 걸은 적이 있다. 애팔래치아 산맥 남부에서 슈피리어Superior 호반을 따라 포인트 레예스Point Reyes 해변을 홀로 배낭여행한 적도 있다. 코튼우드Cottonwood 산길을 넘고 사우스 매니투South Manitou의 모래언덕을 지나 묵묵히 길을 걸었다. 나는 걷는 것을 배우는 데 대부분의 아이들—분명히 대부분 비장애인 아이들—보다 더 오랜 시간이 걸렸다. 두 살 반이 되어서야 두 발로 서서, 발뒤꿈치를 땅에 내려놓고, 각 발의 길고 평평한 면 전체로 무게중심을 잡는 법을 터득했다. 나는 정형외과 교정을 위한 신발—투박하고 구부러지지 않는 괴물—을 몇 년간 신었지만, 물리치료나 수술로 고통받은 적은 없었다. 오늘날 나는 걸을 때 느끼는 순수한 기쁨을 위해 끝없이 먼 거리를 걸을 수 있고, 자주 그렇게 걷곤 한다. 장애 공동체 안에서 나는 '뚜벅이walkie'라고 불린다. 휠체어를 이용하지 않는 사람, 바퀴를 굴리기보다는 걷는 사람을 이르는 말이다. 에이드리앤과 나는 수년간 하이킹 친구였다. 나는 그녀의 판단을 의심해본 적이 없다. 당연히, 나는 애덤스산을 오를 수 있을 것이다.

하이킹 전날 밤, 비가 왔다. 아침에 우리는 일정을 미뤄야 할지도 모른다고 생각했다. 산 정상의 일기예보는 여전히 불확실했지만, 오전 10시경 구름이 걷히기 시작했다. 우리가 출발하기로 했던 시각보다는 늦었지만, 그래도 괜찮았다. 처음 1마일은 가파르고 들쭉날쭉한 바윗길로 구불구불 걸었다. 숨이 가빴고, 땀이 면 티셔츠를 적시고 눈으로 흘러들었다. 나는 넓적다리와 종아리 근육이 수축하고 이완하는 느낌, 폐와 심장을 혹사시킬 때의 느낌을 사랑한다.

· — · — ·

산길은 갈라지고 또 갈라지고, 이제 더 가파르고 험난해진다. 험준한 화강암 퇴적층을 빙 둘러가는 대신 그 위로 넘어간다. 이끼가 뒤덮인 바위는 간밤의 비로 약간 미끄럽다. 나는 이제 발을 어디에 놓아야 할지를 주의해야 한다. 왼발보다 건실하지 않은 오른발 때문에 균형 잡는 건 언제나 상당한 골칫거리였다. 불안정한 땅 위에서 매 순간의 걸음은 세심하게 계획된다. 특히 오른발에 무게중심이 실릴 때 그렇다. 나는 다음 걸음에 몸을 싣기 전에, 돌 하나에 한쪽 발을 디딘 다음 다른 발도 올려놓는 식으로 천천히 길을 간다. 이는 균형을 유지하게 해주지만, 다리를 뻗어 걸음을 내딛는 동시에 땅을 밀어냄으로써 얻을 수 있는 가속도를 전부 잃는다. 가다 서다 하는 나의 기어오름에는 리듬이 없다. 내려가는 게 훨씬 더 힘들 거라는 걸, 중력 때문에 균형 잡기가 더 어려울 거라는 걸 알고 있다. 내 앞에 에이드리앤이 한 바위에서 다음 바위로 껑충 뛰며 이 어지러운 화강암 길을 오르는 걸 바라본다. 그녀도 가쁘게 숨을 몰아쉬고 있다. 나는 그녀에게도 이게 쉬운 등반이 아니라는 것을 안다. 하지만 그녀에겐 매 순간의 걸음이 전략적인 게임은 아니라는 것도 알고 있다. 길이 가팔라지면 나는 점점 두려워진다. 하지만 길은 다시 더 가팔라지고, 바위는 완만해지지 않는다. 이 산을 어떻게 내려갈지를 생각할 수조차 없다. 두려움은 내 뼛속 깊이 있는 사랑 바로 옆에서 묵직하게 울리기 시작한다. 나는 계속 올라간다. 에이드리앤은 이제 50야드쯤마다 나를 기다린다. 나는 마침내 그녀에게 무섭다고 말한다.

전에 이 산길을 하이킹한 적이 없는 그녀는 계속 이렇게 가파를지 완만해질지에 대해 말해줄 수 없다. 우리는 지형도를 살펴보고 시간을 확인한다. 해가 저물기 전까지 아직 시간이 많이 남았지만, 우리 둘 다 내가 내 발에 의지할 수 없을 경우 손과 엉덩이를 써서 내려가는 데 시간이 얼마나 걸릴지를 생각하고 있다. 나는 수목한계선 위로 계속 올라가고 싶다. 소나무들이 점점 더 작아지고 뒤틀려 자라나고 시들다가 관목 덤불에 자리를 내어주고, 그다음엔 이끼에 뒤덮인 화강암에 자리를 내어주는 곳까지 올라가고 싶다. 저 산꼭대기를 흠뻑 적신 햇볕이 짙푸른 안개의 수평선을 향해 흘러내리는, 저 정상까지 계속 올라가고 싶다. 그것을 몹시도 원하지만, 두려움이 사랑 바로 옆에서, 물리적 한계 바로 옆에서 묵직하게 울려대고 있기에, 우리는 돌아서기로 결정한다. 울음이 터진다. 내가 하고 싶었고 또 할 수 있다고 믿을 만한 이유가 많았지만 실제로는 할 수 없었던 일로 운 것은, 아마 이번이 처음인 것 같다. 나는 펑펑 울고 나서 일어나 에이드리앤을 따라서 산을 내려간다. 내려가는 건 힘겹고 느리다. 나는 종종 손과 엉덩이를 쓰면서, 그리고 에이드리앤처럼 중력을 잘 활용해서 평평한 한 지점에서 다른 지점으로 껑충껑충 뛸 수 있으면 좋겠다고 생각하면서, 이 무질서한 바위 더미를 내려간다.

·—·—·

애덤스산을 내려오면서 많은 생각을 했다. 쓰라린 생각. 내 기억에 나는 오랫동안 어떤 질문들을 피해왔던 것 같다. 뇌병변이 없었다면 난 훌륭한 육상 선수가 되었을까? 외과 의사나 피아니스트, 댄서나 체조 선수가 될 수 있었을까? 답이 없는 솔깃한 질문들. 나는 **쓰라림**이라고 표시된 영역으로 들어가길 거부한다. 나는 자신을 마지막 소아마비 부족 중의 하나라고 칭하던 한 친구가 궁금해졌다. 그녀는 소아마비 백신이 발견되기 직전에 태어났다. 그녀는 만약 5년 늦게 태어났다면 자신의 삶이 어땠을지 질문해본 적이 있을까? 지형도에서, 쓰라림의 영역에는 붉은 색 윤곽선이 그어질 것이다.

손상impairment과 장애disability를 구분하는 장애 모델을 생각했다. 장애 이론가 마이클 올리버Michael Oliver는 손상을 "사지의 일부분이나 전부가 없는, 혹은 사지나 신체 조직이나 구조에 결함이 있는 것"으로 정의한다.[1] 나는 소근육 운동 조절 능력이 상당히 부족하다. 내 손은 떨린다. 나는 피아노를 칠 수 없으며, 키보드 위에 부드럽게 손을 올려놓을 수 없고, 1분에 단어 열다섯 개도 타이핑할 수 없다.

내 손끝에선 결코 전체 문단이 폭포처럼 쏟아져 나오지 않는다. 손으로 쓸 때는 느리게 낙서하듯 쓴다. 작은 물체는 집거나 내려놓기 어렵다. 날카로운 칼로 양파를 써는 일은 내 손을 다치게 할 수 있다. 푸드 프로세서는 우리 집에선 여피족의 부엌 사치품이 아니라 재활보조기구이다. 대근육 운동 능력은 좀 낮지만 아주 좋진 않다. 나는 걷고 또 걸을 수 있고, 달리고 위로 뛰고 건너뛰고 한 발로 깡충 뛸 수 있지만, 평균대 위를 걷기를 기대하진 마시라. 줄타기를 하라고 한다면 그건 죽으란 얘기다. 바위 건너뛰기나 암벽등반도 그다지 나을 게 없다. 나는 동정을 구하고 있는 게 아니다. 손상에 대해 이야기하고 있는 것이다.

올리버는 장애를 "당대의 사회조직이 물리적[그리고/또는 인지적/지적] 손상이 있는 사람들을 전혀 혹은 거의 고려하지 않아, 그들을 사회의 주류로부터 배제함으로써 야기되는 불이익이나 활동의 제약"으로 정의한다.[2] 가게에서 쓰는 속도가 느린 내가 서명을 하면, 계산원은 짜증이 나서 나한테 말도 없이 내 동행인에게 영수증을 건넨다. 나는 시간제한이 있는 중요한 시험에서 실패하곤 했는데, 순전히 답안을 적는 물리적 행위에만 쓸 시간이 추가로 필요했음에도 교사들이 허락해주지 않았고, 타자기 사용도 못하게 했기 때문이었다. 고용주가 나의 느리고 불분명한 말투를 보고 내가 멍청하다고 판단했기 때문에 채용을 거절한 적도 있다. 내가 가는 모든 곳에서 사람들은 나를 빤히 쳐다본다. 식당에서 밥 먹을 때, 식료품점에서 계산원에게 지불하기 위해 지갑 속 동전을 찾고 있을 때, 공원에서 내 개와 놀아주고 있을 때. 나는 동정을 구하고 있는 게 아니다.

장애에 대해 이야기하고 있는 것이다.

장애 억압은 많은 부분 접근성과 관련되어 있다. 단지 애덤스산을 오르는 에어라인Air Line 등산로 중턱에 있는 것만으로도 엄청난 접근성 문제가 드러난다. 접근성은 단지 건물에 턱이 없는지, 경사로가 있는지, 겨울에 눈과 얼음을 깨끗이 치우는지, 입구의 폭과 계산대의 높이가 적정한지, 점자, 자막, 수화, 청각장애인을 위한 의사소통 장치가 있는지 등에 따라 평가되곤 한다. 그럴 때 내가 애덤스산 정상에 이르는 모든 길을 오르지 못하는 것은 장애와 관련된 것이 아니게 된다. 나는 내가 정상에 도달하기 전에 되돌아가야 했던 이유는 장애보다는 손상과 관련된 것이었다고 결론지었다.

그러나 그런 생각을 하는 바로 그 순간에도, 나는 내 안의 저항감을 느낄 수 있었다. 장애와 손상을 깔끔하게 구분하는 것은 옳지 않다고 느껴진다. 뇌병변과 더불어 살아온 나의 경험은 비장애 중심주의로 인해 형성된 것이어서—또는 올리버의 언어를 빌리자면, 손상에 대한 나의 경험은 장애에 의해 형성된 것이어서—나는 그 둘을 분리하기가 어렵다. 망할 놈의 학교 규칙이 내게 시간을 더 주지 않아서 시험에서 실패한 것과, 애덤스산이 내 발엔 너무 가파르고 미끄러웠기 때문에 정상에 오르기를 실패한 것 사이의 차이는 알고 있다. 첫 번째 실패는 사회적으로 구조화된 한계에, 두 번째 실패는 신체적인 한계에 중심이 놓인다.

동시에 두 실패는 모두 내 몸에 중심이 놓인다. 더 빨리 쓰려고 할수록 펜은 마음처럼 움직이지 않고, 근육은 경련하고, 그래서 떨림을 멈추려고 근육을 수축시킬수록 어깨와 팔 위쪽은 점점 더 고통스럽게 뻣뻣해진다. 비록 이 사회적으로 구성된 한계에 간단한 해결책—타자기, 컴퓨터, 녹음기, 또는 대신 받아써줄 사람—이 있다 하더라도, 나는 그 문제를 매우 물리적인 차원에서 경험한다. 몸의 한계의 경우에도, 나는 비슷한 문제를 물리적으로 경험한다. 내 발은 그저 균형 감각이 부족할 뿐이다. 이 바위에서 다음 바위로 건너갈 때마다 나는 휘청거린다. 넘어지려 할 때마다 반복해서 스스로를 붙잡다보면, 넓적다리 근육은 이 격렬한 움직임과 긴장, 추진력 부족으로 금세 화끈거린다. 한편으로는 사회적 구조에 의해 야기되고, 다른 한편으로는 몸의 한계에 의해 야기되는 이러한 물리적 경험들은, 곧바로 좌절로 바뀐다. 그래서 내가 끝마치지 못한 시험지를 구겨버리고, 오르지 못한 바위에 욕설을 퍼붓고 싶게 만든다. 이 좌절에서 장애와 손상을 이론적으로 깔끔하게 구분할 수는 없다. 실망이나 당혹감도 그렇다. 어느 괜찮은 날엔 '내 몸 안으로 향하는 분노'와 '바깥의 일상적인 망할 비장애 중심주의로 향하는 분노'를 분리할 수 있다. 하지만 전자의 분노를 후자의 분노로 바꿔서, 후자를 더욱 타오르게 만드는 일은 그리 간단하거나 깔끔하지 않다. 올리버의 장애 모델은 이론적·정치적으로는 타당하지만, 중요한 감정적 현실을 놓치고 있다.

나는 캠핑, 하이킹, 배낭여행에 관심이 없는 비장애인 친구들을 떠올려봤다. 그들은 산 중턱에서 땀에 흠뻑 젖어 숨을 몰아쉬며 휴가를 보내진 않을 것이다. 나는 그 이름들을 명단에 쓰기 시작했고,

에이드리앤에게 들려주었다. 그녀는 평탄하고 잘 관리된 산길에서 쉬운 하이킹을 즐기는 다른 친구들도 일러주었다. 그들 대부분은 내가 한 시간 반 동안 오르다가 내려간 들쑥날쑥한 바위 산길은 결코 시도조차 하지 않을 것이었다. 우리는 그들의 이름도 명단에 넣었다. 긴 명부가 만들어졌다. 나는 저 위에서 내게 벌어진 일이 일부는 손상과 관련된다면, 다른 일부는 욕망, 산을 오르고자 하는 내 욕망과 관련된다고 결론지었다.

슈퍼장애인에 대해 생각했다. 우리 중 일부—타율 0.486의 야구 소년, 애팔래치아 등산로를 하이킹하는 남자—는 진정으로 대단한 일을 해내고 슈퍼장애인이 된다. 다른 사람들—남자친구를 사귀는 다운증후군 10대, 트랙을 달리고 크로스컨트리 경주에 참여하는 뇌병변 아이—은 완전히 평범한 생활을 하고도 슈퍼장애인이 된다. 남자친구를 사귀거나 크로스컨트리 경주에서 뛰는 것은 특별히 주목할 만한 일이 아니다. 타율 0.486이든 남자친구 사귀기든, 그게 중요한 게 아니다. 어느 쪽이든 우리는 놀라워 보인다. 비장애인들은 슈퍼장애인 이야기를 만들면서, 그것이 대단하든 평범하든 간에 특정한 성취에 대해 찬양하는 게 아니다. 오히려 이런 이야기는 장애와 성취가 서로 모순되기 때문에, 이런 모순을 극복한 장애인이라면 누구나 영웅이라는 인식에 기대고 있다.

성취가 장애와 모순된다는 믿음은 무력함과 장애를 짝지어 놓는다. 이는 장애인들에게 엄청난 대가를 치르게 한다. 비장애인 세상은 우리를 시설에 가둔다. 독립적으로 살아갈 자원을 박탈한다.[3] 우리를 신체적·성적으로 학대하는 경우는 경악할 정도로 많다.[4] 우리가 충분히 해낼 수 있는 일이어도, 비장애인 세상은 우리의 언어장애, 절뚝거림, 산소호흡기, 시각장애 안내견을 무능력의 상징으로 이해해서 고용을 거부한다.[5] 엄청나게 비싼 대가다.

· — · — ·

그리고 이 지점에서 슈퍼장애인은 복잡해진다. 슈퍼장애인 현상의 이면에는 동정, 비극, 그리고 시설이 놓여 있다. 장애인들은 이를 알고 있고, 이를 알아가는 과정에서 우리 중 일부는 그 헛소리를 내면화한다. 우리는 슈퍼장애인을, 특히 대단한 일에 도전하고 물리적 한계를 깨는 유형의 슈퍼장애인을 우리 안으로 가져온다. 우리는 슈퍼장애인 현상을 방패로, 보호 수단으로 활용한다. 마치 이런 개인적 내면화가 장애 억압으로부터 우리를 지켜줄 수 있을 것처럼.

나는 애덤스산을 한 시간 반 동안 올라갔다. 무서워하며, 내가 내려올 수 있을지 확신을 갖지 못한 채, 다음 바위에서 균형을 잃을 수도 있다는 걸 알면서, 그런데도 올라갔다. 정상에 오르고 싶었기 때문에, 내 뼛속에서 묵직하게 울리는 사랑 때문에 올라갔다. 그러나 내가 올라간 이유는 "그래, 나 뇌병변 있어. 하지만 봐. 보라고. 나를 잘 봐. 나도 산에 오를 수 있어"라고 말하고 싶었기 때문이기도 했다. 나는 다시 한 번 나 자신을 증명하고 싶었다. 나는 나의 뇌병변을 극복하고 싶었다.

극복에는 강력한 흡인력이 있다. 집에 돌아온 내게 친구들은 "하지만 넌 우리가 만취했을 때보다 잘 걷잖아"라고 말했다. 열정적인 등산가로 노스 캐스케이드North Cascades의 아주 높은 곳에서 주말을 자주 보내는 내 자매는 "장비를 잘 갖추고 충분히 연습하면 넌 애덤스산을 오를 **수 있을** 거야"라고 말했다. 나를 모르는 한 여자는 에이드리앤에게 이렇게 말했다. "네 친구에게 포기하지 말라고 해. 원하는 건 뭐든지 할 수 있어. 그만큼 열렬히 원하기만 하면 돼." 에이드리앤과 다음 여행은 화이트 산맥으로 가자고 얘기하기 시작할 무렵, 나는 생각했다. '지팡이를 사용하고, 맑은 날에 다른 길을 선택한다면, 아마 나는 애덤스산 정상에 오를 수 있을 거야.' 나는 한 번도 "돌아서기로 선택하길 잘한 거야"라는 말을 듣지 못했다. 그 산은 나를 봐주지 않을 것이다.

3. 집

나는 결코 산 위에서 집을 찾지 못할 것이다. 알고 있다. 집은 오히려 여기 내 몸 안에서, 내 피부 아래 깊숙이 박혀 있는 모든 것들에서 시작한다. 장애가 있는 나의 몸. 나는 오리건주의 후미진 산골에서 예정보다 너무 이르게 태어났다. 처음엔 '정신지체' 진단을 받았다가, 나중에 뇌성마비 진단을 받았다. 나는 **불구자**cripple, **지진아**retard, **원숭이**, **모자란 애**defect 같은 단어들 속에서 자라났고, 나에게 쏟아지는 그 모든 응시를 외면하는 법을 배웠다.

내 몸은 침해당했다. 어릴 때 아버지는 나를 강간하기 시작했고, 고문이라고밖에 설명할 수 없는 방식으로 나를 학대했으며, 대부분 남자인 다른 사람들과 내 몸을 공유했고, 그들도 내게 똑같은 짓을 했다. 나는 그 몸을 버리고 인간과 연을 끊고 은둔자가 되기로 결심했고, 나무에 둘러싸여 연어 떼와 함께 살기로, 남쪽에서 불어오는 바람을 안장 없이 타고 다니기로 결심했다.

나의 백인 몸. 내 고향에서 유일한 유색인은 백인 가족에 입양된 아프리카계 미국인 소년이었다. 나는 언덕 뒤편에 사람들을 매달아놓고 린치를 가할 때 쓴다는 나무, 사람들을 지역 밖으로 추방하는 보안관에 대한 소문을 끊임없이 들으며 자랐다. 대학 장학금을 손에 들고 도시로 이주한 후 오랫동안, 나는 수많은 인간을 그저 멍하니 바라보기만 했다. 노숙인, 그들의 쇼핑카트와 침낭, 흑인, 중국인, 멕시코계 미국인, 드랙퀸drag queen과 펑크족punk, 포틀랜드Portland의 번사이드Burnside 거리를 걸어오는 참전군인, 울모직 정장을 입은 백인 남성, 반짝반짝 빛나는 리무진. 나는 그 모든 것을 바라보며, 스페인어, 광둥어, 비속어, 격식 차린 영어가 빽빽하게 엮인 무늬를 빨아들였다. 이게 내가 백인임을 인식하게 된 과정이다.

나의 퀴어 몸. 나는 어린 시절 자신이 소녀라는 걸 확신하지 못하는 톰보이로, 퀴어함을 부를 이름도 모른 채 퀴어로 지냈다. 나는 개벌지에서 장작을 팼고, 강에서 수영을 했으며, 배틀 록Battle Rock 해변과 케이프 블랑코Cape Blanco 해변을 달렸다. 다이크들을 발견하고, 처음으로 사랑에 빠지고, 정치적 퀴어 공동체에 들어갔을 때, 나는 집을 다시 찾은 것만 같았다.

집으로서의 몸. 하지만 몸이 결코 단일하지 않다는 것이 이해될 때에만, 수많은 다른 몸들이 내 몸을 따라다니고 강조하고 내 몸에 힘을 보탠다는 것이 이해될 때에만, 몸은 집일 수 있다. 알코올 중독에 자유주의자인 내 아버지와 그의 아버지. 내 아버지는 무덤 파는 일을 했던 자신의 아버지로부터 폭력을 배웠다. 나는 아직도 가끔 그들이 나오는 꿈을 꾼다. 그 끔찍한 꿈이 찾아올 때면, 아직도 한밤중에 소스라치며 일어나 공포에 질려 헐떡이곤 한다. 언젠가 나는 그들과 연을 끊을 것이다. 자라는 동안 나를 둘러쌌던 백인이자 노동계급인 벌목 노동자, 어부, 목축업자들—레 스미스, 존 블랙, 월트 마야. 그들이 옷 입고 움직이고 말하는 방식은 내가 자아의식을 형성하는 데에 영향을 미쳤다. 오늘날 퀴어 활동가들이 **레드넥**rredneck[*] 이란 단어를 욕처럼 사용하는 걸 들을 때, 나는 그 남자들을 생각한다. 여름날 바깥에서 나무를 베고, 어망을 잡아끌고, 건초를 묶으며 긴 시간 일을 하느라 벌게진 그들의 목덜미를. 나는 이를 바탕으로 도시의 퀴어 감수성이 덧씌워진 나의 부치 성향butchness에 대해 생각한다. 백인, 시골, 노동계급 가치관을 가진 몸. 지독한 인종차별과 무분별한 숲과 강의 파괴를 거부하는 바로 그 순간에도, 나는 여전히 이런 몸에 애정 어린 소속감을 느낀다. 계속해서 내게 피난처를 제공했던 나무들로 이루어진 몸들 없이, 어떻게 내가 내 몸을 집이라 부를 수 있겠는가? 퀴어인 몸들 없이? 불구인 몸들 없이? 트랜

[*] '레드넥'은 교육받지 못하고 불합리한 의견을 고집하는 시골 하층계급 백인 남성을 낮잡아 이르는 말이다. 자세한 정의에 대해서는 89쪽을 보라.

스젠더이고 트랜스섹슈얼한 몸들 없이, 어떻게 내 몸을 집이라 부를 수 있겠는가? 프릭 쇼에서 프릭으로 일했던 장애인들, 엄지장군 톰을 연기한 찰스 스트래튼Charles Stratton과 "보르네오Borneo에서 온 야만인"으로 알려진 하이럼과 바니 데이비스Hiram and Barney Davis의 역사 없이?* 답은 간단하다. 난 그럴 수 없다.

집으로서의 몸. 하지만 몸은 장소와 공동체 그리고 문화가 우리의 뼛속 깊이 파고들어 있다는 것이 이해될 때에만 집일 수 있다. 내가 자라났지만 더 이상 살지 않는 곳, 미국 대륙의 서쪽 맨 끝에 있는 벌목업과 어업에 종사하는 수천 개의 마을 중 하나, 오리건주의 후미진 산골에서 나는 최초의 그리고 가장 오래 지속되는 장소 감각sense of place을 형성했다. 서쪽으로는 태평양으로 이어지고, 동쪽으로는 시스키유Siskiyou산의 오르막, 산이라기엔 그리 높지 않고 언덕보다는 좀 더 가파른 데에 이르는 곳. 여기서 포틀랜드로 가려면 차를 타고 북쪽으로 일곱 시간 동안 가야 한다. 샌프란시스코는 남쪽으로 열두 시간 거리이다. 더글러스전나무와 치누크 연어, 대양을 휘저으며 물결과 파도를 분노케 하는 남쪽 바람이 내게는 집처럼 느껴진다. 환경 파괴에 대한 가슴 아픈 인식, 그 마을이 원주민—크와타미족Kwatami, 코크웰족Coquelle, 타켈마족Takelma, 라트가와족Latgawa—을 집단 학살하고 세워졌다는 슬픈 진실로 얼룩진 곳. 그 산골과 시골의 백인 노동계급 문화에 대해 글을 쓰면서, 나는 향수에 젖어 과

---

* 2부 1장 「프릭과 퀴어」(151쪽)를 보라.

거를 개조하는 방향으로 뒷걸음질하진 않는다. 오히려 나는 내 뼈를 향해 손을 뻗는다. 그 장소를 잃는 것에 대해, 망명하여 사는 것에 대해 쓸 때, 나는 내 뼈를 움켜쥔 상실을 표현할 단어를 쓰려 한다.

집으로서의 몸. 하지만 몸은 언어 역시 피부 아래 살아 있다는 것이 이해될 때에만 집일 수 있다. 나는 **불구자, 퀴어, 프릭, 레드넥**이라는 단어들을 생각한다. 이 중 어느 것도 편안한 단어는 아니다. 그 단어들은 자기혐오와 자긍심이 맞닿는 들쭉날쭉한 가장자리를 표시한다. 지배 문화가 사회 주변부로 밀려난 사람들을 보는 방식과 우리가 우리 자신을 보는 방식 사이의 깊은 틈을 표시한다. 집을 찾고 우리 몸을 찾는 것과, 망명하여 은유적 산 위에 사는 것 사이에 그어진 날카로운 선을 표시한다. 이러한 단어와 우리의 관계가 무엇이든—그것들을 포용하든 싫어하든, 그것들이 우리의 피부를 때려 피 흘리게 만든다고 느끼든 우리에게 완전히 잘 맞는다고 느끼든, 그것들을 말하길 거부하든 아니면 단지 불편해하든—간에, 우리는 매일매일 그 단어들의 위력을 마주한다. 나는 언제나 이 단어들을 듣는다. 내가 나가려고 옷을 입을 때, 넥타이를 조이고 재킷에 팔을 끼워 넣을 때, 거울 속에 비친 내게 그 단어들이 속삭여진다. 거리에서 사람들이 내 떨리는 손을 멍하니 바라볼 때, 내가 여자인지 남자인지 알아내려고 빤히 쳐다볼 때, 환경운동가나 퀴어 활동가들이 시골 노동계급 사람들을 돌대가리나 꼰대로 묘사하는 걸 들을 때, 그 단어들이 내 귀에 속삭여진다. 동시에 나는 전부는 아니지만 이 단어들 중 일부를 나의 자긍심을 끌어내기 위해, 내 저항을 강화하기 위해, 공동체 안에 들어가기 위해 사용한다. **불구자, 퀴어, 프릭, 레드넥**은 내 몸 안으로 파고들었다.

집으로서의 몸. 하지만 몸은 몸들이 도둑맞고, 거짓과 독을 주입받고, 우리로부터 억지로 떼어내질 수 있다는 것이 이해될 때에만 집일 수 있다. 몸들은 내 주변에서 봉기한다―굶주림, 전쟁, 유방암, 에이즈, 강간에 도둑맞은 몸들이, 공장, 열악한 작업장, 통조림 공장, 제재소의 고된 일과에 도둑맞은 몸들이, 집단 폭행을 할 때 묶는 밧줄, 꽁꽁 얼어붙은 거리, 시설과 교도소에 도둑맞은 몸들이. 아프리카계 미국인 드랙 행위예술가 레너드/린 바인스Leonard/Lynn Vines는 볼티모어Baltimore 인근을 걷다가 "드랙퀸 호모 쌍년drag queen faggot bitch"이라는 말을 듣고 여섯 방의 총을 맞았다. 젊은 백인 게이 매트 셰퍼드Matt Shepard는 와이오밍주의 울타리 기둥에 묶인 채 맞아죽었다. 어떤 몸은 좋은 대우를 받는다. 그 외에 다른 몸은 망연자실하여, 버려진 채로, 자기혐오로 가득 차 살아간다. 양쪽 다 도둑맞은 것이다. 장애인에게는 슈퍼장애인 아니면 비극의 역할만 주어진다. 레즈비언, 게이, 바이, 트랜스는 뒤틀렸고 부자연스럽다는 말을 지겹도록 듣는다. 가난한 사람은 가난이 자기 책임이라는 말을 신물나게 듣는다. 고정관념과 거짓말은 총알처럼 확실하게 우리 몸에 박힌다. 그리고는 우리 몸 안에 남아서 곪아간다. 그렇게 우리 몸을 도둑질한다.

집으로서의 몸. 하지만 몸은 도둑맞은 몸을 되찾을 수 있다는 것이 이해될 때에만 집일 수 있다. 돌이킬 수 없도록 우리로부터 빼앗아간 몸. 우리는 퀼트,* 화강암 추모비, 촛불 시위로 그 몸들을 추모할 수 있다. 그 몸들을 기억하고 애도할 수도 있다. 그들의 죽음을 우리의 의지를 굳건히 하는 데에 쓸 수도 있다. 그리고 거짓말과 잘못된 이미지에 대해서도, 우리는 그것들에 이름을 붙이고 그것들을 변환시키고 그것들이 있던 장소에 완전히 새로운 무언가를 창조해야 한다. 우리의 뼈 가까이 다가와 마침내 뼈에 충실해질 무언가를, 해방과 기쁨과 분노와 희망과 이 세상을 재편할 의지로서 우리 몸에 들어올 무언가를 창조해야 한다. 집으로서의 몸을 창조해야 한다.

· — · —·

산은 결코 집이 되지 않을 것이다. 그리고 나는 아직도 그 산이 나를 붙잡고 있다는 걸 기억해야 한다. 슈퍼장애인은 내 몸 안에 살면서 기꺼이 물리적 한계를 밀고 나가 '대단한' 걸 할 준비가 되어 있다. 왜냐하면 산 밑으로 내려가면 장애인을 가두는 시설이 기다리고 있기 때문이다. 나는 어떤 전망을 꼭 붙잡고 있다. 혁명 이후 언

---

* 에이즈로 사망한 지인의 이름과 추모의 마음을 천 조각에 쓰거나 바느질한 것을 모아 거대한 퀼트로 만들어 전시하는 '에이즈 추모 퀼트 프로젝트(NAME Project AIDS Memorial Quilt)'를 말한다. 1985년 샌프란시스코의 게이 인권 활동가 클리브 존스(Cleve Jones)의 아이디어에서 출발한 프로젝트로, 현재는 애틀랜타주에 본사를 둔 '네임스 프로젝트 재단(The NAMES Project Foundation)'이 퀼트의 보관과 전시를 주관한다(공식 홈페이지 'www.aidsquilt.org'). 워싱턴 D.C. 내셔널몰, 백악관 앞을 비롯하여 곳곳에서 압도적인 규모로 전시되어왔고, 전 세계에서 4만 8000장 이상의 천이 모여 있다고 알려져 있다. HIV 감염인 및 에이즈로 인한 죽음을 낙인찍거나 비가시화하는 사회적 폭력에 대항하는 상징적 에이즈 인권 운동이자 예술 작품이다.

젠가, 장애인들은 영웅적이지도 비극적이지도 않은 평범한 삶을 살 것이다. **불구자, 퀴어, 프릭, 레드넥**은 단지 인간의 차이를 묘사하는 단어가 될 것이다. 슈퍼장애인은 사라질 것이다. 시설은 다 불태워질 것이다. 은유적인 산은 장려한 화산 폭발로 붕괴될 것이다. 혁명 후에도 여전히 문자 그대로의 산들, 내가 오르고 싶어 하지만 오를 수 없는 산들이 있을 것이다. 하지만 나는 의심할 여지 없이, 망설임 없이 이렇게 말할 수 있을 것이다. "여기서 돌아가자. 이 산은 내 발엔 너무 가파르고 미끄러우니까."

1부

장소

(…) 내 몸을 누인다

개울물이 흘러 강물을 만나는 곳

잔물결 속에, 물이 온종일 데워져도

여전히 차가운 곳, 물살이 끌어당기고, 손가락뼈들이

떨려온다. 나는 가능한 한 오래

바위투성이 바닥에 달라붙고, 그러다 힘이 풀려

하류로 몸이 쓸려 들어간다

더 흔들림 없는 물속으로

— 「천사들Angels」 중에서

개벌: 거리를 설명하기

1979년. 나는 방과 후 매일 101번 고속도로로 6마일을 달려서 집에 온다. 길은 엘크Elk강을 따라 나 있다. 나는 낙농장을, 3년 전에 전소한 합판 공장을, 골짜기의 의용 소방서를, 연어 철에 낚시꾼들이 보트를 대는 포구를 지나친다. 커브와 언덕을 기억하고, 거리를 체크한다. 피부는 땀에 절고, 폐는 격한 리듬으로 움직인다. 나는 차를 몰고 가는 사람들 대부분을 안다. 그들은 손을 흔들고 다른 차선으로 옮겨간다. 목재 운반 트럭이 열에서 열다섯 그루의 마른 통나무를 싣고 덜컹거리며 경적을 울린다. 내 기억엔 거대한 통나무가 한두 그루 실려 있었던 때도 있었다. 마지막 큰 언덕을 밀고 올라갈 때쯤엔 폐와 다리가 아파온다. 집에 다다르기 두 커브 전, 나는 노란색과 갈색으로 된 표지판을 지나친다. "미국 산림청: 시스키유 국유림 입구."

．－．－．

1994년. 나는 이제 옥수수 재배 지역 가장자리에 있는 미시간주 남동부에 살고 있다. 책을 검색하다가 우연히 『개벌: 산업 삼림지의 비극』을 발견한다.[1] 그 책은 미국과 캐나다 전역의 개벌_clearcut^* 벌목을 상세히 기록하고 있다. 나는 새로운 개벌지, 2차림二次林, 원시림原始林,^** 그리고 목재용 나무 농장을 찍은 커다란 컬러 사진들을 훑어보고, 표제와 설명을 읽는다. 그 책은 주와 지역에 따라 나뉘어 있다. 오리건을 찾는 순간, 갑자기 엄청나게 친숙한 사진 속 시스키유에 들어와 있는 듯한 느낌이 든다. 헐벗은 땅, 수북이 쌓인 나뭇가지, 그루터기, 산비탈에 널린 반 토막 난 통나무들. 서 있는 나무는 없고, 오직 초록의 조각들, 월귤나무와 명아주관목, 가시금작화, 다년초 국화의 새싹뿐이다.

나는 바로 이런 개벌지에서 장작을 패곤 했다. 버틀러Butler 유역과 볼드Bald산 근처 상류에서 마지막 통나무가 차로 실려나간 후에, 벌목 노동자들은 남아 있는 것들을 불도저로 밀어버렸다. 나뭇가지, 산산이 부서진 통나무, 목재로 쓰기엔 너무 작은 나무, 그루터기들이 거대한 한 무더기로 변해버렸다. 미국 산림청에서는 이 잔해를 불

---

* '개벌(皆伐)'은 한 지역 산림의 나무를 일시에 모두 베어내는 것을 말한다. 숲을 없애고 다른 용도로 땅을 사용하거나, 경제 가치가 높은 종류의 나무를 새로 심는 등의 목적으로 행해진다. 이러한 벌목이 산사태, 급격한 산림 생태계의 변화 등 환경 파괴를 일으킨다는 비판이 제기되어왔다.

** '2차림'은 인간의 영향이나 자연재해로 인해 파괴되었다가 다시 조성된 숲을 말한다. '원시림'은 인위적 파괴 없이 보존되어온 숲으로 자연림 또는 천연림이라고도 한다. 저자는 나이가 많은 나무들로 이뤄진 숲이라는 뜻의 '노숙림(old growth forest)'이란 단어를 쓰고 있는데, 문맥상 단순히 오래된 숲이 아니라 인위적 파괴 없이 자생해온 숲을 가리키고 있으므로 해당 표현을 '원시림'으로 번역했다.

태우는 대신에, 장작 벌채 허가증을 발행했다. 아버지와 나는 10월이면 한 달 내내 개벌지에서 겨울에 쓸 장작을 모았다. 아버지는 통나무를 둥글게 베어냈다. 은색 전기톱 날은 나무를 가르며 톱밥을 토해냈다. 나는 전기톱을 단단히 붙들고 있는 아버지의 손을 지켜보곤 했다. 진동이 아버지의 팔을 타고 오르는 걸 알아볼 수 있었다. 내 귀는 기계 공회전 소리와 굉음으로 가득 찼다.

나는 사진에 첨부된 글로 시선을 옮긴다. 사진작가 엘리자베스 페릴Elizabeth Feryl은 이렇게 적었다.

오리건 지역의 포트 오포드에 있는 동안, 나는 베어Bear 지류 쪽의 산사태에 대한 소식을 들었고 그에 대해 조사하기로 결심했다. 나는 길에 버려지고 수로에 흘러들어간 약 4만 톤의 진흙, 바위, 벌목 파편들을 마주할 마음의 준비가 전혀 되어 있지 않은 상태였다. 이 '와지窪地'는 배수로의 출구가 무너지면서 생긴 것으로, 산허리가 깊이 30피트, 너비 60피트, 반 마일 길이로 푹 파여서 배수로가 기반암까지 끌려 내려왔다. 우리는 사진 속 개벌지인 '야수의 복부'까지 4분의 1 마일가량 이 아수라장을 따라갔다.[2]

재해 지류로부터 베어 지류로 볼드 산 지류로 엘크강으로 태평양으로, 하류로 씻겨 내려간 4만 톤의 바위, 진흙 그리고 벌목 파편들. 엘크강, 현실이자 은유로서의 내 시詩의 강, 내가 헤엄치고 뛰어놀던, 왜가리와 연어를 바라보던, 카누 노 젓기를 배우던 어린 시절의 강. 나는 그 지명과 설명을 읽고 또 읽는다. 가파른 산비탈에서 나무들은 문자 그대로 대지를 그 자리에 붙들고 있고, 그러므로 개벌은 와지라 불리는 대재앙의 산사태를 초래하며 산허리 전체의 안정을 무너뜨릴 수 있다. 나는 이 모든 걸 다 알지만 읽기를 멈출 수 없다.

· — · — ·

나중에 나는 한 친구에게 이 사진을 발견했던 일에 대해 말한다. 그녀는 벌목 도로를 걸어본 적도 없었고, 전기톱의 공회전 소리와 굉음을 들은 적도 없었고, 오래된 그루터기의 나이테를 세어본 적도 없었지만, 우리는 환경 파괴에 대한 감수성을 공유한다. 나는 사진을 묘사하고, 와지를 설명하고, 분수계分水界에 대해 이야기한다. 그러나 나는 그 지명과 식물 이름과 헐벗은 산비탈에 내가 얼마나 향수를 느끼는지—고향에 대한 그리움이 아니라 특별한 종류의 친밀성에 대한 쓸쓸한 감정을 얼마나 느끼는지, 내 피부 깊숙이 와닿는, 내 근육과 힘줄에 불어넣어지는 외로움을 얼마나 느끼고 있는지는 말하지 않는다. 나의 정치관과 외로움 사이의 그 거리, 그 긴장, 그 분열을 나는 어떻게 설명할까? 그녀가 묻는다. "만약 지금 엘크 강을 따라 산책하러 간다면, 너는 어떤 변화를 알아챌까?" 나는 며칠 동안 내 머릿속에서 와글대던 이미지들을 묘사하려고 애쓴다. 그 겨울, 강은 갈색을 띤 모래톱 위로 흘러넘치며 하얀 거품을 분필 가

루처럼 묻혔을 거다. 다음 해 여름, 강 근처에 사는 아이들은 그들의 수영 장소가 바뀌었다는 것을, 깊은 웅덩이는 얕아지고 물의 흐름은 더 빨라졌다는 걸 알아차렸을 거다. 나는 엘크강과 앤빌Anvil 지류가 합류하는 곳의 산란기를 묘사한다. 연어는 허우적대며 지류로 들어가고, 얕은 곳을 거슬러 올라가, 자갈 속에 둥지를 파고, 알과 함께 물을 채운다. 그들은 대부분 죽는다. 몸은 하얀 부패물로 덮이고, 모래톱은 그들의 시체로 어지럽혀진다. 이듬해 여름, 강은 3인치짜리 은연어와 치누크 연어 새끼들로 가득 차고, 그들은 바다를 향해 하류로 나아간다. 나는 앤빌 지류의 산란 장소가 바위, 진흙, 벌목 파편들로 막혀 더 이상 존재하지 않을지도 모른다고 차마 말할 수가 없다.

. — . — .

수년 동안 나는 이 이야기를 쓰고 싶어서 시, 비평, 이론 등을 시도했다. 대부분 실패했다. 여기서 수천 마일 떨어진 벌목 지역의 한가운데에 있는 한 장소에 대한 나의 향수와, 도시에서 형성되었고 환경 파괴에 대해 분노케 하는 나의 정치관 사이에 존재하는 아주 깊은 골에 다리를 놓을 수 없었기 때문이다. 나는 외로웠고 좌절했다. 이 이야기를 설명할 적절한 말을 찾지 않으면, 나는 그 깊은 틈 속으로 나 자신의 일부를 잃어버리게 된다.

나는 오랫동안 다시 벌목되지 않을 2차림에서, 시스키유 국유림에서 자라난 아이다. 그 언덕들이 처음 개벌되었던 1940년대와 1950년대에는 다시 나무를 심지 않았고, 그래서 그곳엔 오리나무, 갈참나무, 은매화, 마드론 등 목재 산업에서 무가치하다고 여겨지는 나무들이 다시 자랐다. 나는 이 2차림에서 무수히도 놀았다. 우리 집에서 개울을 따라 올라가면 작은 댐이 있었는데, 우리는 거기서 물을 끌어들여 집에 일년 내내 물을 공급해주는 저장 탱크를 채웠다. 나는 그 탱크 뚜껑을 열고, 차갑고 어두운 물 표면에 나무 그림자가 일렁이는 것을 지켜보며 물이 똑똑 떨어지는 소리를 듣는 걸 좋아했다. 그 탱크에서 곧장 물을 들이켜다 보면 뺨과 턱이 차갑게 젖었다. 그리고는 오리나무와 갈참나무 잎을 발로 차면서 미끄러운 이판암 층을 기어오르며 계속해서 오르막을 올랐다. 나는 마드론 나무껍질을 벗겨 구불거리는 붉은 띠로 만들었고, 은매화의 톡 쏘는 월계수 잎 냄새를 맡기 위해 그 이파리들을 구겼다. 나는 몇 그루 안 남은 오래된 전나무들이 어디에 서 있는지 알았다. 내가 가장 오르기 좋아하는 나무들이었다―흰전나무, 큰전나무, 은매화. 나는 나뭇가지를 손으로 감아쥐고 나무껍질에 딱 붙어서 내 몸을 끌어올려 하늘을 향해 기어올랐고, 나뭇가지가 나무줄기를 만나는 곳에 자리한 요람에서 휴식을 취했다. 또는 그저 땅에서, 나무들의 굳건한 요새에 등을 기댔다. 나는 개울을 가로질러 걸쳐진 썩은 통나무 위를 걸어 다녔고, 이끼, 우산이끼, 지의류, 선반버섯을 관찰하기 위해 쪼그려 앉았고, 녹색, 황갈색, 갈색의 수많은 음영에 이름을 붙이려 애썼고, 달팽이와 바나나민달팽이를 콕 찔렀다. 여름엔 태양이 나무들을 쉽게 지나쳐 뚫고 들어오기 때문에, 그 언덕들은 뜨겁고 건조했다. 나는 덤불을 헤쳐 가거나 둘러 가면서, 개울물이 떨어지는 바위 위로 기어오르면서, 검은딸기나무 덤불과 가시금작화가 뒤엉킨 개벌지를 기어 다녔다.

나는 디젤엔진과 전기톱, 집재기集材機와 '고양이들'[3]이 다음 산 등성이를 넘어가며 높은 소리로 윙윙대고, 2마일 떨어진 하류에 있는 합판 공장이 끝없이 덜거덕덜거덕 소리를 내는 곳에서 자라났다. 경적 소리가 골짜기를 지나며 삐익 울릴 때면, 나는 통나무들이 협곡에서 끌어올려져 빈 목재 운반 트럭이 기다리는 적재 구역으로 옮겨지고 있다는 걸 알았다. 나는 101번 고속도로 북쪽에서 쿠스 베이 Coos Bay나 가디너Gardiner의 종이 공장으로 운반되던 눅눅한 나뭇조각에서 나는 달콤한 냄새를 맡으며 자랐다. 나는 거대한 기계가 큰 소리를 내며 산더미 같은 나뭇조각들을 일본행 화물선에 싣는 걸 몇 시간이고 바라보곤 했다. 나는 식물 이름에 열중했다—월귤나무, 새먼베리, 블랙베리, 철쭉과 관목, 명아줏과 관목, 철쭉과 상록관목, 양골담초, 디기탈리스, 층층이부채꽃, 철쭉, 덩굴성 단풍나무, 오리나무, 갈참나무, 연필향나무, 멀구슬나무, 포트 오포드 향나무. 나는 모든 것에 이름을 붙이고 싶었다. 나는 4분면을 조심스럽게 서로 이어 붙인 엘크강 분수계의 지형도를 아직도 갖고 있다.

나는 오래된 열대우림, 키가 너무 커서 꼭대기가 보이지 않는 나무들, 나무껍질이 깊게 패이고 그을린 자국이 있는 상한 나무들 사이로 굽이치는 길을 가장 좋아하는 배낭여행자다. 숲의 우거진 지붕 아래로는 햇빛이 거의 비치지 않아서, 전나무와 가문비나무의 바늘잎이 몇 인치 두께로 층층이 쌓인 숲의 바닥엔 빛이 약간 고여 있을 뿐이다. 이끼 위에 이끼가 끼고, 썩은 통나무에 양치류가 자라나 모든 곳에 초록색이 폭포처럼 흐른다. 오솔길은 우툴두툴하고 구불구불한 나무뿌리가 땅 위로 높이 불쑥 튀어나온 시트카 가문비나무를 빙 둘러 자꾸자꾸 구부러진다. 덤불은 없고, 오직 무수한 녹색 그림자만 있을 뿐이다. 이 나무들 사이에서, 나는 고요를 찾는다.

나는 직접 해본 적은 없지만, 어떻게 하면 '고양이'의 연료 탱크에 설탕을 부어 고장 낼 수 있는지 알고 있는 활동가다. 다음 날 아침 벌목이 예정된 더글러스전나무의 꼭대기에서 밤을 지새운 적은 없지만, 그럴 수도 있었던 활동가다. 나는 내가 군사시설에 가서 했던 것처럼, 벌목장이나 벌목 집행관의 사무실을 봉쇄해본 적은 없는 활동가다. 나는 와이어하우저Weyerhaeuser와 조지아퍼시픽Georgia-Pacific 같은 대규모 민간 목재 기업은 부패했고, 미국 산림청 같은 국유지를 관리하는 정부 기관들이 그들과 공모하고 있다고 믿는 무정부주의 성향의 사회주의자다. 나는 여전히 나뭇조각 냄새와 제재소의 굉음을 사랑하고, 실직 중인 벌목 노동자들과 죽어가는 벌목 마을들에 대해 알고 있는 성인이다. 지금 옥수수 재배 지역의 가장자리에 살고 있는 나는 말이 되는 이야기를 쓰고 싶은 작가이다.

·—·—·

어릴 때 내가 배웠던 서구 세계 백인의 시각에서는 나무, 물고기, 물은 재생 가능한 자원이었다. 50년 전만 해도 그것들은 끝없는 자원으로 여겨졌는데, 이는 백인들이 서부 '개척지'에 가져왔던 신화였다. 이따금 버틀러 유역을 향해 상류 쪽으로 하이킹하면서 산등성이마다 오리나무, 갈참나무, 더글러스전나무, 시트카 가문비나무로 뒤덮여 있는 걸 볼 때면, 나는 나무가 무한하다는 걸 믿었다. 또는 통조림 공장에 가서 은연어와 치누카 연어의 하루 포획량을 볼 때면, 나는 물고기가 무한하다고 생각했다. 특히 한겨울에 매일 비가 골짜기를 흠뻑 적실 때면, 나는 물이 무한할 줄 알았다.

그러나 1960년대와 1970년대에 공립학교, 정부, 산업의 실세들은 우리에게 나무와 물고기는 무한하다기보다는 재생 가능한 것이라고 가르쳤다. 만약 개벌지에 부지런히 다시 나무를 심는다면, 나무, 종이, 목재는 결코 바닥나지 않을 것이다. 만약 연어 부화장을 통해 연어 떼가 계속 유지되도록 주의를 기울인다면, 연어는 결코 고갈되지 않을 것이다. 물에 대해서는 아무도 설명할 필요조차 느끼지 못했다.

우리 선생들이 말하길, 개벌은 좋은 것이었다. 묘목이 자라기 위해선 직접적인 햇빛이 필요하기에, 개벌은 전나무와 소나무 등 소위 좋은—즉 돈벌이가 되는—나무의 성장을 증진시켰다. 나무 심기 실습과 나무 농장의 우수성이 이런 수업에서 중심적으로 다뤄졌다. 그런데 우리 선생들은 개벌 벌목을 변명하면서 나무 얘기에서 훨씬 더 나아갔다. 나와 반 친구들이 듣기로, 개벌은 사슴과 다른 야생동물에게 풍부한 목초지를 제공한다. 사냥꾼과 그들을 지지하는 사람들은 이런 먹이의 풍부함이 육식동물의 소멸과 함께 개체 과잉의 주기로 이어지기 때문에, 사슴 사냥은 단지 스포츠가 아니라 필수 사항이라고 재빨리 덧붙였다. 그래서 우리의 세계관은 켜켜이 발전했다. 숲과 그곳의 야생동물은 개벌과 다시 심기와 사냥이 있기 이전에는 어떻게 살아남았던 걸까? 우리는 질문하지 말라고 배운 아이들이었기 때문에 물어보지 않았다. 우리는 그 프로파간다를 믿었다.

아무도 우리에게 원시림에 대해 이야기하지 않았다. 그들은 "들어보렴, 나무 농장은 원시림과는 다르단다"라고 말하지 않았다. 우리는 숲 바닥의 썩은 통나무와 수백 피트 높이의 나무 지붕에 의존하는 생태계의 순환—정적이지도 않고 전적으로 예측 가능하지도 않으며 때때로 화재나 기후변화나 대규모 화산활동에 방해받으면서도, 그럼에도 순환하는—에 대해 공부하지 않았다. 나는 크고 오래된 나무들이 존재한다는 것을 알고 있었다. 나는 내가 가장 좋아하던 전나무가 거센 바람에 쓰러졌던 겨울을 기억한다. 우리가 그 나무를 장작으로 쪼개고 나서, 나는 그루터기 옆에 쪼그려 앉아 나이테를, 나무의 삶 한 해마다 그어진 선을 셌다. 400살이었다. 하지만 나는 수천 에이커에 달하는 크고 오래된 나무들에 대해서는 몰랐다. 북부점박이올빼미 같은 원시림에 사는 동물들에 대해서도 몰랐다. 아무도 우리에게 말해주지 않았고, 벌목 산업은 그 침묵에 상당한 지분을 차지하고 있었다.

．─．─．

1979년. 나는 10대를 위한 여름 프로그램인 청소년 자연보호단 Youth Conservation Corps의 일원이다. 여름 내내 우리는 길을 내고, 쓰레기를 줍고, 야영지를 관리하고, 사이유슬로Siuslaw 국유림의 울타리를 짓는다. 이번 주에 우리는 메이플턴Mapleton 동쪽에서 야영한다. 나무 솎아베기를 하는 10년 된 나무 농장 근처다. 매일 아침 우리는 지름이 4인치 이하인 나무를 모두 베어내기 위해 숲의 사방으로 흩어진다. 남은 나무들은 더 빠르고 더 크게 자란다. 30~40년 안에 미국 산림청은 이 지역을 민간 회사에 입찰하여 개벌한 뒤 나무를 다시 심게 할 것이다. 나는 도끼 휘두르는 법을 배우고 있다. 나무를 벨 때 어느 각도에서 시작해야 하는지, 언제 찍기를 멈추고 나머지는 중력에 맡겨야 하는지, 내가 찍고 있는 나무가 인근 나무들 쪽으로 쓰러져 그것들까지 죽이지 않도록 나무를 완전히 땅에 넘어뜨리는 방법을 알기 위해서다. 덥고 지저분한 일이다. 우리 팀 여자애는 벌집에 넘어져서 서른 방을 쏘인 후 어제 일찍 캠프로 돌아갔다. 모두가 이런 일을 좋아하는 나를 괴짜라고 생각한다. 점심때 나는 내 도끼의 경사진 날에 줄을 대고 날카롭게 간다. 나는 터덜터덜 언덕을 오르내릴 때 내 어깨 위에 안정적으로 걸쳐진 도끼의 나무 손잡이의 무게감을 좋아한다. 나는 지나가면서 나무를 건드려 손이 송진으로 거뭇해지는 걸 좋아한다. 나는 하루가 끝날 무렵 내 팔이 아프지만 느슨하게 풀어지는 느낌을 좋아한다. 태양이 내 안전모에 부딪쳐 뜨겁다. 안전모 밴드 아래 땀이 찬다. 나는 내 피부에서 숲의 향기를 맡을 수 있다.

. ─ . ─ .

나무와 마찬가지로 나는 연어에 대해서도 공부했다. 연어가 산란 장소에서 바다로 갔다가 다시 산란 장소로 되돌아오는 3년의 생애 주기는 나를 매료시켰다. 내가 알던 건 대부분 집에서 상류 쪽으로 2마일 가면 나오는 연어 부화장에서 배운 것이다. 겨울이면 나는 계단식 어로fish ladder* 옆에 서서, 물고기가 물이 폭포처럼 쏟아지는 계단을 거슬러 뛰어오르길 기다렸다. 그다음엔 저장 탱크 안에 큰 상처를 입은 동물들이 얼마나 있는지 세러 갔다. 이따금 나는 실험실에 방문했는데, 거긴 생물학자들이 어란을 보관하고 수정란을 인공부화하는 곳이었다. 여름에 저수지 주변에서 자전거를 타다가 글렌과 폴이 치어에게 먹이를 주고 있는 걸 보았다. 그들이 5갤런들이 먹이통에 손을 담갔다가 허공에 휙 털면, 물고기들이 먹이 알갱이를 잡으려고 뛰어오르느라 물이 살아 움직였다. 다른 때 나는 강을 가로질러 앤빌 지류의 산란 장소에 갔다. 나는 두 종류의 연어, 즉 양식 연어와 야생 연어가 있다는 걸 알았다. 나는 나무 농장과 원시림이 같다고 생각했던 것과 마찬가지로, 그 둘도 같은 거라고 생각했

* '계단식 어로'는 작은 웅덩이를 계단식으로 연이어 만들어서 물고기가 상류로 거슬러 올라가도록 한 시설로, 어제(魚梯)라고도 한다.

었다.

　나는 왜 엘크강에서 양식 연어를 키워야 했는지를 몰랐다. 나는 컬럼비아Columbia강의 댐과 윌래밋Willamette강의 도시 오염 때문에, 이들 강에서 연어 떼가 거의 말살되었다는 건 알고 있었다. 하지만 엘크강에는 댐도 없었고 미미한 정도의 오염도 없었다. 야외 학습에서 전달된 프로파간다는 개벌이 연어 서식지에 미치는 영향에 관하여 말하지 않았다. 산란 장소가 벌목 파편으로 막히고 사라져, 산란할 수 있는 야생 연어가 점점 더 줄어든다고 설명해준 사람은 아무도 없었다. 지류에 그늘을 드리우던 나무들이 잘리면, 햇빛이 직접 내리쬐어 물을 달군다는 말을 들어본 적도 없었다. 그리고 한 유역에서 수온이 충분히 올라가면, 상대적으로 찬물에서 생존하는 연어들은 위험에 처하게 된다는 말도 들어본 적 없었다. 프로파간다는 어류 남획에 대해서도 말하지 않았다. 생계를 위해 여름이면 캘리포니아, 오리건, 워싱턴, 브리티시컬럼비아, 알래스카 해안에서 연어 떼를 낚는 전문 연어잡이 어부들은 지속가능한 포획이라는 말을 들어본 적도 없었다. 연어 떼는 무한해 보였다.

　권력자들은 양식 연어가 야생 연어와 달라서 유전적으로 좀 더 균질하고, 더 질병에 걸리기 쉽고, 바다에서 더 취약하다는 것을 우리에게 알려주지 않았다. 부화장에서 해마다 연어를 기르기 위해, 생물학자들은 매년 여름 포름알데히드와 기타 화학물질을 사용한다. 거듭해서 재발하며 수천 마리의 치어를 죽이는 질병과 싸우기 위해서다. 강에서 부화장의 수조 단지로 물을 계속해서 퍼 올리고,

이 화학물질들을 강으로 배출해 생태계로 흘려보낸다. 그리고 양식 연어가 부화장으로 충분한 수만큼 돌아오지 않는 겨울마다, 생물학자들은 연어 알 공급을 증대시키기 위해 자연적인 산란 장소로 가서 야생 연어를 잡아 부화장으로 가져온다. 곧 야생 연어는 사라질 것이다. 프로파간다는 이러한 세부 사항들을 무시했다.

나와 반 친구들은 목재 산업에서 걷은 세금으로부터 운영 기금 대부분을 얻는 학교의 교사들에게서 배웠다. 미국 산림청 관리인과 그들이 나눠준 안내서를 통해, 기업에서 지원금을 받는 교과서, 전시회, 슬라이드 쇼, 견학을 통해 배웠다. 요점은 단순히 우리가 이 나라의 다른 학생들처럼, 나무와 연어에 대해 반쪽짜리 진실만 배웠다는 점이 아니다. 우리가 나무와 연어는 끝없이 재생 가능한 상품이라는 훨씬 더 근본적인 가르침을 받았다는 것이 핵심이다. 개벌, 나무 다시 심기, 부화장을 그 중심에 놓는 식의 자연 세계에 대한 관점은 우리가 살았던 마을을 지탱하는 두 산업—벌목과 낚시—을 편리하게 지지했다.

포트 오포드를 떠나고 나서야, 나는 다른 세계관과 접촉하게 되었다. 처음으로 도시에서 살면서, 나는 연어를 오직 얼린 고깃덩이로만 아는 사람들, 종이를 사용하지만 종이 공장에는 한 번도 가본 적 없는 사람들을 만났다. 그들에게 나무란 키 크고 마른 단풍나무, 참나무, 보도를 따라 자란 너도밤나무였다. 내가 보기엔 어떻게 이용해야 할지 도저히 모르겠는 주차 건물과 버스 정류장을 그들은 쉽고 편하게 이용했다. 그들 중 몇몇은 나무와 연어가 단순한 상품 이상이라고 믿었다.

　그들은 월트 디즈니 자연 영화에다 그들이 여름에 가끔 붐비는 국립공원으로 휴가를 떠났던 기억을 결합시킨, 애매하고 낭만적인 버전의 자연을 창조했다. 아니면 그들은 백인 도시인 버전의 나무 영혼과 어머니 대지를 믿었다. 어느 쪽이든 내가 새롭게 알게 된 사람들은 원자력의 위험성, 브라질 열대우림의 파괴, 강간과도 같은 개벌에 대해 이야기하면서, 나무와 물고기를 경이로워하며 숭배했다. 나는 그저 들었다. 콘크리트와 고층 건물에 둘러싸여, 나는 시스키유 국유림의 친숙한 동식물의 존재를 당연하게 여기는 것을 점차 그만두게 되었다. 고향을 다시 방문했을 때, 나는 내가 자라난 장소의 무엇이 아름답고 비범한지를, 그리고 무엇이 추하고 마음 아픈지를 흘끗 보았다. 나는 나무와 연어가 그저 수확 가능한 작물이 아니라고 생각하기 시작했다. 나는 시에라 클럽Sierra Club에서 발간한 《어스 퍼스트! 저널Earth First! Journal》과 데이브 포어맨Dave Foreman의 에코타주 안내서ecotage manual[4]를 읽었다.* 나는 러브 커낼Love Canal, 스리

---

*　'시에라 클럽'은 1892년 미국에서 설립된 환경운동 단체로 그랜드캐니언 댐 건설 저지로 유명해졌으며, 미국의 국립공원 및 자연 보존 지역 지정 운동을 활발히 벌였고, 1964년 이 단체의 노력으로 세계 최초의 야생보호법이 제정되었다. 현재는 미국뿐 아니라 전 세계 환경 보전을 위한 다양한 활동을 펼치고 있다(공식 홈페이지 'www.sierraclub.org'). '어스 퍼스트!'는 1979년 미국 남서부에서 결성된 급진적인 환경운동 단체로 현재는 전 세계에 지부가 있다. 나무에 몸을 묶고 숲을 점거하여 벌목을 저지하는 시위, 스키 리조트 파괴, 원자력발전소 파괴 시도 등 직접행동을 벌였다(공식 홈페이지 'www.earthfirst.org'). 《어스 퍼스트! 저널》은 '어스 퍼스트!'의 공식 간행물이다. '에코타주(ecotage)'는 환경을 뜻하는 '에코(eco-)'와 고의적으로 사유재산을 파괴하는 노동자 쟁의행위를 일컫는 '사보타주(sabotage)'의 합성어로, 환경오염을 일으키는 시설이나 장치를 물리적으로 파괴하는 방식의 환경운동을 말한다.

마일Three Mile섬, 네바다 핵실험장, 빅 마운틴Big Mountain에 관해 배웠다.* 그리고 우익 성향의 자유주의에 영향을 받은 유년기로부터 진보적인 성인기로 옮겨 가기 시작했다. 나는 나무 영혼이나 어머니 대지를 향한 백인 도시인 버전의 숭배로 나아가진 않았다. 그런 숭배는 대개 미국 원주민의 영적 전통을 훔쳐와, 세계와 호혜적인 관계를 맺는 많은 노력을 필요로 하는 일을, 여전히 인간의 삶과 방식을 중심에 놓는 뭔가 순진하고 얄팍한 것으로 바꿔버린다. 나는 개벌을 강간에 비유하는 것도 편안하게 받아들일 수 없었다. 그 둘을 비교하거나 합쳐버리기엔, 두 행위 각각의 특수성이 내겐 너무도 선명했다. 다만 내가 믿게 된 것은 나무와 물고기가 그 자체로 중요하고 고유한 존재라는 점, 그리고 활동가이자 소비자이자 이 행성의 수많은 존재 중 하나인 인간으로서의 나는 그들과 몹시 복잡한 관계를 맺고 있다는 점이었다.

---

*   여기 나열된 장소들은 모두 심각한 환경 사고가 있었던 곳이다. '러브 커낼'은 뉴욕 나이아가라 폭포 인근 지역으로, 2만 1000톤에 달하는 독성 폐기물이 매립된 구역에 학교와 주택을 지었다가 주민이 오염으로 각종 질병에 시달리는 환경 재난이 벌어진 곳이다. '스리마일섬'은 미국 펜실베이니아주에 속한 섬으로, 1979년 원자력발전소에서 노심용융에 의해 방사성 물질이 누출되는 사고가 일어났다. 1986년 체르노빌 원전 사고, 2011년 일본 후쿠시마 원전 사고와 더불어 세계 3대 원자력발전소 사고 중 하나로 꼽힌다. '네바다 핵실험장'은 1951년부터 1992년까지 1000번 가까이 핵실험이 벌어진 곳으로, 네바다로부터 200킬로미터 떨어진 유타 사막 지대까지 방사성 물질이 퍼져 각종 암 질환을 발생시켰다. '빅 마운틴'은 애리조나 북동부의 산악 지대로, 1974년 미국 의회는 그 지역에 살던 수천만 명의 북미 원주민을 강제 이주시키는 법안을 통과시켰다. 원주민 부족 간의 갈등을 해소한다는 명목이었으나, 실제로는 그 지역을 개발하고자 했던 화력발전 산업의 이익을 대변한 조치였다(www.culturalsurvival.org/publications/cultural-survival-quarterly/forced-relocation-big-mountain 참조).

내가 태어났을 때부터 나를 알고 있던 포트 오포드의 사람들—레스 스미스, 벌목 노동자 일을 은퇴하고 나서 포트 앤 스타보드 피자 가게를 운영한 사람, 트루벨류 하드웨어의 출납원 베니타 마스톨, 퍼스트 인터스테이트 은행의 창구 직원 젤라 마시—은 더 이상 정말로 나를 알지 못한다. 나는 도시의 익명성을 매우 소중히 여기고, 거기서 만났던 많은 문화, 생각, 차이들을 즐겼다. 하지만 여전히 나는 나무들, 강, 험준하고 조용한 시스키유가 몹시 그립다.

·—·—·

1989년. 나는 워싱턴주에 있는 올림픽Olympic 반도를 홀로 배낭여행 중이다. 지난주 내내 관광지 홀인더월Hole-in-the-Wall 근처 해변에서 야영하면서, 읽고 쓰고, 밀물과 썰물이 나의 하루하루를 빚어내게 놔두었다. 이제 나는 새 개벌지의 한복판에 있는 국립공원에서 야영을 한다. 포크스Forks에서 식량을 보충했는데, 거긴 친숙한 작은 벌목 마을로 전기톱 가게 바깥에 1톤 트럭 대여섯 대가 주차되어 있었다. 나는 이 야영장으로 돌아오려고 차를 얻어 탔는데, 날 태워준 남자는 개벌지에 나무를 다시 심는 일을 하는 사람이었다. 나는 시애틀로 돌아가기 전에 오래된 열대우림에서 3일 동안 하이킹을 할 계획이다. 크고 오래된 나무들은 보고 또 봐도 질리지 않을 거다.

아침에 나는 등산로 입구를 향해 길을 나섰다. 내가 가는 벌목 도로는 보가치엘Bogachiel강을 따라 완만하게 경사진 목초지와 오리나무, 참나무, 전나무가 섞여 있는 친숙한 조합의 2차림을 구불구불 지나간다. 나는 저 산등성이 너머 전기톱이 내는 공회전 소리와 굉음을 듣는다. 잠시 목재 운반 트럭이 101번 고속도로에서 언덕을 올라가면서 저속 기어로 바꾸는 소리를 듣는다. 경적이 삐익 울리는 소리도 듣는다. 나는 수년 동안 이 소리들을 들은 적이 없었다. 그것들은 집을 의미한다—와이어하우저 사社에 대해, 그 기업의 노조 분쇄 전략에 대해, 목재 산업의 언어와 환경 파괴에 대한 변명에 대해 나 자신에게 상기시키는 바로 그 순간에도. 큰푸른왜가리가 하류에서 어스레한 푸른 날개를 퍼덕이며 날아올라 나를 놀라게 한다. 집은 또한 축축한 썩은 나무 냄새, 조각난 해와 바람 사이로 스며드는 안개다. 지금 나는 점점 좁아지고 있는 이판암이 깔린 2차선 도로를 꾸준히 올라가는 중이다.

다음 커브에서 돌자 갑자기 새로운 개벌지가 나온다—내 시야가 닿는 곳까지 펼쳐진 그루터기들, 벌목 뒤에 남겨진 나무 파편 더미, 마른 진흙 위에 얼어붙은 불도저 바퀴 자국. 나는 이 모습이 파괴를 뜻하길 바라지 않는다. 오히려 집이길 바란다. 나는 장작을 패러 버틀러 유역을 행복하게 그러나 진을 빼면서 오가던 길, 메이플턴 동쪽에서 도끼 휘두르는 법을 배우느라 땀에 절었던 나날을 기억하려 안간힘을 쓴다. 대신에 나는 묘지, 전쟁터, 벌거벗고 찢긴 지구를 본다. 나는 까마귀만큼이나 실제 같은 나무의 유령을 상상한다. 내가 어떤 은유를 쓰든, 이것이 500년 동안 북아메리카에서 백인들이 해온 일이다—이익과 진보의 이름으로 땅을 벌거벗기는 짓. 나는 1마일을 걷고, 또 2마일을 걷는다. 내가 처음으로 외부자로서가 아니라, 추한 겉모습을 보고 겁에 질린 여행자로서가 아니라, 이 묘지에서 자라난 사람으로서 바라보고 있음을 자각하면서, 성인이 된 나의 정치관과 유년기에 대한 충직한 애정을 둘 다 지니고 바라보고 있음을 자각하면서, 긴장과 모순의 렌즈를 통해 바라보고 있음을 자각하면서, 걷고 또 걷는다. 나는 한 그루터기에 올라 그 나이테를 세면서, 촘촘한 테로 표시된 가뭄 기간과 느슨한 테로 표시된 습한 기간을 더듬어 찾아낸다. 나는 분노하고 애도하고 싶지만, 그 대신 평상심을 유지한다. 무감각하게, 마치 전쟁터가 내 심장을 건드릴 수 없는 양. 나는 걷는다, 어린 시절부터 내 뼛속 깊이 새겨졌던 것들이 내 정치관을 따라잡길 기다리면서. 나는 멍하니 걷는다, 더 이상 내 몸 안에 집인 것과 전쟁터인 것 사이의 줄다리기를 담고 있을 수 없어서. 또 다른 커브를 도니 갑자기 2차림에 돌아와 있다.

나는 등산로 입구에 다다른다. 이 나무들은 50피트마다 형광 분홍색 리본으로 표시되어 있다. 새 길을 표시한 건가? 이윤 평가를 표시한 건가? 나는 나무마다 매여 있는 리본을 찢어 주머니에 쑤셔 넣으면서, 온통 초록색 한복판에 있는 형광 분홍색의 뻔뻔스러움에, 곧 닥칠 파괴에 분노한다. 나는 이끼 낀 좁은 다리를 지나 개울을 건넌다. 그다음에는 원시림, 국립공원 부지에 다다른다. 살며시 비가 오기 시작한다. 나는 비가 들이치지 않는 연필향나무 아래 앉아, 두툼한 회색 나무껍질에 등을 기대곤 점심을 먹는다. 원시림, 2차림, 그리고 개벌지 사이의 선이 갑작스럽고 명백하다.

지금 나는 매우 다른 풍경 속에서 산다. 땅은 평평하고 개방되어 있다. 나무들은 매년 가을 빨강, 노랑, 주황의 폭발 속에 잎을 떨군다. 매년 봄이면 터져 나오는 초록빛 속에 잎을 다시 피운다. 겨울엔 눈이 축축하고 묵직하게 내려 모든 나무를 감싸거나, 가볍고 건조하게 내려 바람에 휘날린다. 이곳의 초록은 천 가지 색조로 층져 있지 않다. 나는 자주 바다, 산란 장소, 더글러스전나무, 온 언덕에 세차게 불어 닥치는 비를 갈망한다. 나는 내 집을 사진, 지도, 돌, 조개, 성게, 전나무 열매, 나무로 채워 두었다. 내가 여전히 집이라고 부르는 풍경—벌목과 상업적 낚시의 광경, 소리, 냄새를 포함하는 그 풍경을 떠올리기 위해서.

집을 잃는다는 것

나는 집을 잃는다는 것에 관해 말할 단어들을 찾아야 한다. 그 다음엔 결코 다시는 그 단어들을 입 밖에 내고 싶지 않다. 그것들은 곪아버린 이빨처럼 너무도, 너무도 아프게 쿡쿡 쑤신다. **향수병**은 너무 진부한 말이다. 나는 겉보기엔 아무 관계 없는 단어들을 움켜쥐어야 한다. **퀴어. 망명. 계급.** 나는 금색과 붉은 색으로 표지가 장식된 『아메리칸 헤리티지 사전American Heritage Dictionary』에 손을 뻗다가 그만둔다. 그 단어들의 정의는 알고 있으니까. 나는 다이크 정체성, 계급적 위치, 시골 출신 백인이라는 뿌리가 만든 미궁으로 들어가지 않으면 안 된다.

가장 쉬운 진입 지점인 **퀴어**queer부터 시작해보자. 그 단어의 가장 넓은 의미에서, 퀴어는 항상 내가 속해 있는 곳이었다. 자신이 소녀라는 것을 확신할 수 없는 여자아이. 도시 안에선 변두리 오지의 촌놈. 이성애자 세상에서의 다이크. 비장애인 세상에서의 절름발이. 두 분 다 교사였고, 운과 백인이라는 특권을 이용하여 자수성가하려 애쓰던 가난한 아버지와 노동계급 어머니 사이에서 태어난 첫째.

좀 더 좁은 의미에서, 퀴어는 내가 다이크임을 인식하게 된 이래로 집이었다. 열일곱 살에 나는 고등학교 졸업장과 대학 진학을 위한 장학금을 가지고 오리건의 오지를 떠났다. 아이나 남편 따위를 갖지 않게 된 것에 감사해하면서. 1년 후 몇 달 동안의 자기 분석 끝에, 마침내 나는 내가 다이크이고 몇 년간이나 그래왔음을 깨달았다. 그날 이후로 나는 다이크들 속에서 살아왔고, 지리적인 뿌리가 아니라 열정·상상·가치를 공유하기 때문에 선택한 가족들과 집들을 만들었다. 오클랜드Oakland에 있는 우리 다이크 공동체 가구에는 앞마당에 채소밭이 있고 뒤뜰에는 닭장이 있었다. 여성 집단은 로스앤젤레스부터 워싱턴 D.C.까지 '거대평화행진Great Peace March'을 벌였고, 뉴욕 북부에서 '평화롭고 정의로운 미래를 위한 여성 캠프장Women's Encampment for a Future of Peace and Justice'을 벌였다.* 지금 내가 살고 있는 앤아버Ann Arbor에서는 퀴어 포틀럭Queer potlucks**이 열린다. 평화를 위해 국토를 가로질러 행진하든, 단지 레즈비언 가십거리를 듣거나 두부 요리를 배우기 위해 드나들든, 또는 붉은 손잡이의 나사 절단기로 군대 창고의 울타리를 자르든 간에, 다이크 공동체에서

---

*　'거대평화행진'의 전체 명칭은 '국제 핵무기 철폐를 위한 거대평화행진(Great Peace March for Global Nuclear Disarmament)'으로, 핵무기 확산의 위험을 알리고 핵무기 철폐를 지지하기 위한 국토 횡단 행진 행사다. 1986년 3월 1일 로스앤젤레스를 출발하여, 같은 해 11월 15일 워싱턴 D.C.에 도착했다. '평화롭고 정의로운 미래를 위한 여성 캠프장'은 여성만이 참여하는 반핵·평화 캠프다. 처음 열린 건 1983년 뉴욕에서 순항미사일과 퍼싱 II 미사일 배치에 반대하여 1만 2000여 명이 참여한 캠프였으며, 이후에도 2006년까지 매년 이어졌다.

**　'포틀럭'은 참석자들이 음식을 가져와 나눠먹는 회식을 말한다.

다이크로 존재할 때면 내가 소속감을 느꼈던 그 어느 곳에서보다도 친근감이 든다. 그래도 나는 여전히 이상함quer을 느낀다.

망명Exile. 퀴어가 가장 쉽다면, **망명**은 가장 어렵다. 내가 '집이란 다이크 공동체 속에서 다이크로 존재하는 것이다'라고 적는다면, 그 것은 거짓말일 것이다. 그보다는 집이란 유달리 황량하고 들쑥날쑥 했던 해변들, 특정 종류의 나무와 검은딸기나무 덤불, 내가 자란 곳 근처에서 굽이치던 바로 그 강, 이제는 시들어가는 벌목 마을과 어 촌의 친숙한 정경과 소리들이다. 망명이 가장 어려운 이유는, 내가 실제 집으로서의 그 장소를 영영 잃어버렸기 때문이다. 다시 **퀴어**로 되돌아가자.

(좁은 정의에서의) 퀴어들은 포트 오포드에 살지 않는다. 적어 도 나는 그들을 본 적이 없다. 만약 우리가 그곳에 사는 퀴어였다면, 우리는 공동체의 결여, 무언의 경멸, 계속되는 심술궂은 소문들, 그 리고 여차하면 동성애 혐오 폭력을 당할 위험을 참아내야만 했을 것이 다. 만약 지금 내가 되돌아가서 조용히 살아간다면, 즉 결코 **다이 크**란 단어를 입 밖에 내지 않고 여성 본위의 삶을 살아간다면, 아 무도 우리 집에 총을 쏘거나 자동차 앞 유리에 돌을 던지거나 나를 마을 밖으로 내쫓지는 않을 것이다. 통조림 공장의 근육남 스미스, 단칸짜리 도서관의 보니 와그너, 제재소의 딕 터커는 그저 고개를 저으며 밥 크레이그의 큰딸이 귀향했다고 말할 것이다. 내가 나의 암묵적인 퀴어함과 그들의 묵시적인 받아들임을 저울질하며 균형을 유지하는 한, 나는 괜찮을 것이다.

도시에 사는 중산층 퀴어 활동가라면 이러한 균형을 비웃을지도 모른다. 이는 단순히 또 다른 "묻지도 말하지도 말라don't ask, don't tell"*일 뿐이며, 퀴어를 비가시화하는 데 기여한다는 이유에서 말이다. 이것이 퀴어와 이성애자들 사이의 이상적인 관계는 아니라는 점에 나도 동의한다. 하지만 이는 많은 진보적인 중산층 이성애자들이 공손하면서도 깔보는 태도로 우리를 비가시화하는 것보다는 훨씬 낫다.

당신이 날 못 믿겠다면, 나와 함께 내 외할아버지 장례식에 가 보자. 장례식 동안 나는 가족과 함께 앉아 있었다. 내 여동생이 오른쪽에, 큰 이모 에스터는 왼쪽에, 마거릿 이모는 우리 앞쪽에, 그녀의 오래된 연인은 그 오른쪽에 앉아 있었다. 바브는 아프리카계 미국인 레즈비언이었고, 힐을 신든 치마를 입든 오해할 수 없을 만큼 확실히 부치였다. 확신하건대 마거릿 이모는 존 외삼촌이나 에스터 이모, 헨리 외삼촌이나 릴리언 이모에게 바브를 결코 그녀의 파트너, 연인 또는 여자친구로 소개할 순 없었으리라. 그러나 바브는 의문의 여지 없이 가족이고, 내 외할아버지의 직계친족이 앉는 관 가까운 자

---

* '묻지도 말하지도 말라(DADT)' 정책은 미군의 악명 높은 성소수자 대상 정책으로, 1993년 국방부 지침으로 발효된 이래 2011년까지 지속되었다. 이 정책은 동성애가 군의 사기와 기강을 떨어뜨린다는 핑계로 군 복무를 원하는 사람은 자신이 성소수자인 것을 밝히거나 그런 의심을 받을 만한 말과 행동을 하는 것을 금지한다. 정책은 스스로 밝히지 않는 성소수자는 차별하거나 괴롭히지 않겠다고 하여 명목상 성소수자를 보호하는 것인 양 포장되었지만, 사실상 '나대지 않으면 봐주겠다'는 메시지로 성소수자들을 강제하고 이들이 겪는 부당한 차별의 책임을 당사자 탓으로 돌리는 악랄한 정책이다. 그리고 괴롭힘 금지는커녕 물밑에서 성소수자 군인을 색출하고 규제하고 처벌하기 위한 검열이 계속 진행되어왔다.

리에 앉아서, 공공연하게 마거릿 이모를 위로하고 있다. 내 외할아버지는 디트로이트의 수리공이었다. 생존해 있는 그의 형제자매는 일리노이 남부에서 온 루터파 신도이자 옥수수 농부다. 그들 대부분은 고등학교도 졸업 못했고, 집에선 여전히 독일어로 말하며, 평생 공화당에 투표해왔다. 많은 중산층 내지 상위계급 도시 거주민의 관점에서 보자면, 그들은 단지 레드넥이고 얼간이고 촌뜨기이다. 노동계급 작가이자 활동가인 엘리엇은 **레드넥**redneck의 정의를 세 가지로 나누었다.

> 명시적인 의미로는, "백인 시골 노동계급의 구성원 (…)"[1]
> 내포적인 의미로는, "레드넥의 특징인 편협하고, 보수적이고, 종종 고집불통인 사회정치적 태도를 옹호하는 사람 (…)"[2]
> 그리고 마지막으로 많은 퀴어들을 포함하여 진보적인 이들이 통상 이 단어를 사용하는 바에 따르면, "1. 인종차별주의자, 폭력적인 자, 교육받지 못했고 멍청한 자(마치 두 가지가 동의어인 양), 여성을 혐오하는 자, 동성애자를 폭행하는 자, 가톨릭 근본주의자 등등인 사람. 2. 계급차별주의를 제외한 모든 유형의 억압적인 신념과 동의어로 사용된다."[3]

도시에 사는 퀴어들 상당수는 내 이모와 외삼촌들을 한 번 보고는 비상식적인 레드넥이자 동성애 혐오자라고 단정 지을 것이다.

그러나 이 노동계급 확대가족에서 레즈비언임을 말하지 않는 것이 암묵적인 받아들임과 균형을 이룬다는 점이 의미하는 바는, 바브가 가족이고 마거릿 이모와 그녀가 커플로 대우받고 있으며, 그래서 다른 경우라면 바브가 이들로부터 받았을 노골적인 인종차별이 누그러진다는 사실이다. 이 상황은 이상적이진 않지만, 냉담한 거부보다 낫고, 공손한 태도 뒤의 우회적인 냉대보다 나으며, 중산층의 "묻지도 말하지도 말라"보다 낫다. 그런 태도는 바브를 '친구'로 표시된 범주에 조심스럽게 위치시킬 것이며, 그녀의 연인의 아버지 장례식에서 직계가족이 앉는 자리에서 멀리 떨어진 다른 좌석에 그녀의 자리를 마련할 것이기 때문이다.[4]

동시에 이 균형은 쉽게 깨진다. 포트 오포드에서 나는 결코 여자 연인의 손을 잡고 중심가를 걸을 순 없을 것이다. 그런 단순한 행위가 너무도 엄청난 일로 여겨질 테니까. 또한 이 균형은 몇십 년간 서로를 잘 알아온 가족 또는 친지 사이에서 가장 손쉽게 달성된다. 만일 내가 귀향했는데, 내가 사는 곳 길 건너편에 포트 오포드에서 자라지도 않았고 원가족이 마을에 살지도 않는 '아웃사이더'인 다이크―커밍아웃을 했든 안 했든―가 산다면, 나는 그녀의 안전을 격정할 것이다.

이 말은 이러한 부서지기 쉬운 균형의 경계 바깥에서는 이들 시골 백인이 평균적인 도시인보다 더 동성애 혐오적이라는 뜻은 아니다. 오히려 그 차이는 도시의 익명성에 있다. 앤아버에서 남자 대학생 무리가 나에게 "어이, 레즈!"하고 소리친다면, 혹은 버스에서 내 옆에 앉은 남자가 "퀴어"라고 속삭이고 내 쪽으로 침을 뱉는다면, 나는 필요한 방법은 무엇이든 동원해서 나를 지킬 거다. 내가 다시는 이 남자들과 마주치지 않을 가능성이 높다는 걸, 또는 그렇게 해도 그들이 날 기억하지 못할 거라는 걸 알기 때문이다. 반면 포트 오포드에선 만약 몇몇 보이지 않는 선을 넘어버려서, 술김에 허세부리다가 암묵적인 받아들임을 넘어서, 어찌되었든 균형이 깨지는 바람에 누군가가 나를 괴롭히게 된다면, 사정은 달라진다. 나는 그를 알고 있을 것이고, 아마도 통조림 공장에서 그의 아내와 함께 일하고 있을 것이며, 그의 아이들이 버틀러 강가에서 노는 것을 자주 볼 것이고, 식료품점이나 우체국에서 그와 너무도 자주 마주칠 것이다. 마찬가지로 그 또한 내가 어디 사는지, 누구랑 사는지, 무슨 차를 모는지, 어디서 일하는지 알고 있을 것이다. 이처럼 익명성이 결여되어 있다는 것이 시골 생활의 실상이다. 나는 도시에서 이런 점을 종종 그리워하기도 하지만, 편협함과 폭력에 직면했을 때 익명성은 어느 정도의 보호를 제공한다.

만약 내가 포트 오포드로 되돌아간다면, 고립이라는 일상적인 현실은 안전에 관한 걱정과 맞먹는 문제가 될 것이다. 전기톱 상점 건너편에 살면서, 나는 다이크 포틀럭에서 저녁을 보내려면 한 시간을 운전해야 하고, 여성주의 서점에 들르거나 최신 퀴어 영화를 보기 위해선 세 시간, LGBT 프라이드pride 행진에 가기 위해선 일곱 시간을 운전해야 한다. 나는 내가 퀴어 공동체로부터 떨어져서 편안하고 행복하게 살아갈 수 있을 거라고 생각하지 않으며, 항상 균형을 점검하고 안전을 경계 짓는 보이지 않는 선을 재면서 맘 편히 살아갈 수 있을 거라고도 생각하지 않는다. 내게 집의 상실은 퀴어로 존재한다는 것과 관련되어 있다.

이제 **망명**으로 되돌아가보자. 이는 중요한 단어이자, 어려운 단어이다. 이 단어는 상실의 의미뿐만 아니라, 뒤에 남겨두고 온 장소에 대한 애정 어린 소속감과 연결감의 의미도 품고 있다―그것이 아무리 양가적인 것이라 해도 말이다. 그곳을 잘 벗어났다는 태도라기보다는 애도하는 태도인 것이다. 망명은 또한 쫓겨나고 강제로 떠난다는 감각을 담고 있다. 그렇다. 내게 집의 상실은 내가 퀴어로 존재한다는 것에 관련되어 있다. 그러나 이는 **망명**인가? 이 물음에 대답하기 위해선 익명성, 고립, 안전, 그리고 더 혼란스럽게 뒤섞인 것에 관하여 또 다른 이야기를 할 필요가 있다.

내 어린 시절과 청소년기 내내, 아버지는 다른 여러 어른들과 함께 나를 성적으로도 물리적으로도 심하게 학대했다. 나를 묶어놓곤 불과 칼을 이용하여 내 몸에 끔찍한 짓을 저지르곤 했다. 지역 고등학교에서 30년 동안이나 가르쳤던 내 아버지. 마을의 모든 이들이 알고 그 모두에게 존경받는 사람이었던 내 아버지. 비록 마을 사람들은 아버지가 기벽이 있고, 묘한 구석이 있으며, 잘 잊어버리거나 예기치 않게 화를 내는 경향이 있다고 생각했지만 말이다. 아버지는 더 이상 거기 살지 않지만, 나를 학대했던 다른 어른 몇몇은 아직도 거기에 산다. 포트 오포드를 떠난 지 몇 년이 지나고서야, 나는 가해자들의 영향력을 떨쳐낼 수 있었다. 기억을 털어놓는 데 오랜 시간을 들이고, 몸속 깊숙이 새겨져 집요하게도 사라지지 않는 공포, 슬픔, 혼란을 통과하면서 말이다. 나는 이 작업을 공동체 안에서 했다. 많은 친구와 몇몇 훌륭한 전문가의 도움을 받으면서, 그리고 내가 경험했던 폭력을 더 넓은 맥락에 위치 지을 수 있게 한 정치적 인식 틀의 도움을 받아서. 그러는 동안 나는 포트 오포드로 되돌아갈 수 없었고, 물리적으로 안전할 수도 없었다. 나는 일종의 망명 중이었다. 나를 보호하기 위해선 국토를 가로지르다 중간에 만나는 작은 도시의 익명성이 필요하다는 걸 알고 있었다. 아무도 내 아버지를 모르는 곳, 나에게 가해진 학대에 아주 약간이든 중심적으로든 참여한 인간이 단 한 명도 살지 않는 도시 말이다. 오늘날 나의 안전은 익명성보다는 내적인 자원들에 달려 있다. 그렇지만 만약 내가 되돌아간다면, 나는 어디를 가든 밥의 아이로 알려진 상태에서 정기적으로 몇몇 가해자들과 마주치게 될 텐데, 그 상황에 어떻게 대처해야 할지 모르겠다. 간단히 말해서 공동체에 대한 욕망, 물리적 안전에 대한 욕망, 감정적으로 행복하고 심리적으로 편안하고 싶다는 욕망이 나를 떠나게 만들었다. 퀴어로 존재한다는 것은 이러한 상실, 이러한 망명의 일부분이다. 나머지 일부는 학대다.

그리고 계급은 세 번째이다. **퀴어**가 가장 쉽고, **망명**이 가장 어렵다면, **계급**은 가장 혼란스럽다. 포트 오포드의 경제는 단순하다—일자리가 부족한 것이다. 태평양 북서부의 어촌과 벌목 마을의 생활은 연어와 나무의 존재에 의존한다. 여름에 연어가 줄어들고 다 자란 나무가 모두 벌채되고 나면, 일자리는 없어진다. 어부들은 마약을 운반해서 저당 잡힌 배의 융자금을 지불한다는 소문이 떠돌았다. 수 마일 떨어진 바다의 화물선에서 마리화나, 크랙, 코카인 따위를 받아 통조림 공장으로 수송한 다음, 거기서 다시 내륙으로 운반한다고 했다. 벌목 노동자들은 잡목 솎아내기를 하면서 모은 다양한 종류의 양치류를 꽃집에 팔고, 또 생계보조금을 모아서 살아간다. 남는 것은 1년에 네 달뿐인 빈약한 관광철과 쥐꼬리만 한 봉급을 주는 일자리 약간—가스 주입, 출납, 버거 굽기—뿐이다. 공립학교 구역이나 젖소와 양을 키우는 사유지에서나 운 좋게 일자리가 아주 조금 있다. 정리하자면, 내가 돌아간다면 아마도 일자리를 구할 수 없을 거란 얘기다. 일자리가 부족할 뿐만 아니라, 뇌병변이 있는 나는 구직이 훨씬 더 어려울 것이다. 출납이나 버거 굽기 같은 몇몇 일은, 솔직히 내가 할 수 없다. 나는 그런 데 필요한 손 기술이 충분치 않기 때문이다. 타이핑을 많이 해야 하는 사무직 같은 일은, 내가 할 수는 있겠지만 다른 이들보다 느릴 것이다. 내가 잘할 수 있는 다른 일자리들도 있겠지만, 고용주들은 장애를 무능력과 혼동하면서 날 채용하길 꺼려할 것이다. 그리고 만약 내가 기적적으로 일자리를 구한다 해도, 아마도 내가 받을 급료는 식비, 가스비, 집세를 내기에 충분치 않을 것이다.

포트 오포드에서는 경제적 현실로부터 계급 문제로 넘어가는 것이 그다지 어렵지 않다. 시들어가는 시골 마을에서 살고 최저임금을 받으며 일하는 사람들—일시적으로만 그런 것이 아니라 노동을 하는 평생 동안 그런 사람들—은 노동자계급이고 가난한 사람들이다. 포트 오포드에도 중산층이 있기는 하다. 돈 때문에 대마초를 기르는 (혹은 연방에서 엄중 단속하기 시작한 10여 년 전까지 길렀던) 귀농한 예술가들이나, 대학을 졸업하고 첫 직장으로 퍼시픽 고등학교에 부임한 젊은 교사들이나, 오리건의 땅값이 싸다는 말에 혹해서 포트 오포드 근처에 정착한 퇴직자들 말이다. 그러나 이런 사람들은 오래 머물지 않는다. 예술가들은 소진되어버린다. 젊은 교사들은 좀 더 번창한 다른 마을에서 더 나은 일자리를 얻는다. 퇴직자들은 더 나이 들면 포트 오포드의 커리 카운티Curry County 지역에서 구할 수 있는 것보다 더 많은 서비스가 필요하다는 것을 깨닫게 된다. 머무르는 이들은 가난한 이들, 노동자계급뿐이다. 나는 떠났지만, 그건 내가 결혼을 원치 않았고 센트리 마켓에서 출납원으로 일할 수도 없었기 때문이다. 또한 내가 떠난 이유는 집세와 식비에 쓸 돈 외에 책과 음악을 향유할 돈도 갖길 원했기 때문이었다. 나는 가난해지길 원치 않았기에, 여기 머무른다면 그렇게 될까봐 두려웠기에 떠났다. 같은 이유로, 나는 결코 되돌아가지 않을 것이다. 내 집의 상실, 나의 망명은 계급적인 것이기도 하다.

· — · — ·

떠난다는 것은 복잡한 일이다. 나는 고등학교 졸업장과 대학 진학을 위한 장학금을 가지고 기쁜 마음으로 떠났지만, 이는 절반의 진실일 뿐이다. 다른 절반은 내 주위의 모든 사람들—부모, 교사, 동급생과 친구들, 센트리 마켓에서 출납원으로 일하는 여성들, 목재 운반 트럭을 몰던 남성들─이 당연히 내가 떠날 것이고, 대학에 갈 것이고, '성공하게' 되리라고 생각했다는 점이다. 그 누구도 내가 졸업 후에 바로 결혼해 부모님 댁 근처로 이사를 가거나, 음주운전 사고로 또는 101번 고속도로에서 추격전을 벌이다 죽거나, 아기를 가져 열다섯 살에 학교를 그만두리라고 예상하지 않았다. 고등학교 졸업장과 대학 갈 장학금은 내 삶에 주어져 있는 것이었다.

이는 모두 계급적 위치의 문제인데, 여기서 계급은 혼란스러워진다. 포트 오포드에서 내 가족은 비교적 잘사는 편이었다. 나는 항상 먹을 것이 충분했다. 아버지는 고등학교에 정규직으로 고용되어 있었다. 어머니는 마을에서 유일하게 박사 학위를 받았다고 자랑하시곤 했다. 마침내 우리는 우리 소유의 커다란 집도 지었다. 내 유년기는 책들로 충만했다. 우리는 공립도서관에서 책을 한 아름씩 빌려오곤 했다. 또한 북클럽에서 우편 주문으로 책을 사기도 했다. 우리는 마을에서 차로 한 시간 걸리고 인구가 1만 명가량인 쿠스 베이에 있는 단 하나의 서점에 가는 여행을 소중하게 여겼다. 우리는 항상 의료 서비스를 받을 수 있었다. 나는 그런 것들을 누리지 못한 사람들 속에서 자라났다. 다른 한편 우리는 남들이 입던 옷을 물려받거나 집에서 만든 옷을 입었고, 몇 년 동안이나 침실이 두 개뿐인 비좁은 집들에 세 들어 살았으며, 자동차는 낡아빠졌고, 학교에 갈 때 신을 새 신발을 살지 치과 치료비를 지출할지를 따져봐야 했다. 중산층 동네에서나 중산층 이웃들은 우리 가족과 나를 유복하다고 생각하지는 않았으리란 걸 나는 몰랐다.

퍼시픽 고등학교에서는 떠나느냐 머무르느냐가 어느 정도 계급 차이의 척도였다. 6학년 때부터 12학년까지 나와 가장 친했던 친구는 가난했다. 그녀와 나는 미적분학 준비 단계의 수학 문제와 생물학 실험이 쏟아지는 대입 준비반에서 함께 고교 시절을 보냈다. 우린 둘 다 대학에 가길 원했고 촌구석 오리건을 떠나길 원했다. 그러나 고교 마지막 해에 내가 대학 원서를 작성할 때, 주디는 4년 동안 사귄 남자친구와 결혼할 계획을 세웠다. 나는 이제 그녀의 결정이 재정적인 절망에서 나왔다는 것을 안다. 그녀의 아버지가 돌아가신 지 얼마 안 되었기 때문에, 그녀의 가족은 점점 더 가난에 빠져들고 있었다. 그러나 그 당시에 난 주디가 배신했다고 생각했다. 나는 포트 오포드를 떠나게 되어 기뻤다. 적어도 그렇다고 생각했다.

나중에서야 나는 내가 떠나면서 잃어버린 것이 무엇인지를 이해했다. 내게 여전히 집으로 여겨지는 일상을 유지하는 친교의 상실. 익명성보다는 이웃의 가치를 중시하는 시골 백인 노동계급 문화의 상실. 터무니없이 편협하면서도—특히 인종차별주의에 있어서—지역 주민의 기벽을 받아들이기도 하며, 자급자족을 신뢰하고 가족—반드시 기독교 우파의 틀에 맞게 구성되진 않는 큰 확대가족—에 의존하는 문화. 삶을 살아가는 어떤 속도의 상실, 속 편한 믿음의 상실. 열일곱 살에 떠나올 때, 나는 내가 두 집 걸러 한 집마다 앞마당에 있던 녹슬고 낡은 차들을 그리워하리라곤 생각도 못했다. 식료품점, 은행, 우체국에서의 친밀한 잡담을 그리워할 줄 몰랐다. 운전하며 지나가는 모든 이들을 알고 있기 때문에 집까지 안전하게 차를 얻어 탈 수 있던 것을 그리워할 줄 몰랐다.

　내가 떠나면서 모든 가치, 세상을 사는 모든 방식 전체를 고스란히 포기했다면, 집에 대한 나의 상실도 그중 하나였을 것이다. 그리고 내가 떠난 건 그 문화의 특정 부분이었다. 즉 악독한 인종차별주의, 무분별한 삼림 파괴, 머무르는 사람들이 직면했던 경제적 선택지가 없다는 절망. 그러나 동시에 나는 다음과 같은 것들에 여전히 강한 애착을 갖고 있다. 해마다 앞마당에 놓인 부품들로 자동차를 다시 만들어내는 그 정교한 손재주, 빌리고 갚는 끝없는 순환 속에서 내 어머니가 설탕을 달걀과, 빵을 물려받을 옷과 맞바꾸던 이웃끼리의 친절함, 담배 한 모금과 커피 한 잔을 위해, 또는 가십거리를 나누려고, 또는 지붕 올리는 걸 도와주려고 친구들이 예고 없이 불쑥 찾아오는 것이 예의로 여겨지는 사회, 꾸밈없이 절제된 삶의 방식. 이러한 것들에 대한 애착은 내가 오리건 시골을 떠날 때 잃어버린 모든 것을 두드러지게 한다.

　나는 떠나면서 내 부모의 발자취를 따라갔다. 노스다코타주에 있는 가난한 소농장에서 자란 아버지, 디트로이트의 노동계급에서 자란 어머니, 두 분 모두 대학에 가기 위해 가족을 떠났다. 이는 중산층을 향해 기어오르려는 행위의 일환이었고, 어떤 면에선 성공이었지만 다른 면에선 실패였다. 부모님은 우리 집에 음식이 충분함을 매우 자랑스러워했고 감사히 여겼다. 책, 신념, 교육은 그들이 가장 가치 있게 여기는 소유물이었다. 그 누구도 부모님을 '하층계급'이라거나 '백인 쓰레기'라고 비난하지 않았다. 그러나 두 분 모두 수월하게 중산층이 되진 못했다. 내 어머니는 그녀의 들쑥날쑥한 치아와 옷차림이 그녀를 특징지을까 봐 아직도 걱정한다. 내 아버지는 결코 중산층의 사회적 품위를 배우지 않고서 거칠게 남았고, 항상 무엇이든 부서진 것을 대충 고치면서 행복해했고, 간이 차고, 지하실, 앞마당에 모아 놓은 폐물들로 뭔가 만들 계획을 세우곤 했다.

나와 내 형제자매는 이처럼 신분 상승에 있어 절반의 성공을 물려받았다. 우리 조부모님과 그 형제자매는 농부, 묘지 일꾼, 수위, 수리공이었다. 우리 부모님은 교사였다. 그리고 우리는 교수, 변호사, 의사가 될 것이었다. 내가 이 복잡함을 정리하려 한다면, 이러한 신분 상승이 실제로 이루어지는 건지를 질문해야 한다. '아메리칸 드림'이라 불리는 신기루를 찾아 끝없이 집을, 깊게 체현된 문화와 공동체를 떠나는 것 말이다. 교수, 변호사, 의사가 되는 대신, 남동생은 고등학교 교사이고, 여동생은 하급 공무원이며, 나는 경리 사원이다. 내 부모는 계급 사다리를 기어올라 중산층이 되었는가? 나와 내 형제자매는?

답은 그다지 중요하지 않다. 중요한 것은 우리의 등 뒤로 슬금슬금 기어와 피부 아래 자리 잡는 배신이다. 만약에 우리가 떠나서 어떡해서든지 중산층이 되어 결코 돌아오지 않게 된다면, 우리는 글을 읽을 줄 모르는 남자들, 평생 감자 한 자루와 벨비타 치즈 5파운드 정도밖에 사오지 못하는 여자들을 잊어버리거나, 최악의 경우 깔보게 될까? 어느 날 일어나 자기 말투를 의식하지 않게 될 때까지 사투리를 고치는 연습을 하게 될까? 그리고 우리가 뒤에 남겨둔 사람들은 어떻게 될까? 내가 마지막으로 주디를 보았을 때, 그녀의 두 아들은 근처에서 숨바꼭질을 하고 있었고, 나는 그토록 오랫동안 가장 친했고 때로는 단 하나뿐인 친구였던 여성을 앞에 두고도 서로 할 말을 찾지 못했다. 우리는 이 상실감에 어떻게 대처해야 하는가? 몇십 년간 어머니는 크고 산업화된 노동계급의 도시에서 살던 걸 그리워했다. 아버지는 그가 떠나온 노스다코타주와 비슷한 길고 평탄한 수평선을 보기 위해서 매일 근처 바다로 운전해 가곤 했었다. 남동생은 오리건 시골로 되돌아갔고, 여동생은 시애틀을 떠나 노스 캐스케이드North Cascades의 어느 작은 마을로 가는 꿈을 꾼다. 그리고 나는 시골에 퀴어 공동체를 꾸리는 환상을 즐긴다. 위로 기어오르기는 상실을 감수할 만한 가치가 있는가? 이러한 질문은 퀴어로 존재한다는 것에 대해, 비슷한 또 다른 질문으로 되돌아오게 한다. 퀴어 정체성은 상실을 감수할 만한 가치가 있는가?

· — · — ·

퀴어 정체성은 최소한 내가 본 바로는 대체로 도시적이다. 신나는 곳, 이벤트, 대화, 강력한 공동체, 저널, 잡지, 서점, 퀴어 조직, 퀴어운동 모두가 도시에 기반을 두고 있다. 물론 시골에도 레즈비언, 게이, 바이섹슈얼, 트랜스 공동체들이 존재한다. 그러나 퀴어 정체성과 문화를 정의하는 사람과 기관들은 도시적이다.

나에게 퀴어 정체성을 받아들이는 것, 그리고 내 꼬여 있던 계급 위치를 풀어내는 것은 둘 다 도시 생활에 뿌리를 두고 있었다. 도시적이고 개인주의적인 인문대학으로 이주해오면서, 나는 다이크로 커밍아웃하기 위해 필요했던 것을 발견했다―바로 도시의 익명성, 레즈비언 페미니스트 활동가들의 지지, 그리고 퀴어 문화에 대한 접근성. 또한 나는 이 이주로 인해 처음으로 중산층 사람들 사이에서 살게 되었다. 포트 오포드에서 내 가족은 항상 우리가 중산층이라고 생각했다―사실 우리 가족은 벌목 노동자와 중산층 퇴직자 사이쯤에 위치하는 잘 교육받은 사람들이었다. 따라서 나는 뼛속 깊이 계급 차이를 느꼈지만, 이걸 계급 차이라고 생각하기보단 내가 시골 뜨기라서 그렇다고 믿었다. 나는 내가 신탁기금, 새 차, 브랜드 옷, 파리 여행, 신용카드와 친숙하지 않은 것이 도시 버스, 마천루, 일방통행로, 신호등, 집 열쇠 등과 친숙하지 않은 것과 같다고 추측했다.

도시 생활을 한 지 10여 년이 지난 지금까지도, 두 가지를 분리하기가 어렵다. 퀴어 작가들의 전국 회의인 '아웃라이트Out Write'에 처음 갔을 때를 기억한다. 회의가 열리는 호화로운 보스턴 호텔에 들어서는 순간, 나는 믿을 수 없을 만치 반짝이는 샹들리에, 빛나는 황금빛 난간, 화려하게 장식된 문에 입을 딱 벌렸다. 내가 20층 빌딩들을 입 벌리고 바라보곤 했던 것처럼 말이다. 나는 참석할 수 없었던 큰 댄스파티를 앞둔 토요일 밤에 한 지인과 그녀의 친구들과 식사를 했는데, 그들은 모두 뉴욕시에서 온 백인 레즈비언 작가였다. 우리가 식사한 호텔 레스토랑은 음식은 부족한데 너무 비싼 곳이었고, 우리 일행이 계속 바뀌었고 음식 주문도 계속 바뀌었음에도 공손함을 잃지 않았던 유색인 남성들이 시중을 들어주었다. 조와 그녀의 친구들은 식사 후 모두 파티로 갈 예정이라 그에 맞게 차려 입고 있었다―검은색 미니스커트와 다이아몬드 귀걸이, 스리피스 정장에 금으로 만든 커프스단추, 그리고 체모는 모두 알맞게 제모하고 다듬어져 있었다. 청바지와 빛바랜 새미 가죽 셔츠를 입은 내가 눈에 띄는 것 같았고 당혹스러웠다.

어느 순간부터 대화는 회의에 참석하지 않은 퀴어 작가들에 대한 가십 나누기가 되었다. 유명한 레즈비언 출판사의 편집자인 캐시는 "그녀의" 작가들 중 한 명인 오리건 시골 출신 소설가를 비평하기 시작했다. 캐시는 내가 오리건에서 자랐다는 말을 들은 적이 있었기에, 내 쪽으로 몸을 돌리곤 질문해왔다. "로라 말로는 그곳이 비포장도로라서 겨울 우기 동안엔 우편배달부가 자기 집까지 못 올 수도 있으니 자기 우편사서함으로 자료를 전해달라고 부탁하던데, 그거 진담일까요?" 나는 웃어넘기고, 재치 있는 말로 응수하고 싶었다. 하지만 그 대신 나는 비포장도로와 우기에 대해서 점잖게 설명했다. 여기 있는 뉴욕 펨들femmes*이 시골 생활에 대해 알지 못한다는 사실은 나를 불쾌하게 만들지 않았다. 그보다는 그날 저녁의 철저한 도시 편향이 나를 불쾌하게 했다. 내가 불편해하고, 눈에 띈다고 느끼고, 당혹스러워한 것은 계급 차이 때문인가, 아니면 도시와 시골의 차이 때문인가? 나는 그 둘을 구분할 수 없다.

---

*   '펨'에 대해서는 「옮긴이 후기」 309쪽을 보라.

이와 같은 경험들은 나의 계급 위치를 설명하는 데에 필요한 단어들을 내게 주었다. 때때로 나는 내가 노동계급과 중산층 사이 어딘가에 사는 혼합계급mixed-class이라고 말한다. 비록 그 경계 지대가 인정받거나 정의되는 일은 거의 없더라도 말이다. 어떤 때는 내가 다리처럼 느껴진다. 한쪽 발은 노동계급에 뿌리를 두고, 친밀함과 충실성을 통해 연결되어 있다. 다른 쪽 발은 중산층에 걸치고 있다. 내 부모의 신분 상승 노력 속에서 내가 얻은 것—잃은 것뿐만 아니라—을 알기 때문이다. 그 사이에 걸쳐져 있기에, 나는 보스턴의 고급 호텔에 잘 차려입은 뉴욕 부치와 펨 다이크들과 함께 앉아 있으면서도 **수치심** 말고 **당혹스러움**만을 느낄 수 있다. 혹은 이것은 도시에서 여전히 스스로를 시골 촌놈—이 말의 모든 계급적 함의들을 포함하여—처럼 느끼는 것만큼 단순한 일인가? 어떤 경우든, 이는 나로 하여금 퀴어 공동체에서 이상함queer을 느끼게 한다.

가장 눈에 띄는 퀴어 정체성들이란 얼마나 도시적인가? 얼마나 중산층에 가까우며, 얼마나 소비 지향적인가? 스톤월Stonewall 항쟁** 25주년을 축하하기 위해 뉴욕시에서 주관한 기념행사인 '스톤월 25'에 대한 언론 보도를 떠올려본다. 주류 매체와 대다수의 퀴어 매체를 믿는 사람에게 '스톤월 25'는 1990년대 퀴어 정체성을 정의하는 행사였을 것이다. 나는 가지 않았다. 나는 뉴욕시를 참을 수 없다. 그 소음, 군중, 더러움, 열기, 콘크리트, 교통 체증. 나는 뉴욕시처럼

** '스톤월 항쟁'에 대해서는 285쪽 옮긴이 주를 보라.

거대한 도시에 대해 느끼는 시골 사람다운 공포를 아버지에게서 물려받았다. 지난 15년 동안 퀴어 프라이드 행진에 다녔지만, '스톤월 25'만은 달랐다. 그것은 많은 부분 상업적인 호화 쇼였다. 내가 들은 얘기에 따르면 많은 행사의 입장권이 말도 안 되게 비쌌다. 누가 댄스파티에 150달러, 콘서트에 50달러, 티셔츠에 25달러를 지불할 여유가 있겠는가? 내가 알기로 1993년 워싱턴 행진에서도 자질구레한 장신구와 기념품 판매가 성행했다. 거기서는 열네 가지 다른 종류의 티셔츠뿐만 아니라, 커피 머그잔, 플라스틱 깃발, 자유를 상징하는 반지, 포스터 등을 살 수 있었다. '스톤월 25'에서는 이런 부분이 훨씬 더 경악할 만큼 확산되었으리라 추측할 수밖에 없다. 차등 요금제? 그건 다 옛말이다. 내게 '스톤월 25'는 경찰한테 진절머리 난 유색인종 트랜스, 드랙퀸, 부치 다이크들이 이끌었던 삶을 변화시킨 강력한 봉기에 대한 기념행사로 느껴지지 않는다. 오직 여유가 있는 이들에게만 열려 있는 중산층과 상류층 도시민 파티일 뿐이다.

어째서 '스톤월 25'와 그와 비슷한 행사에서 창출되는 돈은 노동계급의 가난한 퀴어들에게는 거의 돌아가지 않는가? 어째서 돈은 도시에 머무르는가? 에이즈 예방 프로그램, LGBT 청소년 서비스, 혐오범죄 감시 프로그램, 퀴어 극장을 오리건 시골의 산속, 네브래스카 시골의 옥수수 밭, 사우스캐롤라이나 시골의 저지대에 두면 어떠한가? 차례로 반反동성애 지역 조례들이 통과되는 오리건의 작은 마을들로부터 우리는 집단적으로 등을 돌려온 건 아닌가? 우리는 1992년에 극악하게도 동성애 혐오적인 주 헌법 개정안 9조 추진에 앞장섰고, 투표에서 진 이후엔 지방 주민 발의로 주의를 돌린 오리건시민동맹Oregon Citizens Alliance, OCA, 기독교권리연합Christian right coalition에 시골의 가난한 노동계급 퀴어들을 사실상 내맡긴 것은 아닌가?* 백인 시골 노동계급 레즈비언인 브랜다와 완다 핸슨Brenda and Wanda Hansen은 미시시피 시골에 레즈비언과 페미니스트를 위한 공간인 캠프 시스터 스피릿Camp Sister Spirit을 만들고 이를 지켜왔다. 우리는 그들이 직면하는 동성애 혐오적 폭력—우편함에 죽은 개가 들어있거나 한밤중에 총격을 당하는 사건—이 더 이상 언론에 대서특필되지 않을 때에도 그들을 기억하고 지지할 것인가?

· — · — ·

「시골 조직: 차이를 가로질러 공동체를 건설하기」에서 수잰 파Suzanne Pharr는 이렇게 적는다.

만약 우리가 레즈비언과 게이 쟁점을 중심으로 한 시골 조직을 만들 수 없다면, 시골 레즈비언과 게이 남성들은 제한된 선택지에

---

* 1992년 오리건주 내 공교육 당국을 포함한 모든 지자체에서는 동성애, 소아성애, 사디즘이나 마조히즘을 지지하거나 증진하는 사업을 해서는 안 된다고 명시하는 오리건주 헌법 개정안이 주민 투표에 부쳐졌다. 법안은 부결되었으나, OCA를 비롯하여 이 법안을 지지했던 세력들은 오리건주 안의 더 작은 지역 단위에서, 또는 공교육에 한정한 법안으로 비슷한 법률 운동을 지속해왔다('en.wikipedia.org'의 '1992 Oregon Ballot Measure 9' 항목 참조).

만 계속 내맡겨진다. 즉 뿌리를 떠나 도시에서 살거나, 시골 공동체 속에서 두려움에 떨며 비가시화된 삶을 살거나, 또는 가시화됨으로써 주변화되고 고립되고 위험에 처하거나. 이 선택지 중 어느 것도 온전함 또는 자유를 약속해주지 않는다.[5]

만약 우리가 시골 조직화에 몰두하여 퀴어 공동체를 실제로 설립하고 퀴어 정체성을 육성하기를 원한다면, 시골의 가난한 노동계급 퀴어들이 이끄는 쪽으로 따랐으면 좋겠다. 나는 도시의 활동가들이 뒤로 물러앉아서 시골의 레즈비언, 게이, 트랜스, 바이섹슈얼이 자신들의 공동체를 만들고 강화하도록—재정적으로나 다른 쪽으로나—지원해줬으면 한다. 이는 도시의 중산층 퀴어들에겐 쉬운 일일 것이다.

그보다 더 어려운 일은, 도시에 살든 시골에 살든 퀴어들이 시골 이성애자들과, 도시 사람들이 레드넥, 촌놈, 얼간이, 광신자라 부르는 바로 그들과 연대할 필요가 있음을 이해하는 일일 것이다. 이러한 동맹들을 세우고 지원하는 일은 여러 종류의 많은 조직화 활동이 수반될 것이다. 이러한 작업에선 무엇보다도 경제적 불평등에 반대하는 투쟁이 필요하다. 왜냐하면 시골 공동체에 사는 대부분의 사람들은 (휴양지나 퇴직자 거주지를 제외하고는) 퀴어든 이성애자든 간에 모두 가난한 노동계급이기 때문이다. 이는 퀴어 활동가들이 대체로 무시해왔던 쟁점들—실업, 부족한 음식과 주거, 비싸고 접근성 낮은 보건 의료와 교육 등의 문제들에 정면으로 맞서는 것을 뜻한다. 이것은 쉬운 일도 화려한 일도 아니다. 어떨 때는 동맹파업이나 실직한 가족을 지원해주는 것만큼 간단하지만, 다른 때는 시골 공동체와 퀴어 공동체 양쪽의 필요를 충족시킬 수 있게 보건 의료를 개혁하기 위해 싸우는 것만큼 복잡하다. 고립에 익숙해진 퀴어들을 모아 공동체를 세움으로써, 그리고 지방에서 가장 다수이고 가장 보수적인 동성애를 혐오하는 사람들과 공동의 목표를 발견해냄으로써, 퀴어를 가시화하고 사회적 승인을 만들어내는 일은 오랜 시간이 필요한 과제이다.

예를 들어 내가 뉴욕 근처 라뮬러스Romulus란 마을의 '평화롭고 정의로운 미래를 위한 여성 캠프장'에서 살던 8개월을 생각해보자. 세계에서 가장 큰 미군 핵무기 저장 부지에 반대하는, 대부분 레즈비언 여성들의 공동체인 우리가 직면한 폭력에는 몇 가지 근거가 있었다. 군대 창고는 라뮬러스 사람들에겐 주된 일자리 공급원이었고, 우리는 이들의 일자리를 명백하고 절대적으로 위협하는 존재였다. 우리는 경제적 전환에 관한 연설을 웅변조로 떠들어댔지만 경제적 불평등 문제에 대해선 결코 진지하게 고민하지 않았으며, 더욱이 다음과 같은 어려운 질문은 결코 제기하지 않았다. "군 창고가 폐쇄되면 거기서 일하던 사람들은 어찌되는가?" 대부분이 중산층이고, 도시에 살며, 여성 평화운동의 맥락 속에서 일하는 활동가였던 우리는 이러한 질문을 던진 적도 없고, 하물며 답을 찾아내려고 노력한 적도 없었다. 이 때문에 우리는 우리를 향한 분노가 멈추지 않는 공동체 안에서 살았던 셈이다. 그러한 분노가 표출되는 가장 전형적인 형태는 동성애 혐오 폭력이었다. 운동의 특성상 활동가는 늘 분노와 저항에 부딪치기 마련이다. 하지만 라퓰러스에서는, 우리가 경제적 사안들을 진지하게 다루지 않았기 때문에 분노를 흩뜨리고 진정한 정의를 위해 노력할 기회가 줄어들었던 것이다. 더욱이 **다이크** 활동가들이 라퓰러스 사람들과 편안히 공존하며 살아갈 가망은 제로였다.

우리의 퀴어함 옆에는 항상 경제적 불평등 문제가 있다고 여겨졌고 실제로도 그랬다. 처음 2~3년간 수천 명의 여성들이 캠프를 방문하거나 거기서 살았는데, 그들이 직면한 동성애 혐오 폭력은 극악했고, 한동안은 쉴 새 없이 계속되기도 했다. 내가 거기 살았던 건 캠프가 설립된 지 7년이 지난 후였는데 그동안 우리의 수는 점점 줄어들었고 좀 더 안정적으로 자리를 잡았지만, 여전히 라퓰러스와의 공존은 쉽지 않았다. 이러한 관계에 이르기까지 평화 캠프의 여성들은 농부, 자영업자, 마을에 하나 있는 레스토랑의 여종업원들과 같은 지역 주민과 연대를 구축하려고 열심히 노력했다. 그중 하나가 보안관 빌과의 연대였다. 그와 그의 동료들은 평화 캠프 여성들의 행진을 저지하거나 우리를 향한 직접적인 폭력이 확산되도록 방조하는 등 우리를 방해하는 온갖 일을 했었다.

캠프에 있는 동안 나는 빌과 교섭하는 역할을 맡았다. 꽤나 거북한 일이었지만, 내가 기꺼이 수행한 역할이기도 했다. 왜냐하면 나는 우리의 보호자로서가 아니라, 다른 지역민들이 존경하는 지역민으로서 그와의 연대가 중요하다는 것을 알았기 때문이다. 캠프의 다른 여성들은 빌에 대한 적개심과 경멸감을 품고 있었지만, 나는 그와 진심에서 우러나오는 협력 관계를 발전시켜나갔다. 캠프 내 다른 사람들이 빌에게 품은 경멸감이 무엇 때문인지 확실히 이해는 갔다. 빌이 제복을 입고 총을 휴대한 건장한 백인 남성이라는 사실이, 이 시골 보안관이 그들이 살던 도시에서 비슷한 역할을 하는 이들과 마찬가지로 주변화된 공동체를 쉽게 점령하고 파괴할 수 있다는 점을 과민하게 의식하게 만들었던 것이다. 그러나 동시에 빌이 동성애 혐오 폭력을 저지른 사람들을 찾으려고 집집마다 방문했던 적이 있다는 것도 알려져 있었다. 나는 그와의 연대를 유지하는 것이 우리의 시골 다이크 공동체를 양성하는 일의 일부분이라는 걸 알았다. 나와 함께 살았던 도시 여성들은 그 보안관과의 관계로 인해 내가 느끼는 불편함과 양가감정을 이해하긴 했지만, 내가 왜 기꺼이 그와의 관계를 유지하고자 하는지, 왜 기꺼이 현관에 서서 빌과 날씨며 곡물 수확이며 평화 캠프에 대해 이야기를 나누는지에 대해선 이해하지 못했다.

나는 우리 모두가 수잰 파의 말을 경청하길 바란다. 왜냐하면 온전함과 자유가 퀴어 정체성과 퀴어운동에서 중심이 될 필요가 있기 때문이다. 만약 퀴어 활동가와 퀴어 공동체들이 모든 퀴어들, 즉 도시민뿐만 아니라 지방민, 중산층과 상류층뿐만 아니라 노동계급과 가난한 이들을 위해서 "온전함과 자유를 약속해줄 선택지"를 창출하지 않는다면, 우리는 실패할 것이다. 그리고 우리가 실패한다면, 우리 중 지방민이나 지방에서 상경한 이, 가난한 이와 노동계급, 그리고 혼합계급 사람들은 여전히 어려운 선택들을 해나가야 할 것이다. 우리의 상실이 과연 무슨 가치가 있는지 따져보면서.

. — . —.

나는 떠나면서 다이크 공동체를 얻었지만, 내 계급적 위치는 변하지 않았다. 떠나기 전, 나는 이성애 중심적인 시골 노동계급 마을에 사는 시골 혼합계급 퀴어 아이였다. 떠난 후, 나는 대다수가 중산층인 도시 퀴어 공동체에 사는 도시로 이주해 온 혼합계급 다이크 활동가였다. 이따금 나는 내가 그저 하나의 배제를 또 다른 배제로 교환했을 뿐이고, 거기다 집까지 잃어버린 것처럼 느끼기도 한다. 그러나 대부분의 경우, 나는 다이크들에 둘러싸여 다이크임을 공공연히 드러내면서도 상대적으로 안전하게 살고 있다는 걸 안다. 그리고 어린아이였던 나를 강간하고 고문했던 인간들로부터 수천 마일 떨어진 곳에 살고 있음을 안다. 일자리 구하기가 가능한 곳에서, 여유가 있을 땐 책, 음악, 영화, 콘서트에 쉽게 접근할 수 있는 곳에서 살고 있음을 안다. 이 모든 것이 내겐 생명줄과 같다. 그러나 나는 이를 위해 대가를 치르는 것이 싫고, 일종의 망명을 하고 있다고 느끼게 되는 것이 싫다.

결코 소속감을 느끼지 못함으로써 드러나는 이러한 배제는 내 삶에 일상적인 상태가 되었기에, 나는 새로운 사람을 만날 때나 새로운 장소로 여행할 때에만 그걸 알아차린다. 몇 년 전 나와 한 친구는 오리건의 레즈비언 지역으로 여행을 갔다. '우먼셰어WomanShare', '오리건 여성들의 땅Oregon Women's Land, OWL', '치유의 땅Healing Ground'을 방문했고, 거기서 다이크들과 어울리면서 산으로 하이킹도 가고 장작도 패고 나무도 심었다. 우리가 우먼셰어를 떠나 북으로 향할 때, 재니스는 우리에게 머틀 크릭Myrtle Creek 지역에 있는 다이크가 경영하는 자연식품 상점에 대해 얘기하면서, 만약 거기 들른다면 주디스에게 안부를 전해달라고 부탁했다. 두 시간 후에 우리는 5번 주간 고속도로를 벗어나 황폐한 작은 벌목 마을에 들어섰다. 유대인 다이크이자 클리블랜드 교외와 디트로이트 교외에서 자랐던 내 친구는 "머틀 크릭에 온 걸 환영합니다"란 간판 아래 붙어 있는 존 버치John Birch* 간판을 알아차렸다. 반면 나는 곧 쓰러질 듯한 중심가의 친숙한 모습, 웃자란 개벌지 숲으로 얼룩덜룩한 야산, 뒤 창문으로 총이 보이는 1톤 픽업트럭들에 주목했다. 우리는 주차한 뒤 과일, 빵, 치즈, 이동 중에 먹을 과자 등 장 볼 목록을 만들기 시작했다. 레즈비언 지역을 벗어나 마을로 이동하면서, 특히 존 버치 협회를 자랑스레 광고하는 마을로 이동하면서, 나는 친구 마저리가 점점 더 불편해하면서 조심스럽게 행동하는 걸 느낄 수 있었다. 다른 한편 나는 경계심을 갖긴 했지만, 집처럼 보이고 집과 같은 냄새가 나는 이 장소에서 편안함을 느꼈다. 백인과 기독교 중심인 시골 오리건에서, 도시 중산층 유대인으로 살아온 마저리의 역사와 시골 혼합계급 비유

---

* '존 버치 협회(John Birch Society)'는 1958년 창설된 미국의 반공·극우 단체다.

대인인 나의 역사는 우리 사이에 어느 정도의 간극이 있는지를 보여 주었다.

식료품점으로 갔을 때, 계산대에 있던 여성이 웃으며 "어서 오세요, 자매님들"이라고 말했고, 나도 미소로 화답했다. 주디스는 '우먼셰어'의 소식을 듣고 싶어 했고, 재니스와 빌리에 대해 물었으며, 우리가 유진에 대해 묻자 답해줬고, '피시폰드Fishpond'에 살던 여성이 일주일 전에 자살했다는 소식에 관해선 이미 알고 있었다. 그녀의 죽음에 대한 소식은 이 시골 다이크 공동체에 빠르게 퍼져나갔다. 우리는 북쪽으로 여행하면서 오리건 남부에서 시애틀에 이르기까지, 이 여성에 대해 얘기하고 애도를 표하는 여성들을 만났다. 주디스의 가게에 머무르면서 나는 비로소 이해하기 시작했다. 'OWL', '우먼셰어', '무지개의 끝Rainbow's End', '집으로 날아가다Fly Away Home', '피시폰드', '치유의 땅'은 단지 조각조각 외따로 고립된 레즈비언 지역들이 아니며, 도시에서 놀러와 잠깐 머무는 다이크들에 의해 만들어지고 유지되는 곳들이 아니라는 사실을 말이다. 그곳들은 지방에서 번창하고 있는 퀴어 네트워크로 연결되어 있다. 주디스가 나에게 어디서 왔냐고 물었을 때, 나는 설명하려고 노력했다. 분명하게 말로 표현되지 않았던 내 다이크 유년기로부터 단지 동쪽으로 100마일 떨어진 곳에서 이 네트워크를 발견한 것이 어떤 의미인지를 말이다. 주디스가 머틀 크릭에서 다이크로 존재하는 것에 대해 이야기해줬을 때, 나는 아까보다 조금 더 미소 지을 수 있었다. 그러다 그녀가 다른 손님의 이름을 부르며 인사하고 지역의 소문과 뉴스를 나누면서 이야기는 중단되었다. 마저리와 나는 45분 후 식료품 한 자루와 한 무더기의 이야기를 가지고 그 장소를 떠났다. 북쪽으로 운전해가면서, 나는 내가 언제나 느껴왔던 배제되었다는 감각이 잠시 동안 사라졌다는 걸 깨달았다.

'OWL'이나 '우먼셰어'에서 살 수 있는 오리건의 산악 지대로 단순히 돌아간다고 해서, 내가 느낀 배제가 해결될 거라고 생각하는 것은 분명 아니다. 안전한 일상을 사는 것과 집세를 감당하는 것은 여전히 너무나 큰 문제이기에, 결국 난 다시 강제로 떠나게 될 것이다. 나의 배제, 나의 망명은 퀴어 정체성, 가난한 노동계급 정체성, 시골 정체성이 교차하는 지점에서 부각되는 문제들과 맞물려 있다. 이 문제들은 사적인 피난처가 아니라, 장기간의 체계적 변화들을 요구한다. 퀴어 공동체의 배타성은 도시와 중산층을 당연시함으로써 형성된다. 산간벽지에서의 경제적 불평등. 지방의 노동계급 문화에 대한 유기. 지방민을 보수적이고 억압적인 가치들과 짝짓는 것. 지방이란 뿌리와 도시에서 퀴어로 살기 둘 중 하나를 선택하도록 강요하는 것. 이러한 문제들은 **퀴어, 계급, 망명**이라는 단어들을 한데 묶는 연결 조직이다. 나는 오리건의 산악 지대로 돌아가는 재배치 대신, 경제적 자원들의 재분배를 원한다. 우리가 오지, 교외, 도시 중 어디에 살든 간에, 모든 이들이 의식주를 충분히 해결하고, 보건 의료와 교육에 진정 보편적인 접근을 할 수 있도록 말이다. 나는 퀴어 활동가들이 도시에서 동성애 혐오 폭력에 반대하는 투쟁을 일으킨 그 끈기와 창조력을 가지고, 지방에서도 동성애 혐오 폭력에 반대하는 투쟁을 벌이길 원한다. 나는 시골 퀴어, 노동계급 퀴어, 가난한 퀴어들이 우리 공동체의 선두에서 스톤월 50주년을 축하할 방식을 만들어 나가길 원한다. 나는 우리 각자가 우리의 퀴어다움을 집으로 가져갈 수 있길 원한다.

개벌: 짐승과 범퍼 스티커

북부점박이올빼미는 갈색 깃털의 작은 새로, 태평양 북서부 원시림에 무리를 이루지 않고 살아간다. 수년간 오리건주의 환경운동가와 생물학자들은 이 새가 곤경에 처했을 뿐만 아니라, 이들 개체수의 감소가 곧 전체 생태계에 문제가 생겼음을 나타낸다는 것을 알고 있었다. 한 생물학자의 말에 따르면 올빼미들은 더 이상 사람의 손을 타지 않는 2차림에서도 살지만, 어쨌든 한 쌍의 올빼미가 살아남기 위해서는 상당히 큰 면적(어느 정도인지는 논쟁의 여지가 있지만)의 원시림이 필요하다. 서식지가 점점 줄어들수록 올빼미들은 고통받는다. 많은 환경운동가들이 밀어붙인 끝에, 1990년 연방정부는 점박이올빼미를 멸종 위기 종으로 공표하고, 멸종 위기 종 보호법 Endangered Species Act으로 올빼미를 보호할 뿐만 아니라 북서부에 남아 있는 원시림도 보호하고자 했다. 이 조치는 엄청난 논란을 일으켰고 전국적으로 언론의 주목을 받았다. 점박이올빼미와 개벌지 벌목에 대한 이야기가 갑자기 《타임》, AP통신, 《어트니 리더Utne Reader》에 실리고, 《백패커Backpacker》 표지를 장식하게 되었다.* 마치 이 위기가 완전히 새로운 현상인 것처럼 말이다.

이미 미시간주에 살고 있던 나는 기사를 탐독하고 사진을 열심히 찾아보고는 그 장소들이 어디인지 곧 알아보았다. 주류 언론이든 진보 언론이든 기자들은 모두 그들이 본 벌목 노동자들의 픽업트럭에 붙은 어떤 범퍼 스티커에 집착하는 것 같았다. 스티커엔 이렇게 쓰여 있다. "벌목 노동자를 구하고, 점박이올빼미를 죽여라." 기자와 언론 매체의 정치적 관점에 따라, 유난히 많이 보도된 이 메시지는 두 가지 방향 중 하나로 분석되었다. 첫 번째는 실업과 경제적 고난에 초점을 맞춘 분석으로, 여기서 벌목 노동자는 환경 규제가 들이닥치면 일자리를 빼앗길 희생자로 그려졌다. 두 번째는 대형 목재 회사가 목재를 어떻게 관리하고 착취하는가를 면밀히 조사한 분석으로, 여기서 벌목 노동자는 공범이 되었다. 두 분석 모두 기록하기 쉬운 방식이었다. 그리고 어느 쪽에서든 벌목꾼은 짐승이었다. 희생자로서 벌목꾼은 옳든 그르든 환경운동가들을 마구 몰아세우는 불쌍하고 멍청한 짐승이다. 공범자로서 벌목꾼은 목재 산업을 방조하는 충성스런 짐승이다.

예를 들어 급진적이고 대담한 직접행동 단체 '어스 퍼스트!'의 기관지 《어스 퍼스트! 저널》에 실린 기사 하나를 살펴보자. 브리티시컬럼비아주의 도로 건설 현장과 벌목장을 세 번에 걸쳐 봉쇄했던

---

* 《어트니 리더》는 1984년부터 발행된 미국의 잡지로 정치, 문화, 환경 등의 이슈를 다룬다(홈페이지 'www.utne.com'). 《백패커》는 1973년 창간된 미국의 잡지로 등산, 캠핑, 하이킹, 도보 여행 등을 전문적으로 다룬다(홈페이지 'www.backpacker.com').

비폭력 시위를 묘사한 기사다. 봉쇄에 참여한 활동가들은 벌목 노동자들이 자신에게 가한 폭력과 괴롭힘에 대해 서술한다. 활동가들은 글 전체에서 벌목 노동자들을 멍청한 짐승으로 바꿔놓는 표현과 이미지를 사용한다. 벌목꾼들은 KKK단Ku Klux Klan에 비유되며,[1] "네안데르탈인 폭력배", "몽둥이를 휘두르는 미치광이"로 묘사된다. 그리고 벌목 노동자들이 한 말 중 "너네 같은 인간들은 곧 뒤질 거다"가 기사에 실린다. 부당하고 과도하고 무서운 폭력을 확실하고 정확하게 전달하는 것과, 한 집단의 사람들을 멍청한 짐승으로 묘사하는 것은 전혀 다르다. 벌목 노동자의 폭력에 대한 다음의 분석은 이런 식의 서술을 따라간다. '산림행동네트워크Forest Action Network, FAN'의 활동가가 쓴 글이다.

환경운동에 반대하는 운동을 만들고 자금을 대온 건 [목재] 기업들이다. 산림행동네트워크는 브리티시컬럼비아의 벌목 노동자와 환경운동가 사이에 점점 심해지는 폭력적이고 적대적인 분위기의 책임을 이 기업들에게 묻는 바다. (…) 삼림 노동자들은 우리가 "사이비 종교 같은 열정"으로 자신의 일자리는 물론이요 "삶의 방식" 전체를 없애려 한다는 믿음을 주입당한다. 과다벌채過多伐採와 기계화의 증대로 인해 일시 해고 기간을 십여 년 겪은 뒤 노동자들이 고용 불안을 두려워한다는 점을 이용하여, 산림 산업은 노동자들이 새로운 적인 우리, 무서운 "환경보호주의자"에 대해 적개심을 품도록 부채질하고 있다.[2]

이들의 분석은 비슷한 주제를 다룬 대다수의 글보다 기업의 책임을 더 명확히 짚고 있기도 하지만, 특히 사용하는 언어가 눈에 띄게 달라졌다. 벌목 노동자는 더 이상 네안데르탈인 폭력배가 아니라 세뇌당한 삼림 노동자다. 산림행동네트워크는 세 가지 면모를 모두 원한다—멍청한 짐승, 공모한 짐승, 그리고 이들을 지배하는 기업의 이익. 세 가지를 한 번에 아울렀다는 점만으로도 환경 분야 논설로는 흔치 않은 기사다.

. — . — .

공모한 짐승, 멍청한 짐승. 나는 컴퓨터 앞에 앉아 당신을, 나의 독자를 상상한다. 당신은 개벌을 한 번도 본 적이 없을 거다. 만약 본 적이 있다 해도 관광객의 시점이었을 거다. 목재 산업에 대해 어떻게 생각하는지와 상관없이 당신은 벌목 노동자를 도살업자, 혹은 심지어 살인자라고 믿을 거다.

어쩌면 내가 지나치게 단순화하고 있을지도 모른다. 당신의 가족이나 친구가 탄광 노동자이거나 석유 굴착업자일지도 모른다. 아마 당신은 벌목 노동자이거나 어부일지도 모른다. 또는 어쩌면 나처럼 그런 사람들 속에서 자라났을지도 모른다. 만약 그렇다면 우리의 상황 해석이 극적으로 다를지라도, 당신은 내가 왜 공모와 어리석음에 대해 말할 필요가 있다고 생각했는지를 이해할 것이다. 어쩌면 당신은 북미 원주민의 토지 권리 투쟁—빅 마운틴에서의 강제 이주,

컬럼비아강에서 낚시할 권리,* 블랙 힐스Black Hills에 있는 성스러운
땅의 보존**—에 직접 참여하고 있을 수도 있다. 만약 그렇다면 당신
은 일반적으로 백인이 도살업자이고 살인자라는 걸 알 것이다. 당신
은 전문용어로 가득한 글 속에선 길을 잃어도 정치적인 문제는 이해
할 수 있을지도 모르고, 또는 그 반대일 수도 있다. 아니면 양쪽 다
이해하고 왜 내가 종이를 낭비하고 있는 건지 궁금해할지도 모른다.
당신이 누구든, 당신에게 세 가지 이야기를 들려주고 싶다.

· — · —·

---

* 여기 언급된 세 가지 사례는 모두 북미 원주민 부족이 원래 살던 곳에서 자신들의 방
식으로 살아가기 위해 투쟁해야 했던 일을 말한다('빅 마운틴'에 대해서는 80쪽 옮
긴이 주를 보라). 태평양 연안 북서부 지역에서 수천 년간 살아온 원주민 부족들은
1855년 연방정부와 조약을 체결하여 땅에 대한 그들의 권리를 양도하는 대신, 이전처
럼 살던 곳에서 낚시, 수렵 등 경제생활을 지속할 권리를 보장받는다. 이후 컬럼비아강
유역의 벌목 산업 발달 및 주정부의 댐 건설 등으로 인한 어획량 감소, 주정부의 어업
규제 조치 등이 이뤄짐에 따라, 컬럼비아강 유역 원주민 부족들은 이에 대응해 자율적
낚시와 안정적 어획량을 보장받기 위해 백여 년 동안 주정부를 대상으로 투쟁해왔다
('www.critfc.org/about-us/fisheries-timeline/' 참조).

** 1868년 미국 정부는 수(Sioux) 부족과 포트 래러미 조약(Fort Laramie Treaty)을 체
결함으로써, 블랙 힐스 지역을 포함한 미주리(Missouri)강 서쪽 지역에 수 부족 보호
구역을 지정하여 원주민들의 토지 점유권을 '영원히' 침해하지 않기로 약속했다. 그러
나 1870년대 중반 블랙 힐스에 금광이 있다는 사실이 알려지자 수천 명의 광부가 블
랙 힐스에 몰려들었고, 이를 묵인하던 미 정부는 1876년 토지 매입을 시도하다 실패하
자 조약을 깨고 원주민 마을을 침략한다. 미 정부가 마을을 위협하여 억지로 블랙 힐
스 지역을 미국에 양도하는 조약을 맺게 함으로써, 1889년 수 부족 보호구역은 해체되
고 원주민들은 뿔뿔이 흩어지게 된다. 수 부족은 연방정부를 상대로 소송을 제기했고,
오랜 싸움 끝에 1980년 미국 대법원은 연방정부가 블랙 힐스 지역을 불법적으로 차지
했다고 판결하며 1억 600만 달러 배상을 명령했다. 수 부족은 블랙 힐스 지역의 자치
권을 되찾기 위해 배상금 수령을 거부하고 여전히 싸우고 있다('en.wikipedia.org'의
'Black Hills' 항목 참조).

1977년. 내 아버지와 나는 커다란 목조 주택을 짓고 있다. 이번 여름 아버지와 나는 벽을 만들 틀을 잡고, 2×4인치 목재들에 못을 박아 골조를 세우고, 외장재를 대고, 기둥이 될 각재角材를 길이를 맞춰 잘라낸다. 우리는 여기서 북쪽으로 20마일 떨어진 터커 제재소에서 목재를 구한다. 다른 제재소는 대부분 영영 문을 닫았고, 터커 씨 가족이 운영하는 제재소만 살아남았다. 시스키유 국유림은 거의 로그아웃 상태다. 나는 목재를 내려놓는 순간을 좋아한다. 터커 씨는 트럭에 나무를 높이 싣고 벌목 도로로 운반해 온다. 나는 1×6, 2×4, 2×6, 2×12, 4×8인치 같은 치수가 있다는 걸 대강 알고 있다. 어떤 것들은 거칠게 잘려 있고, 어떤 것들은 대패질되어 있고, 2×4인치와 2×6인치 목재는 양쪽 끝이 붉은 색으로 칠해져 있다. 나무들은 덜 커덩거리며 짐칸에서 미끄러진다. 터커 씨가 떠나면, 우리는 짐을 한데 묶었던 강철 끈을 자르고 목재를 차곡차곡 쌓기 시작한다. 갓 베어낸 나무에서 흘러나온 수액이 홈에 고여 있어 내 손은 끈끈하고 거칠어진다.

그러던 어느 날 우리는 멈춘다. 필요한 목재가 없다. 아버지는 터커 씨 흉을 본다. 지지대가 될 만한 최대 4×16인치에 길이 24피트짜리 목재가 필요하다. 나무 중심부에 있는 부드러운 재질을 피하려면 수심樹心 부위가 아닌, 통나무의 가장 단단한 부분에서 잘린 것이어야 한다. 2주 동안 기다린 후, 마침내 아버지가 제재소에 항의 전화를 한다. 터커 씨는 수심 부위를 제외하고 4×16인치에 길이 24피트로 잘라낼 만큼 충분히 크거나 높은 나무를 찾을 수 없었다고 설명한다. 일주일이 지나고 각재들이 도착한다. 터커 씨가 필요한 나무를 찾은 것이 분명하다.

당신이 목수, 주택 건설업자, 건축가, 벌목 노동자, 제재소나 목재 저장소 노동자가 아니라면, 아마도 4×16인치에 길이 24피트가 얼마나 큰지, 또 그런 각재가 나올 만한 나무는 얼마나 커야 하는지 모를 것이다. 베이고 절단돼서, 즉 사지가 잘리고 토막 나서 우리의 지붕을 떠받치는 기둥으로 가공된 나무들은 거대한 더글러스전나무여야 했고, 틀림없이 개인 소유의 목장에 있는 소규모 삼림지에서 오랜 세월 보존되다가 잘려 온 나무였을 거다. 아버지와 나는 우리가 왜 이토록 큰 기둥을 필요로 하는지 의문을 가져본 적이 없었다. 나는 정말로 기둥들을 나무와 연관 지어 생각해본 적이 없다. 이것이 공모다. 이제 당신에게 어리석음에 대한 이야기를 들려주고 싶다.

· — · — ·

1991년. 나는 4년 만에 처음으로 포트 오포드에 와 있다. 강 상류에 이웃해 사는 여동생과 나는 버틀러 강변에서 햇볕을 쬔다. 차가운 강물은 초록색이고, 우리가 앉은 따뜻한 바위는 흰색과 회색으로 얼룩져 있다. 이언이 우리에게 자기 의붓아버지 짐의 이야기를 들려준다. 짐은 지난 수년간 환경을 보호하기 위한 투쟁을 해왔고, 그 싸움에서 승리해왔다. 엘크강은 이제 그곳의 연어 산란장을 일정 수준으로 보호하기 위해 '국립 야생 경관 강National Wild and Scenic

River'으로 분류된다.* 그래시 놉Grassy Knob은 수천 에이커의 원시림을 보호하기 위해 도로가 없는 자연보호 구역으로 남을 것이다. 둘 다 미국 산림청의 정책과 관행을 상대로 지난한 투쟁을 벌여 쟁취한 것이다.

나는 환경운동가가 된 산림 조사원 짐에 대해 생각한다. 산림 조사원은 개벌 대상 지역에 들어가 그 지형을 살피고, 에이커 당 보드풋board foot** 산출량과 도로 건설 비용을 추산하고, 나무에 표시를 하고, 산림청이나 민간 목재 회사로 돌아가 실행 가능성과 잠재적 이익에 대해 보고한다. 짐은 산에 대해 잘 알고, 전기톱으로 자기가 살 집을 직접 지었으며, 새를 관찰하고 빅풋Bigfoot을 믿는 산사람이다. 그와 그의 가족은 연어 부화장 맞은편 강 건너에 산다. 그들이 집에 가려면 강물을 헤치며 걸어가거나, 카누를 타거나, 가스로 움직이는 케이블카가 작동하길 바라야 한다. 그리 편안한 삶은 아니지만, 짐에겐 분명 잘 맞는 삶이다. 앤빌 지류의 산란장은 그의 땅에 인접해 있다. 내 기억에 어느 겨울 술 취한 10대들이 하천에서 홀치기낚시로 산란기 연어를 잡으려한 적이 있다. 그런 일은 지역 쓰레기장에서 갈매기를 사냥하는 짓과 마찬가지로 불법이지만 흔한 오락거리였다. 짐은 이 소란을 듣고는 엽총을 들고 나타나 쏠 준비를 했다. 그 이후

---

* 미국에서는 1968년부터 '야생 경관 강 법(Wild and Scenic Rivers Act)'을 제정하여, 현재와 미래 세대를 위해 경관이 뛰어나고 자연·문화·휴양 면에서 가치가 있는 강을 야생 그대로 보존하는 시스템을 구축해왔다.
** '보드풋'은 목재를 측정하는 단위로, 가로 1피트, 세로 1피트, 두께 1인치인 널빤지의 부피가 1보드풋이다.

로 홀치기낚시꾼들은 앤빌 지류에 얼씬도 하지 않았다. 나는 짐이 보고 싶다는 생각이 들어 이언에게 이번 여름엔 짐이 어디에 있는지 물어본다. "오, 브리티시컬럼비아에서 원시림을 답사하면서 일 년 내내 쓸 큰돈을 벌고 있어. 그 사람 여기서는 말썽이 너무 많았지. 산림청이 계약 발주를 안 해주더라고." 시스키유 국유림과 엘크강 분수계를 지키기 위해 싸운 사람이 브리티시컬럼비아에서 개벌을 위한 경사지 터를 닦고 있다.

환경운동가로서 짐의 활동은 내부자로서의 활동이다. 벌목 노동자인 그가 나무와 물고기와 맺는 관계는 복잡하다. 나무와 물고기는 중시하고 보호해야 할 존재일 뿐만 아니라 이용할 자원이다. 원시림의 생태계란 도시에 있는 많은 환경운동가들이 낭만적으로 상상하듯 절대 손댈 수 없는 숲도 아니고, 북미에 있는 기업들의 탐욕을 무한히 채워줄 원료도 아니다. 짐이나 그와 같은 사람들에게 숲은 안식처, 집, 그리고 생계를 제공한다. 무엇이 짐을 브리티시컬럼비아로 데려갔는가? 어째서 그는 어느 지역이든 어느 나라든 가리지 않고 산림을, 특히 원시림을 거리낌 없이 조사하는가? 답은 단순하다. 돈, 식탁에 올릴 음식, 트럭에 사용할 가스. 그래서 그는 은둔자가 될 수 있고, 산사람이 될 수 있고, 긴 장마철 동안에는 환경운동가가 될 수 있다.

당신이 벌목꾼에 대해 예상한 대로, 짐은 멍청한 짐승인가? 아마 아닐 것이다. 하지만 당신은 애매모호함을 좋아하지 않는다. 혹은 어쩌면 속은 기분이 들지도 모른다. 당신은 노동계급 레드넥, 나무를 베는 노동자faller, 통나무 운반용 케이블 설치/연결 노동자choker setter, 나무를 통나무로 다듬는 노동자bucker, 트럭 운전사, 또는 아마 제재소에서 톱으로 갓 자른 목재를 끌어다가 분류하는 시스템green chain을 담당하는 노동자에 대한 이야기를 예상했을까? 그게 내가 당신에게 들려줄 세 번째 이야기다. 하지만 이들은 목재를 사랑하고 아버지를 도와 커다란 나무 집을 지으려 했던 열세 살짜리 여자아이보다 더 많이 공모한 것도 아니고, 짐보다 더 멍청한 것도 아니다.

· — · — ·

내 어머니는 쿠스 베이의 지역 전문대학에서 작문과 문학을 가르친다. 쿠스 베이는 벌목을 업으로 삼았던 마을로, 와이어하우저 사가 큰 제재소를 영영 닫았을 때 거의 망해버렸다. 어머니는 분기마다 실직하고 부상당한 벌목 노동자와 제재소 노동자들을 가르친다. 만약 선택의 여지가 있었다면, 이들은 여전히 숲에 있었을 것이다. 하지만 제재소 폐쇄나 산림의 고갈과 같은 영구적이건 일시적이건 일과 관련된 장애들로 인해, 그들은 식탁에 음식을 올리기 위한 다른 방법을 찾아야 한다. 그들은 여러 해 동안 숲과 제재소에서 일하면서 살았다. 어떤 이들은 통나무 운반용 케이블 설치/연결 노동자로 일을 시작하여, 나무를 베는 노동자나 현장감독으로 승진하기 위해 일했다. 통나무 운반용 케이블 설치/연결 노동자는 벌목 현장에서 가장 위험하면서도 가장 돈을 적게 받는 일자리인데, 통나무를 적하 구역으로 끌어올릴 수 있도록 미끄러운 경사지에 놓고 통나무 각각에 쇠사슬을 감는 일을 한다. 다른 사람들은 목재 운반 트럭을 운전한다. 이들은 가장 좁고 비탈진 벌목 도로에서 엄청나게 많은 통나무를 싣고 나아가는 법을 안다. 또 다른 사람들은 제재소의 굉음 속으로 통나무를 집어넣고, 다른 쪽 끝에서 목재를 빼낸다. 도시 사람들이 자기 동네의 교차로에 대해 아는 것과 마찬가지로, 그들은 벌목한 통나무, 나무, 지형, 전기톱, 지게차에 대해 안다. 만약 점박이올빼미처럼 개벌지의 벌채로 인해 서식지를 잃어 위험에 처한 알락쇠오리를 보고 싶다면, 그들 중 한 명에게 물어보라. 그들은 어디를 찾아봐야 할지 알고 있을 것이고, 당신이 운이 좋다면 방향까지 알려줄 것이다.

이 벌목 노동자와 제재소 노동자 중 몇몇은 내 어머니가 낸 과제로 자기 일에 대한 글을 쓴다. 어머니는 그들이 쓴 수필 중 몇 편은 읽다보면 가슴이 미어진다고 말한다. 이런 수필을 쓴 사람들은 시스키유 국유림의 숲과 비탈진 언덕을 사랑하는 동시에 나무를 벌채해서 통나무로 다듬는, 그리고 자신의 일과 자신이 품은 사랑 사이의 긴장을 알고 있는 이들이다. 이들은 일과 사랑이 완전히 정반대는 아니라는 점도 알고 있다. 어깨에 전기톱을 안정감 있게 걸쳐 메고 말도 안 되게 가파른 언덕을 터벅터벅 오르내리며 밖에서 보낸 오랜 나날 속에서, 그들의 사랑은 점점 자라난다. 그다음엔 나무 위로 솟아오르는 아침 안개와 도가머리딱따구리나 회색다람쥐가 내는 소리가 주는 기쁨은, 그들이 그 위험하고 몸이 부서지도록 힘든 벌목 일에 기꺼이 나서도록 기운을 북돋는다. 어머니는 다른 종류의 수필은 이가 갈린다고 한다. 300년 된 더글러스전나무를 벌채하는 일을 얇은 베일을 쓴 여성을 강간하는 짓에 비유하고, 두 짓거리를 다 해봤다고 허세를 떠는 정복에 관한 글들이다. 이런 종류의 수필에서 나무는 일자리, 끝없이 재생 가능한 자원, 목재와 종이이다. 그리고 자연 세계는 진압해야 할 세력이다.

이들 벌목 노동자와 제재소 노동자는 모두 가난과 싸우며 금방 사라져버리는 봉급으로 집세, 대출금, 의료비를 내느라 고군분투하고 있다. 벌목 산업에는 노동조합이 거의 없다.

목재 기업들은 모두 노동조합을 파괴해온 오랜 역사를 갖고 있다. 예전에 쿠스 베이의 와이어하우저 사 제재소에서 노동자들이 노동조합을 결성하려고 시도했을 때, 회사는 조직화를 그만두지 않으면 제재소 문을 닫고 완전히 철수해버리겠다고 협박했다. 제재소 노동자들은 물러서지 않았고, 와이어하우저 사는 정말로 수개월 간 제재소를 닫았다. 쿠스 베이에서는 산림업이나 어업에서 일자리를 찾지 못하면, 사람들은 5월부터 9월까지 관광철에 일하며 최저임금을 번다. 그래서 이 벌목 노동자와 제재소 노동자들이 지역 전문대학에 등록하여 내 어머니의 수업을 듣는 것이다. 이들은 희망을 품고 있을 수도 있지만, 아마 불안감에 소진되고 있을 가능성이 더 크다.

어쩌면 내가 이 책을 읽고 있는 당신을 잘못 상상했을 수 있다. 어쩌면 당신은 벌목 노동자들이 살인자이고 벌목은 강간이나 다름없다고 생각하기보다는, 그들을 일종의 토대로, 즉 자본주의 경제에서 착취당하는 노동자의 전형으로 여길지도 모른다. 어쩌면 당신은 벌목이 추하지만 좀 낭만적인 일이라고 생각할지도 모른다. 착각하지 마라. 벌목에 낭만 따위는 없다. 벌목은 몸을 갈가리 찢어버릴 수도 있는 위험 요소로 가득한 위험한 일이다. 내 중고등학교 시절 가장 친한 친구의 아버지인 로저스 씨는 제재소에서 왼쪽 팔을 잃었다. 우리보다 강 상류 쪽에 살던 짐 우드워드 씨는 몇 년 전 벌목 현장에서 사고로 척추가 부러져 거의 걷지 못한다. 치명적인 사고 외에도 청력 손실, 전기톱 진동에 의한 신경 손상, 손가락 절단이 일상적으로 발생한다. 벌목 노동자들은 낭만적이지도 않고 대단한 인물도 아니다. 그들 중 몇몇은 퀴어이고 사회주의자인 데다 무정부주의자이며 페미니스트이고 나무와 물고기를 사랑하는 나를 싫어하지만, 그들이 내보이는 혐오는 특별하지 않다. 그들의 혐오는 이 나라의 많은 사람들이 공유하고 있는 것이다.

그들은 벌목꾼이기 때문에 짐승인 게 아니다. 혹은 만약 그들이 짐승이라면, 나도, 짐도, 그리고 벌목 노동자의 픽업트럭에 붙어 있던 범퍼 스티커에 대해 쓴 언론인들도 짐승이다. 이 언론인들은 벌목 회사 중역의 세단에 붙은 범퍼 스티커는 찾아보기나 했을까? "벌목업 경영자를 구하고, 점박이올빼미를 죽여라"라고 쓴 스티커는 왜 없는지 그들이 궁금해하기나 했을까? 만약 내가 비꼬아 상상해본, "벌목 노동자를 구하고, 올빼미를 구하고, 벌목업 경영자를 죽여라"라는 범퍼 스티커를 우연히 발견한다면, 언론인들은 어떤 이야기를 쓸까?

개벌: 막다른 길

나는 지금의 정치적 입장을 가지고 산산이 찢겨나가는 세상에서 충분히 오랜 시간 살아왔다. 개벌이 일상이었던 현실과 어린 시절 아무 의심 없이 헌신했던 것들로부터 충분히 멀어져, 개벌 벌목이 범죄라고 생각하게 될 만큼 오랜 시간이었다. 동시에 나는 여전히 개벌이 완료된 국유림의 끝자락에 살던 그 어린아이이다. 나는 "벌목 노동자를 구하고, 점박이올빼미를 죽여라"라는 문구 뒤에 있는 분노를 이해한다. 누가 벌목 노동자를 구할 것인가? 만약 국가로서의 우리가 백인 주도로 북미 전역을 문화적·환경적으로 마구 파괴한 지 500년이나 지난 후에야 점박이올빼미와 얼마 안 남은 그 서식지를 구하겠다는 결정을 마침내 내리는 중이라면, 시민으로서의 우리는 그 결정 때문에 해고되어 집을 잃고 굶주리게 될지도 모르는 사람들을 책임져야 한다. 이 책임을 외면한다면, 그건 벌목 노동자와 벌목 공동체가 나머지 우리보다 환경 파괴에 더 많이 공모했다는 듯구는 셈이다.

사실 우리 모두는 우리가 끝없이 재생 가능한 자원이 있는 나라에 살고 있다는 믿음 덕분에 물질적으로 적잖은 혜택을 입었다. 혜택을 입었을 뿐만 아니라, 그 믿음을 끊임없이 재생산했다. 이 재활용의 시대에 우리가 얼마나 끝없이 많은 양의 종이를 소비하는지 모르는 사람은 거의 없을 거다. 종이 냅킨, 종이 접시, 종이 수건, 화장실 휴지, 신문, 마분지와 포장지, 종이 가방, 복사용지. 하지만 종이 한 장이 만들어지는 데 드는 진짜 비용이, 동네 복사집이나 사무용품 가게에 지불하는 단돈 몇 푼이 아니라 진짜 가격이 얼마인지 알고 있는가? 종이 한 장당 50센트라면, 1달러라면, 우리는 그 돈을 기꺼이 지불하려고 할까? 만약 집이 있다면, 집을 지을 때 쓰인 목재에 대해 생각해보라. 그 목재가 어디에서 왔는지 아는 사람이 우리 중 몇이나 될까? 만약 새로 지은 집이라면, 그 집을 지을 때 낡은 집을 허물었는가? 옛집을 허물 때 나온 목재를 재사용했나 아니면 쓰레기장에 던져버렸나? 나무로 만든 새 가구를 다시는 들이지 않겠다는 각오가 되어 있는가? 벽난로나 장작 난로를 사용한다면, 장작으로 쓸 나무를 결코 베지 않고 이미 쓰러진 나무만을 태우겠다고 약속할 수 있는가? 우리가 별미로 많이 찾는 연어를 생각해보라. 베이글에 넣는 훈제 연어와 연어 스테이크에 얼마를 지불하는가? 얼마면 흔쾌히 지불하겠는가? 내가 하고 싶은 이야기는 죄책감을 느끼자는 게 아니라, 책임감을 갖자는 것이다. 우리의 무분별한 소비가 어떻게 개별의 수요와 논리를 만들어내는지, 끝없이 재생 가능한 자원에 대한 우리의 믿음을 만들어내는지를 인식하자는 것이다. 나무와 연어가 정말로 다시 재생 가능한 자원이 되려면, 우리는 그것들을 오랜 시간 훨씬 덜 소비해야 한다. 캐스케이드 산맥 서쪽에 있는 북서부 숲의 순환—어린나무에서부터 천이遷移 초기 단계의 나무(오리나무, 갈참나무), 최종적으로 터를 잡은 수종(전나무, 삼나무, 가문비나무)에 이르기까지—은 몇 세기에 걸쳐 관측되고 있다. 우리가 원시림과 그 숲이 지구에 준 생명을 그저 목재로서가 아니라 야생 자체로서 소중하게 여긴다면, 우리는 시스키유 국유림과 그 외 개벌 지역을 놔두고 떠나야 할 것이다. 오랫동안, 아주 오랫동안 말이다.

보다 제대로 된 분석을 하려면 자본주의와 자유무역 시장 또한 포괄해야 할 것이다. 지난 수십 년간 와이어하우저 사와 다른 거대 목재 기업들은 환경, 벌목 노동자, 제재소 노동자들을 희생시키면서 수십억 달러의 이익을 벌어들였다. 오늘날 그들은 원시림의 나무들을 가능한 한 빨리 잘라 가공하지 않은 채로 일본에 수출함으로써 큰돈을 벌고 있다.[1] 그들의 이익은 주정부와 연방정부가 관리하는 공유지와 목재 기업들이 소유한 사유지에서 거둬들인 것이다.

이렇게 보다 제대로 된 분석을 할 때, 우리는 미국 산림청의 역할을 잊지 말아야 한다. 산림청이 내세우는 미사여구와 달리, 그들의 기본 임무는 야생 지역을 보호하고 삼림지를 돌보고 캠핑장과 하이킹 코스를 관리하는 일이 아니다. 그보다는 목재 산업의 주머니를 훨씬 더 많은 수익으로 채워주는 것이다. 산림청은 오로지 벌목 회사들만의 이득을 위해 수천수만 마일의 도로를 건설했다. 때로는 거대 목재 기업들이 나무에서 뽑아내는 돈보다 더 많은 세금을 그 도로에 쏟아부었다. 개벌을 위한 땅을 입찰하는 과정에서 산림청이 손해를 보는 일이 비일비재하다. 요컨대 연방정부는 전 세계의 대기업들에게 하는 것과 마찬가지로 와이어하우저 사와 조지아퍼시픽 사에 보조금을 지급하는 셈이다. 누가 어떻게 공모하고 있는가?

해답의 일부는 우리가 불가피하다고 받아들이도록 세뇌되어온 경제체제, 이익이 최상의 가치라고 주장하는 자본주의 체제 안에 있다. 이 틀 안에서 일하면서, 목재 산업 내의 벌목 회사 중역과 주주 그리고 산림청 관료들은 자본주의가 기대하는 것만을 행하며, 돈을 벌기 위해 마지막 남은 원시림을 파괴한다. 그러나 이 파괴에 책임을 져야 할 개개인을 붙잡지 않고서 체제만 비난한다면, 그 체제를 건드리지 않은 채 놔두는 셈이다. 공모는 나란히 붙은 두 개의 길을 따라간다. 하나는 자본주의의 방침을 뒤쫓는 길이고, 다른 하나는 그 체제를 유지하고 거기서 가장 많은 혜택을 받는 사람들을 뒤쫓는 길이다. 환경 파괴를 끝내기 위해, 우리는 누가 부유해지고 누가 가장 비싼 값을 치르는지를 인정해야 한다. 그다음에는 그 파괴를 기반으로 부를 축적하는 게 불가능하도록 만들어야 한다. 요컨대 우리는 자본주의를 해체하고, 사람과 지구보다 이익을 더 앞세우지 않는 경제체제로 대체해야 한다.

비난은 훨씬 쉽다. 도시에 거주하는 중산층 환경운동가들이 점박이올빼미와 환경 파괴에 대해 논할 때, 벌목 노동자를 비난하는 경우가 많다. 석유 굴착이든 석탄 채굴이든 벌목이든 간에 궂은일을 하는 대부분의 노동계급 사람들처럼, 벌목 노동자는 쉽게 갖다 쓸 수 있는 상징이다. 반면에 일반적인 미국 기업이 그렇듯, 벌목 회사 중역들은 교묘하게 외부의 관심과 접근을 피하는 데 상당한 시간, 에너지, 돈을 쓴다. 백인 중산층 활동가들은 작업용 장화에 플란넬 셔츠를 입고 전기톱을 다루는 노동계급 남성 노동자들을 마주할 때, 정장을 입고 세계를 조종하는 부유한 백인 남성 사업가에 대해선 너무 쉽게 잊는다.

벌목 노동자들의 생계는 위협받는다. 많은 환경운동가들은 통계를 교묘하게 이용하여, 10~20년 전 과도한 벌목과 기계화 때문에 목재 산업 일자리가 극적으로 줄어들었다고 주장한다. 동시에 그들은 점박이올빼미와 얼마 남지 않은 원시림을 보호하기 위한 최근의 입법은 목재 산업 일자리에 실제로 영향을 미치지는 않을 거라고 주장한다. 그러나 사실 벌목 노동자들의 생계는 위협받고 있다. 15~20년 전쯤 포트 오포드의 일자리가 고갈되었을 때, 벌목 노동자들과 제재소 노동자들은 코퀼Coquille, 밴던Bandon, 머틀 포인트Myrtle Point, 또는 쿠스 베이로 이주하여 다른 벌목이나 제재소 일을 찾았다. 빈약하나마 목재 산업 경제가 굴러가던 몇 안 되는 마을에서도 목재 관련 일자리가 고갈된 지금은 이주할 곳이 없다. 가장 직접적인 타격을 받은 건 전기톱과 지게차를 다루는 사람들이다. 이들은 막다른 길로 내몰리고 나서 그 범퍼 스티커로 가버린 거다. "벌목 노동자를 구하고, 점박이올빼미를 죽여라." 분노한 백인 중산층 도시 환경운동가들에게 벌목꾼이 갖다 쓰기 편한 상징인 것과 마찬가지로, 실직했거나 곧 실직할 벌목 노동자들에게 점박이올빼미는 써먹기 쉬운 표적이다.

위태로운 건 포트 오포드처럼 작고 무너져가는 벌목 마을과 어촌들이다. 건물이나 울타리를 만드는 자재, 수리해야 할 자동차와 낡아빠진 가전제품들이 앞마당마다 널려 있다. 중심가의 가로수는 대부분 왜소한 로지폴소나무로, 장마철에 남쪽에서 불어 와 마을을 강타하는 폭풍 때문에 북쪽으로 기울어서 자란다. 건물들은 모두 페인트칠을 새로 해야 한다. 헐거워진 표지판들은 바람이 불 때마다 쿵쿵 부딪친다. 위태로운 건 시골의 백인 노동계급 문화의 구조다. 나는 한 번도 집 열쇠를 가지고 다닌 적이 없다. 우리는 현관문을 아예 잠그지 않았다. 동네에 하나 있는 은행에서는 내가 누구인지 확인한 적이 없다. 모든 출납원이 내 이름을 알고 있었다. 이 문화에는 인종차별주의가 팽배해 있다. 카 케어 클리닉Kar Kare Klinic, 줄여서 KKK라 불리는 자동차 정비소를 봐도 누구도 눈 하나 깜박이지 않는다. 이 문화는 익명성의 의미를 모른다. 결혼 관계 바깥에서 태어난 아이, 엄마 혼자 키우는 아이, 사실혼 관계에서 태어난 아이를 대수롭지 않게 여기는 문화다.

합판 공장이 처음으로 문을 닫았던 2학년 때, 우리 반 중 절반이 이사를 갔던 기억이 난다. 그 가족들은 밴던으로 이주하여 거기서 비슷한 일을 찾았다. 15년 전에는 낚시를 업으로 하는 사람들은 연어가 오는 철에 어획량이 적으면 다음 철에 벌충할 수 있을 거라고 생각했다. 오늘날 포트 오포드에는 더 이상 벌목 일자리가 없고, 밴던이나 오리건 남서부 어느 곳에도 벌목 일자리는 없다. 이제 연어는 수십만 마리씩 몰려오지 않는다. 줄곧 도는 소문에 따르면, 통조림 공장은 이제 물고기를 저장하는 대신, 수백 마일 떨어진 내륙 도시로 운반할 마약을 쌓아두고 있다고 한다.

오늘날 포트 오포드는 관광지이자 은퇴한 이들의 마을, 히피 예술가의 마을로서 간신히 버텨내고 있다. 포트 오포드가 새로이 변신한 모습으로 번창하려면, 도시 지역에서 접근하기 편해야 하고, 쾌적하고 따뜻한 해변이 있어야 하며, 돈 쓸 준비가 된 부자들의 관심을 끌어야 한다. 하지만 실제로 포트 오포드는 부자들이 휴가를 와서 멋진 예술품을 사는 곳이 아니라, 사람들이 101번 고속도로를 타고 북쪽으로 가는 길에 거치는 외진 산간벽지 마을이다. 해변은 거칠고 춥고 바위투성이라 여행객이 차를 타고 지나가면서 잠깐 감탄하는 마을일 뿐, 수영복을 입고 모래와 햇살을 즐기는 사람들로 북적대는 휴양지는 아니다. 이 마을의 가장 큰 고용주는 공립학교 지구다. 벌목 노동자와 제재소 노동자들은 떠났거나, 학교로 돌아왔거나, 이것저것 잡다한 일을 하며 간신히 목구멍에 풀칠한다. 어부들은 떠났거나 보트를 잃고 파산했으며, 마약 거래를 하거나 식용 게, 붉돔, 링커드lingcod*를 잡으며 분투한다. 많은 사람들이 복지 제도에 크게 의존하고 있다. 소위 말하는 복지 개혁이 정말로 효력을 발휘하기 시작하면 무슨 일이 벌어질지 모르겠다. 모든 근로연계복지 제도는 일자리가 존재하느냐 여부에 의존하기 때문에 미덥지 않다. 학교 교사, 자기 땅을 저당 잡히지 않은 농장주, 오리건 남서부로 은퇴한 사람

---

* '링커드'는 쥐노래밋과 물고기의 일종이다.

들은 상대적으로 변화의 영향을 덜 받을 거다. 요컨대 포트 오포드는 죽어가고 있고, 오래 전부터 그래왔다.

이 더딘 죽음과 버려짐의 이야기는 많은 북서부 벌목 마을과 어촌에서 반복되어왔고, 이런 마을에 대안이랍시고 제공된 것들은 죄다 역겨운 것들뿐이다. 1994년 7월 나는 미국 공영 라디오에서 죽어가는 벌목 마을에 대한 두 건의 보도를 들었다. 하나는 워싱턴주에 있는 애버딘Aberdeen에 대한 보도였고, 다른 하나는 캘리포니아 북부에 위치한 위드Weed와 크레센트 시티Crescent City에 대한 보도였다. 애버딘에서 리포터는 월마트Wal-Mart 매장 건설 현장에 갔는데, 그 리포터를 안내한 사람은 어떻게 이 현장이 도시 경기가 다시 살아나고 있다는 것을 상징적으로 보여주는지 끊임없이 얘기해댔다. 위드에서 리포터는 인근에 보안 등급이 제일 높은 교도소가 지어질 가능성에 대한 현지의 반응을 답사했다. 캘리포니아주 정부는 경기가 침체된 마을에 일자리를 창출할 방편으로 새 교도소를 배치하는 안을 특별히 밀어붙였다. 위드를 돌아본 후, 리포터는 크레센트 시티로 이동했다. 크레센트 시티는 해안가에 위치한 소도시로 벌목업과 어업을 주로 해왔던 곳이며, 이미 첫 번째 교도소가 지어지고 두 번째 교도소가 들어설 예정이었다.

그렇다. 월마트는 전국 각지에 있다. 하지만 현지에 기반을 둔 사업체들에 필연적으로 손해를 입히면서 전국적 또는 다국적 체인점의 저임금 서비스직 일자리를 늘리는 건, 결코 어촌과 벌목 마을의 경제 위기에 대한 답이 될 수 없다. 그렇다. 현재 수용 인원이 초

과된 교도소들, 경악스러운 투옥률, 그리고 '삼진아웃제three strikes and you're out*' 입법으로 인해 정부는 더 많은 교도소를 지을 것이다. 그러나 최고 등급 보안 교도소는 월마트만큼이나 문제를 해결하지 못할 것이다. 사람들을 가두는 일은 누구도 실제로는 하고 싶어 하지 않는 극도로 궂은일이고, 그래서 정부는 거절할 수 없는 처지의 공동체에 그 일을 떠넘기는 것이다. 교도소와 전국 체인점은 단기적으로 일자리를 조금은 공급하겠지만, 장기적으로 경기가 다시 살아나게 해주는 동력이 되지는 못할 것이다.

오히려 우리는 숲과 강을 복원하는 프로젝트, 대안적인 종이 원료, 현재 사용되는 종이와 제재소의 활용 방안, 그리고 생태계를 파괴하지 않는 기술을 이용한 정말로 지속가능한 벌목에 대해 고민해야 한다. 내가 자라온 노동계급 문화가 원시림을 지키기 위해 필요한 변화를 어떻게 성사시킬지는 모르겠다. 그러나 포트 오포드가 20년간 고군분투해온 모습을 지켜본 뒤 분명히 알게 된 것은, 단 하나의 간단한 해답 따위는 없다는 것이다.

그러는 동안 우선 한 가지 소박한 제안을 하고 싶다. 나는 환경운동가들이 목재 회사와 벌목 회사 중역에게로 주의를 돌리기를 제안한다. 급진적인 직접행동 활동가들에게 제안한다. 와이어하우저 사옥 앞을 비폭력적으로 봉쇄할 계획을 세우라. CEO가 살고 있는 곳을 알아내라. 그의 집 앞에서 피켓을 들라. 그의 삶에 압박을 가하

---

* '삼진아웃제'는 이전에 두 번 이상 폭력 범죄 또는 중범죄로 유죄판결을 받은 사람의 경우, 세 번째엔 반드시 징역형, 가급적 종신형을 받도록 규제하는 법이다.

라. 이사회를 방해하라. 벌목 회사 중역의 자동차를 가로막으라. 벌목 마을들이 목재 산업 경제로부터 벗어나는 데에 도움이 되도록, 지난 20년 동안 원시림에서 벌어들인 모든 수익을 벌목 마을 연합에 반환하라고 요구하라. 조직책이나 연합체를 구축하는 활동가들에게 제안한다. 벌목 노동자와 제재소 노동자들과 함께 일하라. 불공정하고 위험한 노동 관행을 폭로하라. 노동안전위생국OSHA을 끌어들이라. 노동조합 설립을 지원하라. 열정적이고 헌신적인 로비스트들에게 제안한다. 통나무 수출을 범죄화하고, 공유지와 원시림에서 수익을 내는 것을 불법화하는 법률 제정에 앞장서라. 선거 제도를 활용하라. 노동계급 출신으로 환경 파괴와 시골 노동계급 문화를 이해하는 예비 정치인을 찾아서 당선시키라. 벌목 마을에 제안한다. 와이어하우저 사와 그 동종 업계로부터 받은 피 같은 보상금을 사용하여, 이제 다음에 무슨 일이 일어날지 알아내라.

. — · —.

세계에서 가장 강력한 제국주의 국가이자 가장 탐욕스럽게 자원을 취하는 국가의 시민으로서, 지속가능한 산출량의 의미에 대해 잊고 살던 소비자로서, 지금 우리는 우리가 지구 및 그 자원과 맺고 있는 관계를 변화시키는 일에 대해 진지하게 고민하고 있는가? 우리는 나무, 물고기, 물, 땅에 대한 우리의 태도를 바꾸고 있는가? 환경을 희생시켜 수익을 내는 걸 당연시하는 우리의 전제를 바꿔나갈 것인가? 만약 그렇다면, 낡은 신념 체계 때문에 사람과 마을들에 무슨 일이 벌어지는지에 대해서도 마찬가지로 진지하게 고민해야 한다.

그리고 우리는 '우리'가 누구인지에 대해 항상 의식해야 한다. 이 나라에서 벌어지는 환경 파괴의 기저에 놓인 사상, 정책, 관행, 역사는 현재 누가 그걸 옹호하는지와 무관하게, 모두 유럽인과 유럽계 미국인에게서 생겨난 것들이다. 이 말은 원시림을 구하고 강 유역을 보존하고 생물 다양성을 유지하길 원하는 백인들이 그 투쟁과 맺는 관계는, 유색인들이 그 투쟁과 맺는 관계와는 다르다는 뜻이다. 즉 집단 학살을 당했고 아직도 환경 파괴에 직접적 영향을 받는 원주민과는 입장이 다르다. 원주민과 마찬가지로, 환경을 악화시키는 궂은일—우라늄 채굴, 유독성 폐기물 청소, 석유 시추, 또는 살충제를 잔뜩 친 식량을 수확하는 일 등—을 자주 떠맡고, 그 결과를 제집 뒷마당에서 감수하며 살아가곤 하는 아프리카계, 라틴계, 아시아계 미국인들과도 입장이 다르다.

포트 오포드 같은 마을들은 그 역사 전체가 유럽계 미국인이 서쪽으로 미국을 정복해나갔던 것에 뿌리를 두고 있다. 오랫동안 땅조차 무한한 자원으로 여겨지고 사용되었다. 백인은 지구상의 이 한 조각 땅에 대한 소유권을 주장하기 위해 수백만 명의 원주민을 죽였다. 백인 남자들은 자원에 대한 탐욕으로 가득 차 북서부로 몰려왔다. 그들이 노린 자원은 양질의 모피, 농경지, 황금(골드러시는 19세기 자원을 둘러싼 주요 광풍 중 하나였다), 그리고 목재였다. 게다가 그들의 이주는 원주민을 기독교인으로 개종시키기 위해서이기도 했다. 부유한 자본가들은 목재 시장에 달라붙었다. 그리고 모피, 황금, 땅을 찾아온 이들과 같은 부류의 남자들이 일할 벌목 캠프를 세웠다. 벌목 캠프, 모피와 황금과 통나무를 운송하는 데 쓰일 항구와 강, 기독교 전도 시설과 군 기지를 중심으로 작은 마을들이 생겨났다. 이런 마을은 자원에 대한 특정한 세계관, 당연시되었던 특정한 탐욕, 특정한 인종차별주의, 기독교에 대한 일군의 특정한 신념 위에 세워졌다. 자본주의가 모피와 금에 대한 열광을 만들어내지 않았다면, 목재에 대단히 높은 수요와 수익성이 없었다면, 나무가 무한한 원료로 여겨지지 않았다면, 이런 마을은 존재하지 않았을 것이다. 그리고 오늘날 이들 마을은 여전히 같은 신념에 의지하고 있다. 만약 우리가 남아 있는 원시림을 진심으로 보호하고자 한다면, 정말로 점박이올빼미를 멸종 위기로부터 구하고자 한다면, 미국의 신념, 정책, 관행을 바꿔야 한다. 이러한 변화에 의해 뿌리까지 흔들릴 마을과 사람들에 대해 우리는 책임을 져야 한다.

만약 우리가 그렇게까지 진심은 아니라면, 점박이올빼미를 멸종 위기 종 목록에 넣고 단기적으로나마 원시림의 아주 일부만을 보호하는 일은, 사실 벌목 노동자들을 점박이올빼미와 맞붙여 싸우게 만드는 셈이다. 이는 치명적인 상처에 임시로 반창고만 붙여놓는 짓이다. 나는 이 나라의 진보적인 사람들이 진심으로 임시 처방을 원한다고는 생각하지 않는다. 시스키유 국유림에서 나무를 사랑하고 벌목 노동자에게 친밀감을 느끼며 자라난 작가로서, 이제는 오래된 유대감과 새로이 깨인 의식을 붙들고 고심하는 성인으로서, 다중적 위치성을 바탕으로 다중 쟁점 정치에 헌신하는 활동가로서, 나는 내가 임시 처방 이상을, 훨씬 더 많은 것을 원한다는 걸 알고 있다. 나는 나무로 둘러싸인, 내가 여전히 집이라 부르는 언덕과 마을에서 혁명이 일어나길 원한다.

카지노: 에필로그

1999년. 5년 전 내가 개벌지 벌목에 대해 쓰기 시작했을 때, 좀 순진한 생각이긴 하나 나는 점박이올빼미와 원시림을 둘러싼 논란이 실질적 변화를 일으킬 씨앗을 품고 있길 바랐다. 자본주의가 몰락하고 민중 친화적이고 지구 친화적인 경제 체계가 등장하리라 기대한 건 아니었지만, 나는 우리가 숲을 보호하기 시작할지도 모른다고 생각했다. 벌목 마을이 자신들이 처해 있는 곤경을 시인하고, 우리 대부분이 이 난장판에 어떻게 연루되어 있는지 받아들이려 애쓰면서 말이다. 불행하게도 내 낙관주의에는 근거가 없었던 듯하다. 50년 동안 우리에겐 과거를 돌아보며 점박이올빼미 논란을 전환점으로 삼을 기회가 있었지만, 지금도 그다지 바뀐 것이 없다.

목재 회사들은 아직도 자기네 관행을 옹호한다. 심지어 일부 회사는 자기네 땅의 환경을 관리할 권한이 자신들에게 있다고 주장하면서, 사실상 목재 산업 경영의 문법을 고쳐 쓰고 있다. 법원은 수십 건의 사건을 심리했고, 일부는 특정 지역의 벌목을 금지하는 판결을 내렸지만, 반대로 판결을 내린 경우도 많았다. 1989년 미국 지방법원

판사 윌리엄 드와이어William Dwyer는 연방정부가 관리하는 토지에서의 벌목 활동을 일시적으로 중지하라고 선고했다. 점박이올빼미 보호 계획을 세울 때까지 기다리라는 것이었고, 1994년에 제한을 풀었다. 점박이올빼미 판결 이후 의회는 회기마다 멸종 위기 종 보호법 폐지를 목표로 삼았다. '현명한 사용 운동Wise Use Movement'*은 점점 더 크고 강력해졌다. 목재 산업의 대리인이나 정부 규제에 지쳐버린 벌목, 목축업 및 어업 노동자가 조직한 풀뿌리 운동은, 거대한 정부 환경 규제로 민간의 개인 토지 소유자들이 피해를 보고 있다는 이야기를 계속 퍼뜨리고 있다.

그리고 환경운동에 대해 말하자면, 거기서도 그리 많은 변화는 없었다. 급진적인 직접행동 집단은 계속해서 나무에 올라가 점거하는 활동을 벌이고 있다. 그런 활동은 개발되지 않은 주요 지역의 벌목을 막거나 늦추는 데 성공하긴 했지만, 일부 운동 전략, 특히 나무에 대못 박기tree spiking** 전략은 제재소 노동자에게 심각한 부상을 입힌 사고가 일어난 이후 재검토되어야만 했다. 작고한 머레이 북친Murray Bookchin과 다른 사회생태학자들, 주디 배리Judi Bari 같은 풀뿌

---

*　'현명한 사용 운동'은 민간 재산권 확대와 공공재산에 대한 정부 규제 감소를 촉구하는 단체 연합 운동이다. 환경운동에 반대하여 인간은 인간의 이익을 위해 환경을 사용할 수 있다고 주장한다('en.wikipedia.org'의 'Wise use movement' 항목 참조).

**　'나무에 대못 박기' 전략은 나무 몸통에 금속 막대나 대못 등을 박아, 제재소 또는 벌목 현장에서 나무 자르는 톱을 손상시키거나 나무의 상품 가치를 훼손함으로써 벌목을 막는 환경운동의 한 방식이다. 1987년 캘리포니아의 한 제재소 노동자가 기계톱 사용 중에 나무에 박혀 있던 못 때문에 심각하게 부상당한 일이 발생하여 논란이 되었다('en.wikipedia.org'의 'Tree spiking' 항목 참조).

리 단체 조직운동가들처럼 자본주의, 계급 구조, 환경 파괴에 대한 광범위한 분석을 지지하는 사람들은 매우 소수다.[1] 그리고 환경운동은 전반적으로 자연 보존에만 열중할 뿐, 다른 많은 종류의 폭력과 파괴 사이의 연결에 대해선 검토하지 않는 것 같다.[2]

백악관에서는 빌 클린턴Bill Clinton 대통령이 명확한 계획 없이 되는 대로 대응한다. 환경운동가들은 공화당 정부에서 민주당 정부로 바뀐 걸 환영했고, 클린턴 대통령과 엘 고어Al Gore 부통령에게 엄청난 희망을 품기까지 했다. 대통령은 "성장 친화적인 동시에 환경 친화적인" 나라를 만들 것을 약속하면서, 그리고 드와이어 판사의 벌목 일시 중지 판결이 야기한 목재 문제의 난국을 해결하겠다고 약속하면서 백악관에 입성했다.[3] 1993년 포틀랜드에서 개최된 숲 정상회담Forest Summit에서 대통령이 내놓은 해결책이란 아무도 만족시키지 않는 절충안이었다. 절충안은 산림청이 목재 판매 전에 하천 유역과 생태계에 미칠 영향을 평가하도록 강제했고, 일부 구역에서는 주목할 만한 정책 변화가 있었다. 동시에 9번 개발안Option 9***은 남

*** 《제트 매거진(Z Magazine)》의 기사 「클린턴 정부의 삼림 계획The Clinton Forest Plan」을 보라(social-ecology.org/wp/1994/04/the-clinton-forest-plan/).' 1992년 미국 전역에서 활동하는 열두 개 환경 단체가 자기 지역의 연방 부지에서의 과도한 벌목을 막기 위해 시애틀 연방 지방법원에 소송을 제기했을 때, 드와이어 판사는 환경법 위반에 대해 시정 명령을 내리면서 새로운 벌목을 잠정 중단시켰다. 그러나 연방 부지에만 한정해 이러한 유예 조치가 내려진 1년 뒤에, 목재 기업들은 그 정도는 충분히 만회할 정도로 많은 나무를 여전히 다른 부지에서 벌목하고 있었다. 이 사안에 대해 클린턴 정부는 미국 산림청에 목재 판매를 재개할 수 있는 일련의 선택지를 마련하라고 지시했다. 산림청 수석 연구원 잭 워드 토머스(Jack Ward Thomas)가 이끄는 연구팀이 내놓은 개발안을 클린턴 정부는 여덟 차례나 거부했고, '9번 개발안'이라는 명칭으로 유명해진 아홉 번째 개발안이 채택되었다. 이 개발안은 양가적인 반응을 불러

아 있는 원시림의 총 3분의 1을 벌목하도록 허용했다. 통나무는 여전히 수출되고 있었다. 벌목 관행은 본질적인 면에선 달라진 게 없었다. 목재 기업들은 여전히 많은 돈을 벌어들이고 있었다. 그럼에도 9번 개발안은 벌목 노동자 공동체의 실업률이 훨씬 더 높아질 만큼 연방 부지의 목재 산출량을 크게 감소시켰다. 그리고는 실직한 벌목 노동자와 제재소 노동자에겐 실질적인 해결책을 제공해주지 않았다. 이후 1995년에 클린턴은 자기가 내놓았던 절충안을 약화시켰다. 연방정부가 주관하는 모든 목재 판매는 기본적으로 환경 규제로부터 면제되게끔 하는 법률 부칙 개정안(의회에서 공화당 지도부가 발의했다)에 클린턴이 서명하여 통과시켜버린 것이다. 1년 반이 지나 수많은 원시림이 통나무로 사라져버리고 나서야 이 부칙은 폐지되었고, 숲의 운명은 다시금 9번 개발안에 맡겨졌다.

　그러는 사이 목재 산업은 점점 더 다국적 기업으로 성장했다. 미국에서 문 닫은 제재소는 멕시코에 다시 나타났다. 미국의 목재 공급량이 점점 줄어듦에 따라, 러시아에서 개벌이 확산되고 있다. 엘크강 주변 사유지는 급속히 벗겨지고 있고, 2차림의 '쓸모없는' 나무

일으켰다. 한편으로는 점박이올빼미 보호구역을 설정하고 주요 하천 유역에 오염 물질을 거르는 완충지대를 설정하며 향후 벌목량을 제한하여, 환경 보존에 기여한다는 평가를 받았다. 그러나 목재 기업들이 법의 그물망을 교묘히 빠져나갈 허점이나 예외 조항이 있었고 개인 소유 토지에서의 벌목 규제는 더욱 완화하여, 특히나 캘리포니아 지역의 주요 삼나무 군락지를 목재 기업들이 소유하고 있는 상황에서 교묘한 진보의 언어로 목재 산업의 발전을 지원했다는 평가를 받았다. Brian Tokar, *Earth for Sale: Reclaiming Ecology in the Age of Corporate Greenwash*(South End Press, 1997)의 4장도 정치적 이해가 긴밀히 얽힌 이 개발안의 문제를 다루고 있다. 이름을 밝히는 건 부담스러워하셨으나 참고 자료를 소개해준 지인 두 분께 진심으로 감사드린다.

들이 값싼 종이 부스러기가 되기 위해 잘리고 있다. 나는 몇 년 동안 고향에 가보지 않았지만, 내 여동생이 말해주길 어느 산등성이를 가든 다 헐벗었다고 한다. 동생 생각에 마시, 와그너, 윌슨, 마야 가사람들은 정부 규제가 내려와 "이게 댁들이 할 수 있는 일이고, 이건 할 수 없는 일이다"라고 정하기 전에, 자기네 땅에서 가능한 한 많은 돈을 뽑아내길 원하는 것 같다고 한다. 사유지 벌목에 관한 어려운 질문을 누가 제기하고 있는가? 그 언덕들에 새로 나무가 심어지고 있긴 한가? 하천 및 연어 산란장은 보호받고 있는가? 우리는 생태계나 지속가능한 산출량에 대해 아무것도 배운 게 없는가? 한마디로 정말로 변한 것은 별로 없다. 하지만 다른 이야기를 하나 더 꺼내보겠다. 한 가지 변한 것에 관한 이야기다.

· — · — ·

쿠스 베이에 있던 와이어하우저 사의 대규모 제재소는 1980년대 말 완전히 문을 닫았다. 거대한 철조 건물들로 이뤄진 그 제재소는 101번 고속도로와 항구 사이에 끼여 철로를 따라 늘어서 있다. 와이어하우저 제재소의 전성기였던 1960년대와 1970년대 초반에 제재소는 3교대 근무로 돌아갔고 하루 24시간 내내 톱이 윙윙댔다. 짐을 가득 실은 목재 운반 트럭들이 요란스럽게 들어와 텅 빈 채로 떠나갔다. 만灣에는 목재를 묶은 커다란 뗏목들이 떠다녔다. 하얀 수증기 같은 연기가 굴뚝에서 쏟아져 나왔다. 나는 제재소 안에 들어가본 적은 없고, 그저 거기 드나드는 사람들이 안전모와 도시락을 들고 교대하는 것을 지켜보았다. '터커 제재소'와는 전혀 달랐다. 그 곳엔 톱 하나와 지게차 두 개뿐이었고, 터커 씨는 아버지와 함께 제 재소 마당에 서서 굉음 속에서 외쳐대곤 했다.

낡은 와이어하우저 제재소였던 곳은 현재 '코크웰 인디언 부족 Coquelle Indian Tribe'이 소유하고 운영하는 카지노가 되었다. 멋진 톱날 모양의 로고를 뽐내는 '밀 리조트 앤 카지노Mill Resort and Casino'는 전 형적인 카지노가 그렇듯 게임, 라이브 쇼, 음식, 숙박 시설을 제공한 다. 한때는 목재 운반 트럭과 지게차와 1톤 픽업트럭이 내달리던 곳 에, 지금은 고급 리무진들이 주차되어 있다.

미국 연방정부는 한 세기에 걸쳐 집단 학살과 문화 제국주의를 펼친 끝에, 1954년에 코크웰 인디언 부족을 해체해버렸다.* 유년기에 코크웰 부족 언어인 밀룩Miluk을 배웠던 마지막 사람은 1961년에 죽 었다. 코퀼강에서 낚시하는 전통적인 방법은 잊혔다. 연어를 굽는 의 례나 서로 선물을 나누는 포틀래치potlatch와 같은 의례는 더 이상 열 리지 않는다. 코크웰 부족의 신성한 장소인 투퍼 바위Tupper Rock는

---

* 원주민 부족의 고유한 정체성과 삶의 방식을 인정하기보다는 그저 보편적 시민 중 일 부로 동화시키려는 정책 기조 속에서, 1954년 미국 연방 의회와 정부는 코크웰 부족 을 포함한 오리건 지역 수십 개 원주민 부족의 법적 지위를 없애는 법률을 통과시켰 다. 1960~1970년대 원주민 당사자 집단의 저항운동을 거치면서 미국 정부의 정책 은 원주민 부족의 정체성과 권리를 보장하는 방향으로 선회해왔으며, 1989년 코크 웰 부족도 연방정부로부터 토지, 재산, 구성원 등에 대한 자치권을 다시 인정받았다 ('oregonsadventurecoast.com/tribal-heritage-coquilles'와 'en.wikipedia.org' 의 'Coquille Indian Tribe', 'Western Oregon Indian Termination Act', 'Indian termination policy' 항목 참조).

부두를 건설하면서 파괴되었고, 부족민은 천연두와 알코올 중독으로 집단적으로 죽어갔다. 조약은 파기되고 땅은 도둑맞았다. 이는 유럽계 미국인이 행한 서부 개척과, 끝없이 반복되는 제국주의와 같은 이야기이다. 1954년 이래로 계속 코크웰 부족민은 그들 부족을 해체하려는 연방정부에 맞서 싸웠고, 1974년엔 부족의 지위를 복구하기 위한 작업에 착수하여, 마침내 1989년에 다시금 연방정부로부터 인정받는 부족이 되었다. 그들의 문화 재건은 수많은 '처음'들로 이뤄진 느린 과정이었다. 수십 년 만에 처음으로 연어를 구웠고, 조약이 깨지고 1954년 부족 지위를 박탈당한 이래 처음으로 부족의 땅을 획득했고, 한 세기 만에 처음으로 포틀래치를 열었고, 부족의 언어인 밀룩을 다시 배울 사람들을 처음으로 모았던 것이다.

부족이 경제적으로 자급자족하는 것이 이 복구의 목표 중 하나였고, '밀 카지노'는 경제 발전을 위한 몇 가지 사업 중 하나다. 코크웰 부족은 1990년대 초 폐쇄된 제재소를 사들여 도박장으로 바꿨다. 네온등이 휘황찬란하게 빛나고 블랙잭 테이블과 슬롯머신이 가득한 곳으로 말이다. 나는 '밀 카지노'가 전형적인 라스베이거스 느낌의 인파로 북적거리는 모습을 상상하기가 어렵다. 번지르르해 보이는 부자 관광객들이 희망에 부푼 노동계급 사람들이랑 뒤섞여 싸구려—혹은 어쩌면 값비싼—주말을 보내리라 상상하기가 어렵다. 어쨌든 이 카지노는 고속도로에서 두 시간이나 떨어져 있고, 네온사인이 빛나는 번화가나 반쯤은 주택가가 된 옥수수 밭에 있는 게 아니라 공장이 늘어서 있던 목재 항구에 위치해 있으니까. 내가 떠올릴 수 있는 그림은 와이어하우저에서 일하던 사람들이 죽치고 앉아서 맥주를 마시며 슬롯머신을 돌리고 추억에 잠겨 있는 모습, 때로는 다음 주에 식료품을 살 돈을 죄다 날려버리는 모습이다.

월마트나 최고 등급 보안 교도소보다 카지노가 벌목업과 어업에 의지하던 마을에 뭔가 더 실질적인 것을 제공할 수 있을까? 아마 아닐 거다. 하지만 밀 카지노에는 슬프고 달콤한 아이러니가 있다. 벌목 산업이 그 자신의 무게에 눌려 붕괴된 건, 백인이 믿었던 만큼 나무가 무한하지 않았기 때문이었다. 코크웰 부족민이 되살리려 투쟁하는 문화와 공동체는 애초에 나무와 땅과 물고기가 상품이라고 선언했던 바로 그 백인 세력에 의해 파괴된 것이다. 와이어하우저 제재소가 문 닫고 환경보호를 둘러싼 지저분한 싸움이 계속되는 가운데, 남겨진 백인 노동계급 사람들의 대다수는 좌절하고 분노하고 더 가난해졌다. 그 난장판 속에서 카지노가 생겨났다. 쿠스 베이에 사는 어떤 백인들에겐 카지노가 도의적 분노를 불러일으킨다. 휴가철에 일하는 다른 주민들에게 카지노는 희망을 불러일으킨다. 그리고 코크웰 부족민에게 카지노는 부족이 운영 주체인 코크웰 경제개발공사가 주도하는 경제 활성화 과정의 일부다. 이 회사의 웹사이트에 따르면, 회사의 사명은 "코크웰 부족의 현재와 미래의 행복에 기여하는 건강하고 경쟁력 있는 사업을 개발하고 운영하는 것"이다. 아무리 생각해봐도 밀 카지노는 나를 괴롭히는 문제에 대한 혁명적 해결책이 아니다. 하지만 그 카지노는 개벌을 둘러싼 복잡함에 딱 맞는 아이러니다.

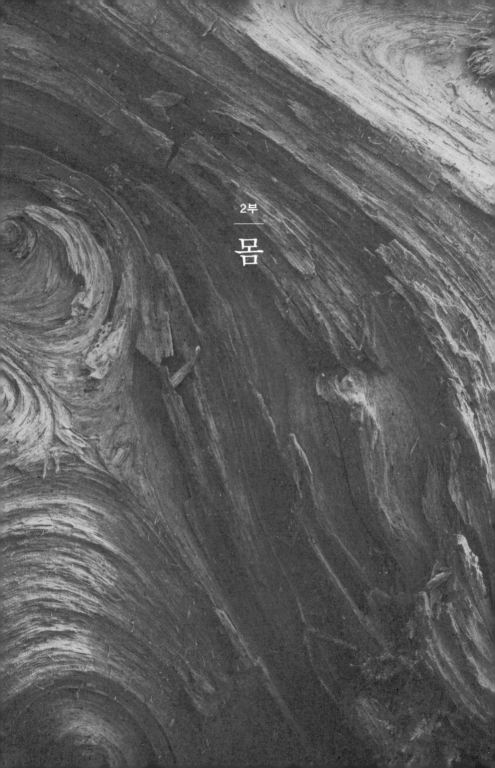

2부
___

몸

늦은 밤

당신의 몸, 긴 곡선을 따라 어루만질 때,

떨림이 살갗에 닿고, 그 안에 도달해,

그리고 난 조롱당하리라 예상했어, 그런데 당신은

내 손길 아래 고조되었지, 더 만져달라 간청하면서.

－「떨림Tremors」 중에서

＊

이 시는 일라이 클레어가 트랜스젠더 활동가인 새뮤얼 루리(Samuel Lurie)와 연애하면서 자신의 장애가 어떻게 관능적인 욕망의 대상이 될 수 있는지를 새로이 경험해가는 과정을 담고 있다. 선천적 뇌병변 장애인으로서 클레어의 오른손은 항상 떨렸고, 이 증세는 어린 시절부터 따돌림과 조롱의 표적이었다. 그런데 루리는 클레어의 떨리는 손이 자신의 몸에 닿는 감각을 관능적인 선물로 받아들인다. 클레어는 평생 수치심과 괴로움에 결부되어 있던 이 손상을 그 자체로 욕망하고 사랑받을 수 있는 개성으로 받아들일 가능성을 찾은 것이다. 그런데 이 시에 담은 경이로운 순간에서 더 나아가, 「얼빠진 듯 보기, 입 벌리고 보기, 빤히 쳐다보기(Gawking, Gaping, Staring)」(2003)에서 클레어는 이러한 가치 전환이 가능하려면 단지 연인의 말을 믿는 것 그 이상이 필요하다고 말한다. 장애인을 뚫어져라 쳐다보고 노골적으로 훑는 시선이 가득한 차별적 세상에선, 장애인 당사자가 마음을 달리 먹는다고 혹은 장애를 혐오하지 않는 애인을 운 좋게 만난다고 장애에 대한 낙인이 사라지는 것이 아니기 때문이다. 퀴어 페미니즘 장애학자 앨리슨 케이퍼(Alison Kafer)의 표현대로 장애인의 섹슈얼리티를 "손상에도 불구하고가 아니라, 그리고 손상 때문에 페티시즘적인 것이 아니라, 손상과의 관계 속에서 풍성하고 원기 왕성한 섹슈얼리티로 상상"하기 위해서는 장애에 대한 사회적 억압과 차별을 없애는 작업이 병행되어야 하는 것이다. Eli Clare, "Gawking, Gaping, Staring," *GLQ: A Journal of Lesbian and Gay Studies* 9.1(2003), pp. 257~261을 보라. 관련 내용이 앨리슨 케이퍼의 논문에 소개되어 있다. 앨리슨 케이퍼, 전혜은 옮김, 「욕망과 혐오: 추종주의 안에서 내가 겪은 양가적 모험」, 《여/성이론》 39호(2018), pp. 48~86.

프릭과 퀴어

1. 명명하기

핸디캡handicapped. 한 장애 여성이 길거리에 앉아 끼니를 구걸하고 있다. 도시가 성장하고 토지 기반 경제에서 산업 기반 경제로 이동하던 유럽과 미국에서, 우리는 이렇게 살아남았다. 우리는 손에 모자를 들고 있는caps in hand 거지였다. 우리 중 일부는 여전히 이런 방식으로 생존한다. 1989년 시애틀. 한 백인 남자가 철제 담장에 기대어 인도에 앉아 있다. 그는 위스키 냄새와 지린내를 풍기면서, 찢어진 옷으로 몸을 감싸고 있다. 그의 다리는 이쑤시개처럼 가늘고, 무릎은 안쪽으로 굽었다. 곁에는 목발 한 쌍이 비스듬히 놓여 있다. 동전이 반쯤 찬 스티로폼 컵이 그의 앞 인도 위에 놓여 있다. 뒤로는 퓨젓 사운드Puget Sound**가 펼쳐져 있고, 바닷물이 햇살에 반짝인다. 옆에는 여행객들이 북적거린다. 그는 그들의 시선을 잡아끌려고 고개를 힘겹게 든다. 손에 든 모자. **핸디캡.**[1]

**   '퓨젓 사운드'는 미국 워싱턴주 북서부에 있는 만(灣)이다.

장애인disabled. 도로의 추월 차선에서 오도 가도 못하고 있는 차는 무력하다disabled. 공공건물로 휘어져 들어가는 넓은 계단은 휠체어를 탄 남성을 무력하게 만든다disable. 그 단어는 명사(**장애인**the disabled 혹은 **장애가 있는 사람들**people with *disabilities*), 형용사(**장애인** *disabled* people), 동사(그 사고는 그녀를 **장애인으로 만들었다**the accident *disabled* her)로 사용된다. 이 모든 형식에서 그 단어는 '무능unable'을 뜻하지만, 우리의 무능력inability은 어디에 놓여 있는가? 우리의 몸은 오도 가도 못하는 차와 같은 건가? 혹은 장애는 사회적·물리적 환경 속에, 경사로 없는 계단에 존재하는 것인가? 나는 언어에 대해 생각한다. 나는 종종 비장애인nondisabled people을 유능한 몸able-bodied이라 부르거나, 공격적인 기분이 들 때면 **일시적으로** 유능한 몸이라 부른다. 그러나 비장애인 중심의 세계가 나를 뇌병변이 있는 사람으로 취급하는 방식을 묘사하기 위해 나 자신을 장애인disabled으로 부른다면, 그럼 나는 비장애인을 **능력이 부여된 자**enabled로 불러야 되는 거 아닌가? 그 단어는 비장애인으로 존재하는 조건이 비장애인의 몸에 있는 게 아니라, 그런 몸에 대한 세상의 반응에 있음을 드러낸다. 이건 그냥 언어의 의미를 가지고 노는 게임이 아니다.

불구자cripple. 다리를 절며 걷는 여성, 브레이스brace*를 사용하는 아이, 손이 비틀린 남성은 적대적인 비장애인 세계에서 매일 **불구**

---

* '브레이스'는 "사지나 체간 외부에 착용하여 교정 자세로 신체의 움직임을 유지하고 지탱해주는 정형외과적 장치이다. (…) 보조기라고도 한다"(국립특수교육원, 『특수교육학 용어사전』, 하우, 2009, 193쪽).

자란 말을 듣는다. 동시에 장애인 권리 운동에서 우리는 불구_{crip}** 문화를 창조하고, 불구 농담을 하고, 불구 유머라 부르는 감성을 알아본다. 낸시 메어스_{Nancy Mairs}는 이렇게 쓴다.

> 나는 불구자다. 나는 나를 명명하는 말로 이 단어를 사용한다. 사람들은—자신이 불구자든 아니든—**핸디캡**이나 **장애인**이라는 말과는 달리 **불구자**라는 말에 움찔한다. 아마도 나는 그들이 움찔하길 바라는 것 같다. 나는 그들이 나를 만만치 않은 상대로 보길 바란다. 운명/신/바이러스가 친절하게 대해주지 않은 사람이 아니라, 자신의 실존의 잔혹한 진실을 똑바로 직면할 수 있는 사람으로. 불구자로서, 나는 의기양양하게 거리를 활보한다.²

절름발이_{gimp}. '절뚝거리다_{limp}'라는 뜻의 은어. '**다리가 불편한**_{gammy}'이라는 단어에서 유래한 **절름발이**는 18세기 부랑자들이 위험하거나 환영받지 못하는 장소를 가리키기 위해 자기들끼리 쓴 말이다. 거리를 돌아다니는 부랑자들끼리 얘기를 전했다. "저기는 가지 마. 거긴 다리가 불편해." 내부자 용어, 부랑자 연대. 그리고 몇 세기가 지난 오늘날 한 장애인이 다른 장애인에게 인사한다. "이봐 절름발이, 어떻게 지내?" 내부자 용어, 절름발이 연대.

지진아_{retard}. 나는 일찍이 언어가 몸을 멍들게 할 수 있다는 걸

**   '불구(crip)'의 의미와 번역에 대해서는 「옮긴이 후기」 300~303쪽을 보라.

배웠다. 나는 **지진아**란 소리를 너무 자주 들었다. 그 말은 의사, 급우, 이웃, 선생, 거리에서 선의를 표하는 낯선 사람들의 입에서 흘러나왔다. 사람들이 내 말을 이해할 수 있게 되기 전 여러 해 동안, 그들은 대체로 나를 '정신지체mentally retarded'로 여겼다. 내가 학교에 다니기 시작했을 때, 선생들은 내가 '특수학교'에 가길 바랐다. 그때 나는 책과 아이디어로 가득 차 있고 어법에 맞는 영어를 쓰는 집에 살았던 백인 아이이자 마침내 말하는 법을 배운 장애아였고, 내 부모는 선생들에게 내가 지능지수 검사를 포함한 일련의 진단 검사에서 좋은 점수를 받았다고 주장했다. 그들은 내가 '일반' 학급 1학년에 다니도록 했다. 나는 그 검사 결과가 옳다는 걸 증명하기 위해 더 많이 공부했다. 여전히 나는 운동장이나 거리에서 **지진아, 원숭이, 모자란 애**defect였고, 그 말들은 돌멩이나 고무지우개와 함께 내 몸에 퍼부어졌다. 심지어 집에서도 그 말들이 메아리쳤다. 내 아버지는 내게 몇 번이고 **원숭이**처럼 걷지 말라는 말을 했다. 내 어머니는 나의 타고난 **모자람**에 대해 자주 얘기했다. 말은 돌멩이나 고무지우개보다 더 쉽게 내 몸을 멍들게 한다.

　　다른 능력을 가진differently abled, **신체적으로 어려움을 겪는**physically challenged. 우리가 언어의 잔인함에서 받을 충격을 완화해주고 싶어 하는 비장애인들은 이런 완곡어법을 고안해냈다. **불구자**란 단어를 선택한 이유를 설명하는 글에서 낸시 메어스는 이렇게 쓴다.

　　다른 능력을 가진 사람이라는 단어는 (…) 어떤 국가를 칭하는 단어가 **미개발**undeveloped 국가에서 **저개발**underdeveloped 국가로, 그다음에는 **덜 개발된**less developed 국가로, 그리고 마침내 **개발도상** developing 국가로 변할 때와 같은 의미론적 희망을 품고 있다. 그렇게 바뀌는 동안 그런 나라에 사는 사람들은 계속해서 굶어 죽는다. 어떤 현실은 언어의 명령에 복종하지 않는다.[3]

다른 능력을 가진 사람은 **장애인**, **핸디캡**, **불구자**에 비해 단지 말하기 더 쉽고, 생각하기 더 쉬운 단어일 뿐이다.

프릭freaks.[*] 내가 내 사전을 아무리 꽉 붙들어도, 단어의 정의는 자꾸 미끄러지고, 절반의 이야기만 전해줄 뿐이다. 나는 여기서 멈춰야 한다. **프릭**은 나로 하여금 명명命名에 대해 생각하게 한다.

핸디캡, 장애인, 불구자, 절름발이, 지진아, 다른 능력을 가진 사람. 나는 이 단어들이 각각 나와 어떤 관계를 맺고 있는지를 이해한다. 나는 **핸디캡**을 비웃는다. 나는 그 단어가 자식의 뇌성마비를 몹시 부끄러워하고 필사적으로 치료법을 찾으려 들었던 내 부모가 나를 설명하기 위해 특별히 고안해낸 말이라고 믿으며 자랐다. 나는 이 비장애 중심적인 세계가 불구자와 절름발이에게 하는 짓을 명명하는 형용사로 **장애**란 단어를 사용한다. **불구자**는 나를 움찔하게 만든다. 그 말은 초등학교 운동장에서 막대기와 돌멩이랑 같이 날아오는 경우가 많았지만, 나는 불구 유머를, **불구자**를 자긍심의 말로

---

[*]　'프릭(freak)'의 의미와 번역에 대해서는 「옮긴이 후기」 303~304쪽을 보라.

바꾸는 대담함을 사랑한다. **절름발이**는 아이러니와 이해심이 가득한 친구 같은 노래를 부른다. 다른 한편 **지진아**는 날카로운, 너무나 날카로운 칼로 매순간 피를 흘리게 한다. 제대로 된 세계에서라면 아마도 장애인은 **다른 능력을 가진 사람**일 것이다— 책과 잡지에 점자와 음성 녹음판이 있는 게 당연하고, 청인聽人*이 수화를 쓰는 게 당연한 세계. 모든 학교에서 장애인과 비장애인의 통합교육이 이루어지고, 보건 의료가 무료로 누구에게나 보장되는 세계. 보편적 접근이란 말이 정확하게 그 말뜻 그대로인 세계. 장애인이 집이나 장애인 수용 시설에 감금되지 않고, 보호 작업장sheltered employment**으로 밀려나지 않고, 저임금에 노동 착취를 당하지 않는 세계. 그러나 지금과 같은 세계에선, **다른 능력을 가진, 신체적으로 어려움을 겪는 사람**은 희망 사항에 지나지 않는 거짓을 말하는 단어다.

핸디캡, 장애인, 불구자, 절름발이, 지진아, 다른 능력을 가진 사람, 프릭. 나는 여기서 멈추게 된다. '프릭', 나는 이 말을 잘 모르겠다. 그 말은 나를 동요시킨다. 나는 그 말을 전혀 좋아하지 않으며, 정치적으로 의식화된 몇몇 장애인처럼 내가 그 말을 사용하는 걸 상상할 수 없다. 하지만 나는 **프릭**이 **퀴어**나 **불구자** 같은 단어만큼 쓰기

---

* '청인'은 청력의 소실이 거의 없는 사람을 가리키는 말이다.
** '보호 작업장'은 '보호 고용'이라고도 쓰며, 특수교육학에서 정의한 바에 따르면 "장애의 성질이나 정도가 심해 일반 작업 조건하에서 노동이 어려운 장애인에게 분리된 작업 환경을 마련해주고 취업 기회를 보장하기 위한 특별 배려의 고용 형태"를 뜻한다. 그러나 장애 활동가 및 학자들은 이런 제도가 장애인과 비장애인의 일터를 분리하여 장애인이 비장애인의 영역에 들어갈 수 없도록 배제하는 차별적 기능을 띤다는 점을 비판해왔다.

쉬운 말이 되길 바란다.

불구자처럼 **퀴어**는 내가 나 자신과 내 공동체들에 속한 다른 이들을 기술하기 위해 사용하는, 아이러니하면서도 진지한 단어이다. **퀴어**는 내가 누구인지에 대해, 다이크로서 내 삶에 대해, 내가 지배문화와 맺는 관계에 대해 많은 걸 알려준다. 물론 스톤월 항쟁 이후 10년도 더 지나서, 정치적으로 의식화된 도시 다이크 공동체에서 커밍아웃을 한 나에게 **퀴어**는 언제나 쉬운 단어였다. 나는 그 단어가 품고 있는 저항적인 날카로움과 편안한 내적 진실을 몹시 좋아한다. **퀴어**는 내게 속한다. **불구자** 역시 여러 동일한 이유로 내게 속해 있다. **퀴어**와 **불구자**는 사촌관계다. 충격을 주는 단어, 자긍심과 자기애를 불어넣는 단어, 내면화된 혐오에 저항하는 단어, 정치를 구축하도록 돕는 단어. 많은 게이, 레즈비언, 바이, 트랜스가 **퀴어**란 단어를, 많은 장애인이 **불구자** 혹은 **불구**_cripple or crip_란 단어를 기꺼이 선택했다.

프릭은 얘기가 다르다. **퀴어**와 **불구자**와는 달리, 내가 속한 공동체들에서 그 단어는 널리 받아들여지지 않았다.[4] 나는 **프릭**의 날카로움에 상처받고 겁이 난다. 그 단어는 **퀴어**와 **불구자**를 지나치게 멀리 데려간다. 그 단어에는 좋은 느낌이나 해방감이 들지 않는다.

단어들의 이런 풍성함, 그리고 이런 단어들이 주변화된 사람들이나 정치적인 공동체들과 맺는 다양한 관계는 나를 매혹시킨다. 어떤 단어들이 받아들여지고 어떤 단어들이 그렇지 않은가? 그리고 왜 그러한가? **퀴어**는 되지만 **변태**_pervert_는 안 된다. **불구자**는 되고,

가끔 **프릭**도 되지만, **지진아**는 안 된다. 주변화된 사람들을 구타하고 괴롭히는 데 쓰이는 추하고 모욕적인 단어들, 즉 인종차별적·성차별적·계급차별적·장애인차별적·동성애 혐오적인 비방의 언어 대부분이 그렇듯이, **변태**와 **지진아**는 상처와 쓰라림, 분노, 그리고 자기혐오를 떠올리게 하는 것들로 가득 차 거의 터질 지경이다.[5] 나는 LGBT 공동체와 장애인 공동체 각각이 과연 그런 단어들이 우리 것이라고 주장할는지 의심스럽다. 반면 **불구자, 퀴어**, 그리고 **프릭**은 경계 지대에 놓인 단어다. 우리 중 어떤 이들에게 그 단어들은 너무도 큰 비통함을 준다. 다른 이들은 그 단어들을 환희와 자긍심으로 선택한다. **퀴어**와 **불구자**는 나의 언어지만, **프릭**은 아니다. 그리고 나는 그 이유를 알고자 한다. 그 단어가 대체 무엇이기에 그럴까? 불쌍하고 망가진 몸이란 뜻을 함축하는 **불구자**와, 그 정의상 정상성과 비정상성이라는 구분을 휩쓸어 지워버리는 **퀴어**는 담고 있지 않은 어떤 쓰라림을, 어떤 고통을 프릭이란 단어는 담고 있는 걸까? 나는 역사라 불리는 실을 잡아당겨 **프릭**을 풀어내고자 한다.[6]

2. 프릭 쇼

정상성에서 벗어난 사람들을 프릭으로 범주화한 역사는 먼 옛날 서구 문명까지 거슬러 올라간다. 궁정 광대, 애완 난쟁이, 르네상스 시대 영국의 인간 전시회, 거인과 미노타우로스와 괴물들에 관한 신화는 모두 이 기나긴 역사를 보여주며, 이는 1800년대 중반에서 1900년대 중반 사이 정점을 찍는다. 그 세기 동안 프릭은 커다란 오락거리였고 거대 산업이었다. 프릭 쇼freak show는 미국으로 건너왔고, 사람들은 서커스, 카니발, 그리고 상점 앞에 딸린 공간에서 펼쳐지는 싸구려 구경거리로 모여들었다. 그들은 '프릭', '야만인', '괴짜'를 얼빠진 듯 쳐다봤다. 그들은 배우고 즐기고 흥분하고 혐오스러워하기 위해서 왔다. 그들은 정상과 비정상, 우월함과 열등함에 대해 갖고 있던 자신의 생각, 자신의 자아 감각을 확인받고 강화하기 위해 왔다. 그리고 얼빠진 듯 쳐다봤다. 그러나 그들이 쳐다본 건 과연 누구였는가? 나는 여기서부터 출발하고자 한다.

돈을 낸 이 소비자들—서커스 용어로 **시골뜨기**rube—이 무엇을 믿든 간에, 그들이 빤히 쳐다보고 있었던 건 타고난 그대로의 프릭이 아니었다. 오히려 프릭 쇼는 뿌리 깊은 문화적 믿음뿐만 아니라, 퍼포먼스와 날조까지 활용하면서 공들여 계산하여 만들어낸 사회적 구성물에 관한 이야기다. 이 구성물의 중심에는 흥행사가 있다. 흥행사는 맞춤 제작, 상연, 정교하게 지어낸 과거사, 마케팅, 안무를 활용하여 특정 사람들을 프릭으로 바꿔버렸다. 그 사람들은 네 개의 집단으로 나눠볼 수 있다. 첫째, 백인이든 유색인이든 장애인. 그들은 팔 없는 불가사의, 개구리 남자, 거인, 난쟁이, 핀헤드PinHeads,* 낙타 소녀, 보르네오의 야만인이나 그 비슷한 것이 되었다. 둘째, 전 세계 식민지에서 미국으로 팔려왔거나, 설득당했거나, 강요당했거나, 납치당한 비장애 유색인. 그들은 식인종과 야만인이 되었다. 셋째,

---

* '핀헤드'는 머리가 핀의 머리처럼 작은 소두증을 가리키는 말이다. 관련 이미지는 로즈메리 갈런드-톰슨, 『보통이 아닌 몸』, 97쪽, 〈그림 6〉을 참조하라.

미국에 살던 비장애 유색인. 그들은 이국적인 미개척지에서 온 원주민이 되었다. 넷째, 수염 난 여성, 뚱뚱한 여성, 비쩍 마른 남성, 문신으로 뒤덮인 사람, 인터섹스intersex* 등 눈에 띄는 특징이 있는 비장애인. 그들은 불가사의하고 소름끼치는 전시품이 되었다. 문화비평가이자 장애이론가인 로즈메리 갈런드-톰슨은 때로는 겹쳐지는 이들 집단 간의 차이가 모조리 뒤섞였다고 주장한다.

아마도 프릭 쇼의 가장 두드러진 효과는 매우 다양한 몸들 사이의 뚜렷한 차이를 삭제하여, 타자로서의 프릭이라는 단 하나의 기호 아래 그들을 융합했다는 점일 것이다. (…) 다르게 보이거나 지배 질서에 위협적이라고 간주된 모든 신체적 특징은 프릭 쇼 무대에서 신체적 차이를 잡다하게 마구 섞어놓은 일종의 합창이 되었다. (…) "피지의 식인종"으로 홍보된 유색인 비장애인은 "다리 없는 불가사의"라 불린 유럽계 미국인인 지체장애인에 상응했다.[7]

많은 시골뜨기들이 보기에, 특히 백인이나 비장애인 혹은 그 둘 모두에 해당하는 이들에게, 프릭 쇼는 아마도 차이와 타자성이 뒤섞여 들끓는 하나의 커다란 도가니였을 것이다. 동시에 프릭으로 일했던 사람들이 속한 다양한 집단 간 차이는 프릭 쇼를 온전히 이해하는 데 여전히 중요하다. 그러나 그 차이가 무엇이든 간에, 네 집단은

* '인터섹스'에 대해서는 「옮긴이 후기」 312쪽을 보라.

모두 한 가지 공통점을 갖고 있었다―그들을 프릭으로 만든 건 자연이 아니라는 점이다. 그들을 프릭으로 만든 건 바로 프릭 쇼였다. 프릭 쇼는 신중하게 '정상'과 타자 사이의 차이를 과장하여 구성했고, 그 구분은 기꺼이 많은 돈을 지불하고 구경하는 시골뜨기들에 의해 유지되었다.

하이럼 데이비스와 바니 데이비스Hiram and Barney Davis는 관객을 위해 거친 퍼포먼스를 벌였다―무대에서 물어뜯고, 으르렁거리고, 횡설수설해대면서 말이다. 그들을 전시하면서 함께 판매한 전단지는 "보르네오의 야만인, 와이노와 플루타노에 관해 우리가 아는 것"을 꾸며내어 장황하게 설명했다. 실제로는 하이럼과 바니는 오하이오의 이주 농가 출신인 백인 인지장애인 형제였다. 그들의 어머니는 끈질긴 흥행사의 제안을 여러 번 거절한 끝에, 결국 금과 은을 가득 채운 대야를 받고 그들을 팔았다. 무대 밖에서 하이럼과 바니는 조용하고 겸손한 남자들이었다. 한 사진에서 그들은 매니저인 핸퍼드 라이먼Hanford Lyman 옆에 서 있다. 그들의 머리카락은 어깨 아래까지 내려와 있다. 그들은 깔끔하게 정돈한 염소수염을 자랑스레 내보인다. 하이럼은 손을 앞에 모으고 있다. 바니는 자기 엉덩이에 손을 얹었다. 그들은 카메라를 부드럽게 똑바로 응시하고 있다.

앤 톰슨Ann Thompson은 팔 없이 태어난 백인 여성으로, "팔 없는 불가사의"의 행세를 했다. 그녀는 무대에서 사인해주고 기념품으로 사진을 팔았다. 발가락으로 "이제 당신도 이 말이 진리라는 걸 알겠죠. 손이 없으면 발가락으로 하면 돼요"라든가, 보다 경건하게 "나태함과 편리함은 정신을 녹슬게 한다" 같은 말을 써주면서 말이다. 앤은 돌아다니면서 자기 사진과 싸구려 장신구랑 같이 그녀의 자서전도 팔았는데, 여기서 그녀는 자신을 존중받을 만한 독실한 숙녀로 표현했다. 한 사진에서 그녀는 남편과 아들 곁에 앉아 있는데, 그들 모두 격식을 차린 빅토리아 시대 정장을 입고 있다.

윌리엄 존슨William Johnson은 뉴저지에서 온 인지장애가 있는 아프리카계 미국인이었는데, "저게 뭐지?", "잃어버린 고리", "원숭이 인간"이 되었다. 그는 털북숭이 유인원처럼 입었고, 정수리에 약간의 머리털만 남기곤 모조리 빡빡 밀었고, 정글을 배경으로 걸어 놓고 포즈를 취했다. 뉴욕시에 있는 'P. T. 바넘P. T. Barnum의 미국 박물관'의 흥행사들은 윌리엄을 "가장 독특한 동물"로 묘사했다. "비록 인간과 짐승 양쪽의 특질과 특성을 많이 갖고 있긴 하나, 분명히 그 어느쪽도 아니다. 하지만 외관상으론 인간과 짐승 둘 다가 섞인 잡종이다—인류와 네발짐승 사이의 연결 고리."8 비록 윌리엄이 프릭 쇼에 어떻게 오게 됐는지는 알려지지 않았지만, 아마도 바넘은 그를 어린 나이에 데려왔을 거고 처음엔 공연을 강제로 시켰을 것이다. 하지만 80대에 자택에서 숨을 거뒀을 때 그는 부유하고 유명한 남자였고, 그의 동료들에 따르면 "프릭들의 단장님"으로 불렸다.

찰스 스트래튼Charles Stratton은 코네티컷에서 온 노동계급 출신의 키 작은 사람—의학적 전문용어로는 **왜소증**dwarf—으로, 프릭 쇼에선 "엄지장군 톰"으로 일했다. 그는 휘황찬란한 정장을 완벽히 갖춰 입고, 조랑말이 끄는 미니어처 마차에 타고, 세계 전역의 부유하고 유명한 사람들을 만나고 다니는 유럽 귀족 역할을 맡았으며, 그 과정에서 자신도 부자가 됐다. 찰스와 프릭 쇼에서 함께 일했던 키 작은 여성인 머시 러비니아 워런 범프Mercy Lavinia Warren Bump가 사랑에 빠져 결혼하기로 결심했을 때, P. T. 바넘은 흥행사가 하던 가락으로 사치스럽게 그들의 결혼식을 거대한 대중적 볼거리로 만들었다. 그 쇼는 성공적이었다. 2000명이 결혼식에 참석했고, 《뉴욕 타임스》는 신문 전면을 할애해 이 이야기를 실었는데 표제는 "사랑에 빠진 소인국 사람들Loving Lilliputians"이었다. 찰스와 머시는 자기네 역할을 맡아 연기했고, 그로써 얻은 명성을 또 다른 유럽 순회공연을 위한 도약판으로 삼았다.

입술에 구멍을 뚫어 커다랗고 무거운 장신구를 매단 콩고인 남성 두 명과 여성 열세 명은 서커스 중개상 루트비히 베르고니어Ludwig Bergonnier에게 팔려 아프리카에서 미국까지 배로 실려 왔다. '링링 형제 서커스Ringling Brothers Circus' 프릭 쇼의 광고 포스터는 그들이 "진짜 괴물 입을 가진 우방기Ubangi* 야만인, 아프리카의 가장 깊고 어두운 곳에서 온 세상에서 가장 기이하게 사는 인간"이라 장담했다. 여성들은 마대 자루로 만든 치마만 입도록 강요당했다. 남성들에겐 아랫도리에 걸치는 샅바 하나만이 주어졌고 창을 들고 있게 했다. 우방기는 아프리카 지도에서 무작위로 뽑은 이름이었고, 이 사람들이 실제 살던 곳과는 아무런 관계가 없었다. 그들의 진짜 이름

---

* '우방기'는 중앙아프리카에 있는 강 이름이다.

이 무엇이고 실제 조국이 어디인지는 알려져 있지 않다.

데이비스 형제, 톰슨, 존슨, 스트래튼, 오늘날 이름이 알려지지 않은 아프리카 남성과 여성들은 유아 때부터 프릭으로서 세계 속으로 미끄러져 들어온 게 아니었다. 그들은 프릭으로 만들어졌다. 즉 쇼를 연출해서 돈을 벌기 위해 사회적으로 구성된 것이다. 이러한 구성은 '프릭'과 그 매니저들의 흥행사 기질에만 의존한 게 아니었다. 거기엔 프릭을 얼빠진 듯 쳐다보고 싶어 한 시골뜨기들의 열망, 그리고 비장애 중심주의와 인종차별주의가 활용됐다. 비장애 중심주의와 인종차별주의는 백인 장애인, 유색인 장애인, 유색인 비장애인이 프릭으로 이행할 수 있게 만들었다. 이 한 쌍의 억압적 이데올로기가 없었다면, 모든 장애인과 모든 유색인에게 따라붙는 혐오와 공포, 그리고 자신의 정상성을 측정할 수 있는 척도로서의 타자를 만들어내려는 욕망이 없었다면, 그 누가 윌리엄 존슨이 다윈의 잃어버린 고리이고, 바니 데이비스가 보르네오에서 온 야만인이며, 앤 톰슨이 팔 없는 불가사의라는 걸 단 한 순간에라도 믿을 수 있었겠는가?

앤, 당신은 당신의 남편과 아들과 함께 있는 그 사진에서, 당신이 코바늘로 뜬 십자 무늬 양탄자에 앉아 있죠. 흥행사들은 당신의 솜씨를 갖고 소란 떨었죠. 하지만 당신은 프릭 쇼에서 쓸 묘기로 뜨개질을 배웠나요? 아니면 당신은 당신이 살던 시대의 다른 많은 여성들이 그랬던 것처럼, 그저 단순히 필요해서 또는 소일거리로 바느질과 뜨개질을 하고 자수를 놓고 코바늘뜨기를 했던 건가요?

이러한 비장애 중심주의와 인종차별주의의 맥락 안에서, 프릭 쇼에서 일했던 사람들이 그저 피해자로만 살았던 건 아니다. 상당수 '프릭'은, 특히 인지장애인이 아니거나 아프리카, 아시아, 중남미, 태평양 군도, 카리브해 지역 등지에서 미국으로 팔려온 경우가 아닌 사람들은, 스스로 자기 연기와 전시를 관리했고 수익성 있는 쇼를 만들기 위해 자기 매니저들과 함께 일했다. 그들 중 상당수는 남부럽지 않은 삶을 살았다. 찰스 스트래튼과 머시 러비니아 워런 범프, 윌리엄 존슨 같은 몇몇은 심지어 부자가 되었다. P. T. 바넘이 사업 실패로 전 재산을 잃었을 때, 반쯤 은퇴했던 스트래튼은 다시 한 번 더 수익성 좋은 유럽 순회공연에 가는 데 동의함으로써 바넘을 구원했다. 1900년대 중반에 일했던 결합 쌍둥이인 바이올렛과 데이지 힐턴Violet and Daisy Hilton 자매 같은 이들은 자신이 알아서 매니저 일까지 했고, 범프와 그녀의 '소인국 오페라 컴퍼니Lilliputian Opera Company' 같은 이들은 자기만의 공연 집단을 만들어서 싸구려 전시장이나 순회 유랑극단 회사에 고용되었다. 달리 말하자면 백인 비장애인인 프릭 쇼 소유주와 매니저들이 '자신들의 프릭'을 착취하기만 한 건 아니었다. 그 두 집단은 관객을 속이기 위해, 잘 속는 시골뜨기에게서 돈을 뜯어내기 위해 결탁하기도 했다. 프릭 쇼의 하위문화 속에서 시골뜨기들은 착취당하는 피해자로 여겨졌다—노골적으로 속고, 고작 싸구려 장신구에 터무니없는 돈을 지불하고, 소매치기당하고, 또는 그저 매표소에서 거스름돈을 잘못 받거나 하는 이들로 여겨졌던 것이다.

찰스, 여기 영국 여왕을 방문한 동안 찍은 당신 사진이 있어요.

당신은 미니어처 칼을 차고 푸들 한 마리와의 싸움을 공연하고 있어요. 당신 아내인 머시는 당혹스러움과 분노에 대해 썼어요. 대선후보 스티븐 더글러스Stephen Douglas에 대해 그녀는 이렇게 기억해요. "그는 나를 다시 봐서 너무도 기쁘다고 했다. 그리고 내가 그 앞에 섰을 때, 그는 내 손을 잡고 나를 자기 쪽으로 끌어당긴 다음 몸을 굽혀 내게 키스했다. 나는 반사적으로 뒤로 물러섰고, 내 얼굴에 홍조가 퍼져나가는 걸 느꼈다. 내가 아이가 아니라는 걸 사람들에게 단번에 이해시키기란 불가능해 보였다."[9] 당신은 그 푸들과 대면했을 때 그녀와 같은 당혹감과 분노를 느꼈나요? 아니면 그 곡예를 꾸며내면서 당신은 바넘이랑 같이 오랫동안 배를 잡고 웃었나요?

· — · — ·

착취에 관한 문제들은 복잡하게 얽혀 있다. 단순한 해답은 쉽게 무너진다. 로버트 보그던Robert Bogdan은 그의 역사서 『프릭 쇼Freak Show』에서 자신이 프릭 쇼 매니저 워드 홀Ward Hall에게서 받은 편지를 인용한다. "나는 여러 해 동안 프릭들을 전시했고, 그들을 착취했어요. 이제 당신이 그들을 착취하려 하는군요. 작가와 언론 매체가 프릭 쇼 사업자와 다른 점은, 우리는 그들에게 돈을 지불했다는 겁니다." 보그던은 이렇게 논평을 단다. "홀은 **착취**란 단어를 농담으로 쓴 것이다. 그는 자신이 그들을 착취했다고 생각하지 않는다. 그는 괴상한 사람들로 이뤄진 그의 공연단과 계약서까지 갖추고 비즈니스 관계를 맺었다. 그의 생계는 그들에게 달려 있었고, 그들의 생계는 그에게 달려 있었다. 그는 선한 일을 하는 체하지 않았다."[10] 비록 보그던이 프릭들의 사회적 구성을 연대순으로 놀랍도록 상세하게 기록하고, 프릭 쇼에서 일했던 사람들을 수동적인 피해자로 놓는 걸 거부하지만, 내 생각에 그는 착취란 문제에 대해선 단순한 해답에 이르렀던 것 같다.

프릭으로 일했던 사람들에 대한 홀의 착취는 비장애 중심주의와 인종차별주의를 중심축으로 돌아가진 않았을 거다. 어쩌면 그가 장애인과 유색인에 대한 공포와 혐오 때문에, 어떤 내적인 심리적 이유와 법으로 보장된 실제적 특권이란 외적 조건 때문에 그렇게 행동한 건 아닐 수도 있다. 그리고 또 한편으론, 어쩌면 그래서 행동한 게 맞을 수도 있다. 하지만 분명한 건 프릭 쇼로부터 이득을 얻었던 모든 사람들처럼, 그가 비장애 중심주의와 인종차별주의를 이용해서 이득을 취했다는 점이다. 백인 비장애인인 사업가가 억압을 이런 식으로 활용하는 것은 일반적이고, 우려스러우며, 결국은 용납할 수 없는 짓이다. 홀은 편지에서 노골적으로 자신을 자기 노동자들을 착취하는 사업 책임자로 묘사하면서, 프릭 쇼를 자본주의의 맥락으로 가져다 놓는다. 보그던은 "홀은 선한 일을 하는 체하지 않았다"고 쓰면서 에둘러서 홀을 변호하고 있다. 하지만 영리 사업가들이 언제부터 자기 노동자들을 통해 진짜 선한 일을 하는 척을 했단 말인가? 이득을 내는 과정에서 부산물로 선행을 하게 될 수도 있지만, 그건 단지 부산물일 뿐이다. 홀이 인종차별주의자 백인이자 비장애 중심주의로 무장한 비장애인으로서 행했다기보다는 (혹은 그렇게 행했을 뿐만 아니라) 사업 책임자로서 행동했기 때문에, 그만큼 덜 착취적인가?

프릭 쇼에서의 착취에 대해 어떤 식으로든 평가하고자 한다면, 홀과 "괴상한 사람들로 이뤄진 그의 공연단"이 시골뜨기들을 착취하는 데 공모했다는 점도 포함해야 한다. 때로 이러한 착취는 시골뜨기는 뭐든 다 믿을 거고 그들이 단지 속이기 쉬운 멍청이라는 불합리한 감각 속에서 이루어졌다. 또 때로는 그 착취란 그저 순수한 도둑질이었으며, 작은 쇼는 시골뜨기의 돈을 훔치기 좋은 상황을 만들기 위한 것이었다. 하지만 관객을 그저 피해자로만 조명하는 건, 프릭 쇼가 실제로 백인과 비장애인의 우월감과 행복감을 어떻게 북돋았는지를 무시하는 것이다. 프릭은 언제나 시골뜨기의 정상성과 프릭의 비정상성 사이에 인지되는 간극에 기대어 사회적으로 구성되었다. 당연히 그 정상성은 백인과 비장애-신체라는 조건으로만 배타적으로 정의되었다.

착취의 복잡성은 층층이 쌓인다. 백인과 비장애인은 수익을 뽑아내기 위해 인종차별주의와 비장애 중심주의를 활용했다. 프릭 쇼 매니저와 소유주들은 사업 책임자였고, 그러한 위치에서 자기 노동자들, 프릭으로 일했던 사람들에게 권력을 행사했다. 사업가와 노동자는 함께 의식적으로 관객을 조종했다. 바로 그 관객은 본인의 자아 이미지를 강화하기 위해 그 수많은 거짓말을 기꺼이 활용했다. 이 미로처럼 복잡한 관계를 고려해볼 때, 나는 프릭 쇼에서의 착취가 어쨌든 존재했다면 정말 심각한 건 아니었을 거라는 평가를 받아들이기 어렵다. 오히려 나는 그 착취가 여러 방향에서 영향력을 행사했던 거라고 믿는다.

프릭으로서 일한다는 건 결코 존중받고 자유로운 환경에서 일한다는 의미가 될 수 없었다. 하지만 1800년대 중반에 장애인에게 진정으로 존중받고 자유로운 일자리라는 선택지는 없었다. 그들은 거리에서 구걸할 수 있었다. 그들은 빈민구호소에서 살아남을 수 있었다. 사회개혁가 도러시아 딕스Dorothea Dix의 지적에 따르면, 빈민구호소에서 정신적으로 아픈 사람과 발달장애인들은 "쇠창살 우리, 벽장, 지하실, 마구간, 가축우리에서 살았다! 벌거벗겨져 사슬에 묶이고, 회초리로 맞고, 복종하라고 후려갈겨지면서."[11] 그들은 닫힌 문 뒤에서라면 가족과 함께 살아갈 수 있었다. 윌리엄 존슨을 생각해보자. 흑인이고 인지장애인이며 살아 있는 가족도 한 명도 없었기에, 그에게 선택지는 거의 없었다. P. T. 바넘이 찾아낸 윌리엄의 상대 여성도 여자판 "저게 뭐지?"로 전시되었는데, 그녀는 옥외 변소에 버려져 똥으로 뒤덮인 채 죽도록 방치되었다. 이런 세상에서, 프릭 쇼가 거리와 빈민구호소와 옥외 변소와 나란히 존재하는 세상에서, "프릭들의 단장님"으로서의 윌리엄의 위치는 비록 여러 가지 면에서 비인간적이긴 하나 그렇게까지 나쁘게 보이진 않는다.

윌리엄, 전시가 끝난 뒤에, 시골뜨기들이 집으로 돌아간 후에, 당신과 당신 친구들은 무대 뒤에 모여 파티를 벌였나요? 위스키 병을 돌리고 또 돌리면서? 당신은 당신이 치던 사기에서 빠져나와서 우스꽝스럽게 쨱쨱거리는 노래를 부르는 걸 좀 더 즐겼나요? 아니면 당신은 가만히 앉아서 웃느라 숨이 가빠질 때까지 이어지는 농담을 들었나요?

여러모로 프릭으로 일하기는 성매매 종사자로 일하기와 비슷했다. 문화 노동자이자 노동계급 학자인 조애나 카디Joanna Kadi는 이렇게 쓴다. "좌파 노동계급 분석은 (…) 성매매를 자본주의 맥락 안에 놓는다(**진짜** 형편없는 직업 하나 더 추가요). 생존한 여성들을 찬미하고, 이해하려 하진 않으면서 비난하는 중산층의 도덕주의적인 태도를 조롱하고, 여성들의 이야기와 관점을 중계한다."[12] 이와 동일한 이론적·정치적 인식틀로 프릭이란 직업을 검토해볼 수 있다. 확실히 프릭으로 일하기는 형편없는 직업에 종사하는 것을 의미했다. 많은 경우 그 일은 적대적인 비장애 중심적·인종차별적 세계에서 **유일하게** 구할 수 있는 일자리였다. 어떤 경우엔 다른 일보다 더 형편없는 일이기도 했다. "우방기 야만인"을 연기했던 아프리카인 여성과 남성들은 그들이 파는 사진 한 장마다 5센트짜리 동전 하나 말고는 아무것도 받지 못했다. 반면 그들의 매니저인 루트비히 베르고니어는 "그의 전시품"을 링링 형제 서커스에 대여해주곤 일주일에 1500달러를 벌었다. 이와는 대조적으로 찰스 스트래튼은 부자가 되어 말 목장과 요트를 소유했다. 윌리엄 존슨 같은 다른 이들은 프릭 쇼에서 일했던 사람들의 공동체를 세웠다.

역사책에 당신 이름은 없고, 그저 "우방기 야만인"이라는 이름으로만 남았죠. 당신은 밤마다 서커스 천막 주변을 행진했어요. 끈적끈적한 공기가 당신의 헐벗은 피부에 달라붙고, 까끌까끌한 마대자루가

당신의 피부를 덮었고요. 당신은 베르고니어를 미워하게 됐나요?

프릭으로 일했던 사람들은 자기 직업을, 자기 삶을 뭐라고 생각했을까? 나는 그들의 이야기를 듣고 싶다. 하지만 다른 주변화된 사람들이 그렇듯 그들의 이야기는 대개 전혀 들리지 않았고, 오히려 생존을 위해 일상을 갈아 넣는 가운데 잡아먹히고 내던져지고 소실되었다. 그들 중 일부는 읽거나 쓰는 법을 몰랐고, 이는 그들의 특수한 장애나 그들 삶의 물질적/사회적 환경 탓이었다. 또는 다른 나라에서 여기로 끌려온 많은 사람들처럼, 그들은 영어로 말하지 못하거나 글을 통해 이야기를 전달하는 문화권에서 오지 않았거나 혹은 두 경우 모두에 해당했다. 프릭 쇼에서 일했던 사람들 중 소수는 자서전을 썼지만, 이런 팸플릿이나 책은 전체 쇼 제작의 일부였고 전단지나 사진과 같이 팔렸다. 이런 이야기들은 결국엔 흥행사가 구사하는 과장의 일부였다. 그래서 나는 프릭 쇼에서 일했던 사람들의 삶을 재구성하고 찬미하고 이해하기 위해, 로버트 보그던 같은 역사가들에 의지한다. 보그던은 "팔 없는 불가사의", "보르네오의 야만인"을 창조하는 데 사용되었던 수천 장의 전단지, 포스터, 신문 기사, 판촉물 쓰레기를 면밀히 조사했다. 나는 그들의 삶을 대부분 정말로 알 수는 없을 것이다. 《뉴욕 타임스》 및 여러 신문의 터무니없는 표제와 축제에서 팔렸던 터무니없는 전단지 사이에 난 구멍들을 채우기 위해, 내 상상력과 정치적 감수성과 직관을 사용할 수 있을 뿐이다.

프릭 쇼를 가지고 교훈을 설파하려는 역사가들을 보면 답답하다. 그 학자들은 하이럼과 바니 데이비스의 어머니가 자기 아들을 흥행사에게 팔았다는 사실을 상세히 다루면서, 그것을 흥행사가 얼마나 야비할 수 있었는지 그리고 프릭 쇼가 얼마나 억압적이었는지를 논증하는 데 이용할 것이다. 프릭으로 일했던 사람들 상당수—식민지 국가에서 온 사람들뿐 아니라 미국에 살던 장애인들[13]도—가 사업상 팔려온 거라는 충격적인 사실은 검토될 필요가 있다. 그들이 팔려온 이유가 무엇인지를 질문해야 한다. 분명 많은 경우에 그 중심에는 공포와 혐오, 희석되지 않은 비장애 중심주의와 인종차별주의, 제국주의, 자본주의가 있을 것이다. 하지만 하이럼과 바니를 생각해보자. 그들은 금과 은이 가득 찬 대야에 팔렸다. 그들의 어머니 캐서린 데이비스에게 그 대야는 어떤 의미였을까? 비록 명백하진 않지만 내가 찾은 자료들이 시사하는 바에 따르면, 데이비스 일가는 농가에 사는 **가난한** 이민자 가족이었다. 캐서린 데이비스에겐 그 금과 은이 경제적 생존을 의미했을까? 돌봄이 필요하지만 가족이 돌봐줄 수 없는 처지의 노동계급 및 빈곤층 장애인들에겐 어떤 일이 벌어졌을까? 선택지는 많지 않았다. 빈민구호소, 길거리, 프릭 쇼. 나는 프릭 쇼를 연구하는 역사가들이 훈계나 비난을 하기보다는, 인종차별주의와 비장애 중심주의와 계급주의를 포함한 전체 맥락을 검토하기를, 그리고 착취에 대한 복합적인 이해를 구축하는 작업에 착수하기를 바란다. 조애나 카디가 성매매를 분석하면서 언급한 여성들처럼, 프릭으로 일했던 사람들, 특히 본인을 전시하는 데 있어 어느 정도 통제권을 갖고 있었던 사람들은 착취적인 세계에서 착취적 상황을 움켜쥔 것이었고, 그 상황에서 얻을 수 있는 최대한의 이득을 취했다.

동시에 식민지 국가에서 온 사람과 인지장애인 등 프릭 쇼에서 가장 힘이 약했던 사람들은, 이런 조직이 얼마나 착취적일 수 있는 지를 분명히 보여준다. 미국으로 끌려온 유색인 중 상당수는 폐렴, 늑막염, 결핵 같은 병으로 참담한 죽음을 맞이했다. 그들은 오랜 항해 도중에 죽었다. 그들은 고향땅으로 다시 돌아가길 절실히 바라면서 죽었다. 그들은 프릭 쇼의 일부가 되길 원치 않았다. 그들은 결코 프릭 쇼를 좋아할 수 없었다. 당연하게도 그들은 흥행사가 되지도 않았다. 대신 서커스, 싸구려 전시, 유랑극단 공연, 자연사 박물관은 그저 제국주의적 잔혹 행위가 벌어지는 장소였다. 마찬가지로 인지장애인들은 자신이 전시되는 데 아무런 통제권을 갖지 못하는 경우가 너무도 잦았다. 어떤 이들은 자신이 전시되는 것에 대해 좋다 싫다를 말할 능력이 결여되어 있었고, 또 어떤 이들은 보통 그들의 법적 후견인이기도 했던 부도덕한 매니저들의 손아귀에 그저 사로잡혀 있었다. 비록 일부 인지장애인들이 자기 매니저와 행복하고 좋은 관계를 유지한 것처럼 보이더라도, 흥행사이자 법적 후견인이라는 이중의 역할은 착취를 위한 설정이다.

유색인 비장애인과 인지장애인이라는 두 집단의 전시는 그들이 영장류와 인간 사이의 잃어버린 고리를 체현한다는 당대 이론을 활용했다. 저명한 동물학자인 조르주 퀴비에Georges Cuvier 남작은 1800년대 초에 이렇게 썼다.

니그로negro 인종은 아틀라스 산맥 남쪽에 국한된다. 그 인종의 특징은 안색이 검고, 머리는 털북숭이에, 두개골은 평평하고, 코는 납작하다. 튀어나온 얼굴 하반부와 두꺼운 입술을 보건대, 그건 분명 원숭이 종족에 가깝다.[14]

인지장애인도 거의 이와 마찬가지로 여겨졌다. 쿠비에와 같은 사유의 흐름을 따라, 독일 과학자 카를 보크트Carl Vogt는 1867년 진화 이론에 대해 훨씬 더 노골적으로 썼다.

이상소두증microcephalic[의학적으로 소두증으로 알려져 있는 인지장애의 한 유형을 가진 사람들]은 필연적으로 인간 존재의 초기 발달 단계를 표상하고 있음이 틀림없다. (⋯) 그들은 인간이 역사적 진화 과정 중에 지나갔던 이정표 중 하나를 우리에게 드러낸다.[15]

유색인 장애인을 전시하는 현장은 이런 이론들에 깊숙이 뿌리박힌 인종차별주의와 비장애 중심주의가 강렬히 교차하는 곳이다. 아이였을 때 산살바도르San Salvador에서 납치되어온 두 인지장애인 남매 이야기를 보자. "막시모Maximo"와 "바르톨라Bartola"라고 불렸던 그들은 "오래 전 잃어버린 아즈텍 인류"라고 발표되었다. 과학자와 인류학자들이 그 둘을 연구했다. 흥행사들은 그 둘을 전시했다. 두 집단 모두 "오래 전 잃어버린 인류"라는 허구를 창조하고 변호하는 데 일조했다—인류학자는 자신의 이론을 구체화하기 위해, 흥행사는 돈을 벌기 위해, 서로를 먹여 살렸다. 그들은 다양한 관찰 결과를 증거로 댔다. 그들은 소두증 장애인에게 나타나는 신체적 특성을, 특히 작은 키와 살짝 경사진 두개골을 강조했다. 그들은 '막시모'와 '바르톨라'의 어두운 피부와 검고 굵은 머리카락에 주목했다. 그들은 '문명화된' 백인과 '야만적인' 유색인 간의 여러 문화적 차이를 언급하면서, 연구 대상이 사용하는 언어와 선호하는 음식을 중대하게 다뤘다. 그들은 '막시모'와 '바르톨라'의 특수한 인지적 손상들을 과장했다. 정리하자면, 이 백인 비장애인인 남성들은 '자신들의 프릭'을 창조하기 위해 인종과 장애, 인종차별주의와 비장애 중심주의를 완전히 한데 엮었다.

일련의 사진에서 '막시모'와 '바르톨라'는 발가벗겨진 채 검은 벽을 등지고 포즈를 취하고 있다. 나는 과학자들이 이들의 두개골의 지름과 다리 길이를 측정하고, 피부색과 발화 패턴을 기록한 다음, 이런 사진들을 찍어 문서에 추가하는 모습을 상상한다. 다른 일련의 사진에서 이들은 돌벽을 등지고 앉아 있다. '막시모'는 줄무늬 바지와 앞에 커다란 태양이 그려진 셔츠를 입고 있다. '바르톨라'는 지그재그 무늬로 짜인 드레스를 입고 있다. 머리카락은 굵고 거친 아프로 스타일로 세웠다. '막시모'는 카메라 너머를 눈부신 듯 바라본다. '바르톨라'는 눈을 아래로 내리깔고 있다. 나는 흥행사들이 이들의 소품을 조심스레 배치하고, 이들이 벌어올 이익을 계산하는 모습을 상상한다. 여기엔 권력, 통제, 착취에 관한 질문에 대해 복잡하거나 모호한 대답은 존재하지 않는다.

· — · —·

프릭 쇼의 전성기에는 오늘날 장애를 분석하는 지배적인 모델, 즉 의료적 모델은 아직 존재하지 않았다. 의료적 모델은 장애를 개인적인 문제로, 의료기관에서 치료하거나 처치할 수 있는 문제로 보며, 이는 대다수 장애인을 의료화하는 결과로 이어졌다. 이론가 마이클 올리버는 이렇게 지적한다.

> 의사들은 태아에게 핸디캡이 있는지 여부를 결정하는 것에서부터 장애를 초래하는 다양한 증상이 있는 나이 든 사람들의 죽음에 이르기까지, 장애인의 삶에 중심적으로 관여한다. 물론 그러한 개입 중에서는 아주 적절한 것도 있을 것이다. 손상의 진단이라든가 트라우마 이후 의료적 상태의 안정화, 장애와 무관하게 발생하는 질병의 치료, 신체적 재활 치료를 제공하는 의료적 개입처럼 말이다. 하지만 의사들은 또한 운전 능력을 평가하고, 휠체어를 처방하고, 재정적 혜택의 할당액을 결정하고, 교육 설비를 선택하고, 노동할 능력과 잠재력을 측정하는 일에도 관여한다. 이 중 어떠한 경우에서도, 의학적 훈련과 자격증이 곧 의사를 그러한 개입에 가장 적절한 사람으로 만들어주는지는 분명하지 않다.[16]

의료화 이전 세기에, 즉 1930~1940년대에 장애가 병리적인 것이 되고 의사와 병원만이 독점적으로 관여하는 영역이 되기 전에는,

기독교적 서구 세계는 장애를 수많은 다양한 의미를 담은 상징으로 재현했다. 장애인은 죄지은 자들이었다. 우리에겐 도덕적 힘이 결여되어 있었다. 우리는 악마의 자식이거나 신의 의지의 산물이었다. 우리의 몸/정신은 우리 어머니의 임신 중에 일어났던 사건들을 반영한 것이었다.

프릭 쇼의 시대에 비장애인의 마음속에서 장애인은 완전한 인간이 아니라 범상치 않은 피조물로, '전문가'와 일반 대중 모두에게 호기심의 대상이었다. 의사들은 "거인들"의 무덤을 정기적으로 도굴해서, 그들의 두개골을 측정하고 그들을 박물관으로 옮겨다 놓았다. 과학자들은 장애인을 "단두계單頭界 하반신결합류 괴물종 암컷"[17] 따위의 용어로 기술했는데, 이런 언어는 몇백 년은 된 괴물 연구인 기형학teratology이라는 '과학'에서 나온 것이었다. 인류학자들은 장애인을 진화 이론의 관점에서 연구했다. 시골뜨기들은 구경하기 위해 상당한 돈을 지불했다.

하이럼, 당신은 공연 중간에 멈춰본 적이 있었나요? 당신의 싸구려 구경거리가 펼쳐지는 연단에 멈춰 서서 뒤돌아 뚫어져라 바라보면서, 부드럽고 직설적인 응시를 시골뜨기들에게 되돌려 보내면서, 당신을 무례하게 빤히 쳐다보는 인간들을 빤히 쳐다봐주면서, 당신의 관객을 보며 즐거워했던 적이 있었나요?

동시에 의료화를 향해 옮겨가고 있다는 징후가 있었다. 프릭으로 일했던 많은 사람들은 의사에게 검사를 받았다. 때때로 전단지엔 "프릭"의 "진정성"을 입증해주고 때로는 그의 "괴물스러움freakishness"

의 원인을 설명하는 의사의 증언이 포함되어 있곤 했다. 이 역할을 효과적으로 수행한 건 인류학자나 목사나 철학자가 아니라 의사였다. 하지만 프릭 쇼가 번성하던 세기에는 아직 장애가 병리적인 것과 불가분의 관계로 연결되진 않았고, 병리적인 것 없이는 동정과 비극도 오늘날만큼 장애에 그늘을 드리우지 않았다.

결과적으로 프릭 쇼를 먹여 살린 건 병리적인 것, 동정, 비극 같은 게 아니었다. 대신 프릭 쇼는 관음증에 의존했다. "팔 없는 불가사의"는 무대에서 바이올린을 켰다. "거인"은 왕족으로 살았다. "야만인"은 으르렁거리고 울부짖었다. 이런 공연은 프릭을 불쌍하거나 비극적인 존재로 창조한 게 아니라, 신기하고 기묘하고 놀랍고 무섭고 경이로운 존재로 창조했다. 프릭은 슈퍼장애인이 아니었다. 그들은 장애를 **극복하지** 않았다. 그들은 장애를 **과시했다.** 프릭은 포스터 아동poster child*도 아니었고, 현대에 자선 모금 방송 무대 위에 올라 돈을 모으는 데 이용되는 동정의 대상도 아니었다. 대신 프릭은 공연을 했고, 시골뜨기들은 얼빠진 듯 바라봤다. 장애와 호기심이 한 쌍을 이루는 문화에서, 관음증은 도덕적으로 용인될 수 있었다. 따라서 '프릭들'을 바라보기 위해 수치심도 거리낌도 없이 떼 지어 모인 사람들은, 장애에 대한 문화적 믿음 속에서 프릭 쇼가 만들어낸 거짓말과 위조물에 속아 넘어갈 준비가 되어 있었다.

같은 방식으로 인종에 대한 문화적 믿음—"야생적인 야만인",

---

* '포스터 아동'은 특정한 질병이나 장애가 있는 아동, 혹은 굶주리는 아동을 돕자는 자선단체의 포스터에 등장하는 아동을 가리키는 표현이다.

"고결한 야만인", 그리고 그 둘을 보고자 하는 열망과 관련된 통념들—은 유색인 비장애인을 프릭 쇼와 다른 장소에서 전시하게 만들었고, 그로부터 엄청난 수익을 거둘 수 있게 만들었다. 예를 들어 1904년 세인트루이스St. Louis에서 열린 세계 박람회에 필리핀 사람들이 전시됐다. 그 전시는 "이고로트Igorot 부락민"으로 홍보되었는데, 거의 벌거벗은 여성과 남성이 격하게 춤을 추고 개밥을 먹는 것으로 채워졌다. 박람회에서 열린 많은 "인류학적" 전시 중 하나였던 이 "부락민"은 "야생적인 야만인"을 거의 완벽하게 재현했다며 박람회에 온 사람들 대다수와 언론의 주목을 끌었다. 크리스토퍼 본Christopher Vaughan은 논문 「이고로트족에게 추파 던지기」에서 이렇게 쓴다.

　"문명화된" 비사얀족Visayans은 매시간 연극과 오케스트라 퍼포먼스를 선보이고, 마지막에는 부족민 전체가 영어로 미국 국가를 부르는 것으로 끝났다. 그럼에도 이고로트족과 비교했을 때 상대적으로 무시당했다. (⋯) 작은 이고로트족 전시장의 입장료가 비사얀족 전시장 전체 입장료의 거의 네 배였고, 화려한 모로족Moros 전시장의 세 배였다.[18]

　백인 정체성과 백인 우월성에 대한 자신의 감각을 창조하고 강화하는, 저 멀리 "문명화되지 않은" 섬에서 온 개처럼 먹는 야만인의 이미지를 이용하여, 유색인을 빤히 바라보는 게 백인에겐 너무도 쉬운 일이었다.

같은 시대에 제국주의는 세력 확장에 열을 올렸다. 필리핀 같은 해외에서든, 본국에서든 백인들은 계속해서 원주민들과 원주민 문화를 복종시키고 파괴해갔다. 1904년 세계 박람회가 열리던 때에 미국은 스페인-미국 전쟁에서 승리하여 필리핀 지배권을 얻었다. 매킨리 William McKinley 대통령은 필리핀에서 미국의 식민지 통치를 공고히 하려는 자신의 결정을 설명하면서, "문명화를 이루겠다는 우리의 사명"을 언급했다. 그 사명을 정당화하기 위해, 필리핀 사람들을 "문명화되지 않은 야만인"으로 전시하는 것보다 더 좋은 방법이 어디 있겠는가?

정치와 프릭 쇼의 이러한 상호작용은 미국 내에서도 발생했다. 예를 들어 흥행사들은 잃어버린 고리라는 진화 이론을 너무도 유리하게 써먹었는데, 이 이론은 미국의 노예 해방 이전에는 노예제를 지지했고 해방 이후엔 시민권 탄압을 지지했다. 하지만 프릭 쇼는 이런 이데올로기를 **이용**만 한 건 아니었다. 흑인, 백인 인지장애인, 유색인 비장애인들은 "잃어버린 고리"와 "저게 뭐지?"로 전시되어 실질적으로 그 이론을 강화했다. 과학자와 정치인들은 윌리엄 존슨을 지목하여 이렇게 말할 수 있었다. "보십시오, 여기 살아 있는 증거가 있습니다. 이 피조물을 보세요." 그렇게 함으로써 그들은 유색인이 인간보다 위상이 낮다는 걸 재확증하고, 그들의 사회정치적 정책 상당수를 합리화하고 있었다. 간략히 말하자면, 프릭 쇼는 제국주의, 미국 내의 인종차별주의적 정치학, "야생적인 야만인"과 백인 우월성에 대한 문화적 믿음을 먹여 살렸고, 동시에 그 문화적 믿음은 프릭 쇼를 먹여 살렸다.

· — · — ·

프릭 쇼는 20세기 초반 장애의 의료화와 동시에 쇠퇴했다. 동정, 비극, 의료적 진단/치료가 그림 안으로 들어오자, 장애에 덧씌워졌던 신기함과 신비함은 소멸되었다. 노골적인 관음증은 의료기관에 의해 통제될 때를 제외하고는 더 이상 사회적으로 받아들여질 수 없었다. 그리고 20세기 후반 식민지 통치자에 맞선 식민지 유색인의 저항이 성과를 거두면서, 또 미국에서 합법적인 인종차별 정책이 종식되고 시민권이 확립되기 시작하면서, 유색인 전시 역시 적어도 표면상으로는 받아들여질 수 없는 것이 되었다. 이런 변화와 더불어 프릭 쇼는 어두운 옛 시절에나 가능했던 억압적 조직이라고 경멸받게 되었다. 하지만 나는 프릭 쇼가 정말로 그렇게 역사 속으로 사라졌는지 잘 모르겠다.

코코 푸스코Coco Fusco와 기예르모 고메즈-페냐Guillermo Gómez-Peña의 퍼포먼스 작품 〈철장 속 커플The Couple in the Cage〉을 고찰해 보자. 이 작품은 1992년에 "저항 500주년" 기념행사의 일부로 창작되었다.[19] 푸스코와 고메즈-페냐는 가짜 표범 가죽부터 거울처럼 코팅된 선글라스에 이르기까지 모든 복장을 갖춰 입고는, 새로이 발견된 부족에서 온 원주민인 척했다. 그들은 철장에 갇힌 채 자연사 박물관, 미술관, 거리 구석을 순회하면서, 이국적이고 고결한 "야만인"

의 각본을 연기했다. 그들은 심지어 흥행사들의 오랜 전통대로 멕시코 만에 있는 한 섬의 이름을 지어내서 그곳이 자기들 출신지라고 했고, 그들이 퍼포먼스 중이라는 걸 계속 숨긴 채 여행했다. 푸스코와 고메즈-페냐는 관객이 이 패러디를 금방 알아챌 거라 예상했다. 그러나 현장에서 촬영된 비디오[20]에 기록된 바로는, 많은 이들이 이 퍼포먼스가 진담이라고 받아들인 것으로 보인다. 어떤 이들은 충격과 혐오를 드러냈다. 다른 이들, 특히 백인들은 왜 푸스코는 앞뒤로 왔다 갔다 하고 고메즈-페냐는 툴툴거리면서 관객을 뚫어져라 쳐다보는지에 대해 자기들끼리 세운 이론을 장황하게 늘어놓았다. 한편 다른 이들은 자기네 술집에서 포즈를 취하는 "야만인들"이 담긴 폴라로이드 사진을 50센트에 샀다. 이들이 정말 진지했던 건지, 모두가 속아 넘어간 채로 퍼포먼스 현장을 떠났는지, 정말로 자기들의 이론을 믿었던 건지는 분명치 않다. 하지만 〈철장 속 커플〉은 적어도 어느 정도는 시골뜨기와 프릭 사이의 관계를 그대로 되풀이했던 듯하다. 이 퍼포먼스와 프릭 쇼는 매우 다른데도 말이다. 이는 인종에 대한 오래된 이미지가 죽은 게 아니라 표면 가까이에 고통스럽게 살아 있다는 걸 보여준다.

또한 프릭 쇼를 향한 경멸은 그 어두운 옛 시절이 정말로 끔찍했다고 가정하지만, 나는 몇몇 프릭에게도 그때가 실제로 그렇게 나쁘기만 했을지 잘 모르겠다. 로버트 워들로Robert Wadlow와 바이올렛과 데이지 힐턴 자매의 얘기를 들어보자. 그들 모두가 의료화 추세가 강해지면서 프릭 쇼가 하향세를 타던 시기에 살았다.

로버트 워들로는 1920년대 태어난 키 큰 남자로, 거인 프릭이 되기를 거부했다. 그는 변호사가 되고 싶었지만 그러기 위해 필요한 교육을 받을 수 없어, 신발 광고업계에서 일을 시작했다. 그리고 이후에 흥행사가 몇 년 동안 그를 쫓아다닌 끝에, 결국 서커스에서 일하게 됐다. 거기서 그는 봉급을 많이 받았고, 자신을 실제 키보다 더 커 보이게 광고하자는 제안을 거부했다. 의사들도 로버트를 쫓아다니면서, 그를 세계에서 제일 큰 남자로 보고했다. 이 대대적인 과장 광고는 서커스가 아니라 의학의 이름으로 행해졌다. 그들은 로버트를 내버려두질 않았다. 1936년에 찰스 험버드Charles Humberd 박사는 워들로의 집에 초대도 받지 않고 들이닥쳤다. 로버트는 신체검사도 인터뷰도 거절했다. 언짢아하며 돌아간 험버드는 그다음 해 워들로가 모르게 《미국 의사협회 저널Journal of the American Medical Association》에 「거인증: 사례 연구Giantism: A Case Study」란 논문을 실으면서, 로버트를 "말단비대증 전 단계의 거인preacromegalic gaint"의 연구 사례로 다뤘다. 로버트를 성질 못된 짐승으로 묘사한 이 논문 때문에, 그와 그의 가족은 언론과 일반 대중과 의료기관으로부터 쏟아진 달갑지 않은 관심에 시달렸다. 워들로의 전기 『거인 신사The Gentleman Giant』에서, 그의 아버지는 로버트가 흥행사보다 의사에 대응할 때 훨씬 더 괴로워했고 분노했다고 폭로한다.

결합 쌍둥이 데이지와 바이올렛 힐턴도 마찬가지 일을 겪었다. 이 여성들은 그들이 말을 할 수 있었던 때부터 쭉 서커스, 카니발, 순회 유랑극단에서 일했다. 초반에는 그들을 학대했던 후견인들이 쇼를 통제하고 관리했다. 후견인들은 데이지와 바이올렛을 며칠 동안 가둬두곤, 많은 돈을 지불하는 시골뜨기들 말고는 아무도 그들을 볼 수 없게 하곤 했다. 나중에 법원 명령으로 자유로운 몸이 되자, 자매는 그들 스스로 공연을 이어갔다. 한 홍보 팸플릿 표지에는 데이지가 색소폰을 불고 바이올렛이 피아노를 치면서 둘 다 관객을 향해 명랑한 미소를 보내는 사진이 담겨 있다. 프릭 쇼의 인기가 시들해짐에 따라, 그들은 생애 대부분을 가난과 싸우면서 살았다. 그럼에도 그들은 자서전에 "의사 목소리에 담긴 바로 그 어조를 혐오한다"고, 그리고 그들의 후견인들이 "우리가 무대에서 쇼를 하는 걸 막고, 의사가 노상 우리를 꼬집고 때리고 우리 사진을 찍게 놔둘까 봐" 두렵다고 썼다.[21] 로버트 워들로와 힐턴 자매에게 오늘날 장애의 의료적 모델이 얼마나 문명화된 건지, 그게 프릭 쇼보다 얼마나 더 진보적인지, 어두운 옛 시절이 얼마나 컴컴했는지에 대해 한 번 말해보라. 코코 푸스코와 기예르모 고메즈-페냐에게 프릭 쇼는 정말로 사라졌다고 말해보라.

• ― • ―•

프릭 쇼가 없어진다는 건 프릭으로 일하던 사람들에게 주어졌던 특정한 일자리가 사라진다는 걸 의미했다. 1930년대 미국에서 유색인 비장애인의 경우 프릭 쇼 이외의 고용 기회가 심하게 제한된 건 아니었기에, 프릭 쇼의 하향세가 엄청난 영향을 미치진 않았다.

그리고 아프리카, 아시아, 남아메리카와 중앙아메리카, 태평양 섬 지대, 카리브해 지역에서 온 사람들에게 프릭 쇼의 하향세란, 그저 백인에게 납치당해 고향에서 멀리 떨어진 곳으로 팔려 갈 이유가 하나 줄어든다는 정도의 의미였다. 그러나 장애인의 경우 유색인이든 백인이든 상관없이 프릭 쇼의 종말은 실직이 거의 확실시된다는 의미였다. 당시 법체계 안에서 장애는 곧 일할 능력이 없음을 뜻하는 용어로서 기술되는 경우가 많았다.

1930년대 프랭클린 루스벨트Franklin Roosevelt 대통령의 일자리 창출 계획을 통해 많은 사람들이 고용되던 때, 연방정부는 노골적으로 장애인은 일할 능력이 없다고 간주하곤, 장애인의 취업 지원서에 "신체적 핸디캡 있음Physically handicapped, P. H., 수준 이하, 취업 불능"이란 도장을 찍어버리고선, 그들에게 매달 푼돈을 쥐여주곤 집에 보내버렸다. '지체장애인연맹The League of the Physically Handicapped'은 워싱턴 D.C.에서 시위를 벌였는데, 노동진흥청 사무실을 점거하곤 "우리는 구걸용 깡통이 아니라 직업을 원한다"는 구호를 외쳤다.²² 이런 풍조 속에서 프릭 쇼 일자리가 사라짐에 따라, 많은 장애인은 구직 기회가 전혀 없는 세상에 봉착했다.

오티스 조던Otis Jordan의 예를 들어보자. 그는 아프리카계 미국인 장애인으로, 금세기에 유일하게 남아 있던 프릭 쇼 중 하나인 '서턴 사이드쇼Sutton Sideshow'에서 "개구리 인간 오티스"로 일했다. 1984년 뉴욕주 박람회에서 그를 전시하는 걸 금지했다. 누군가가 장애인을 전시하는 게 모욕적인 대우라고 항의했기 때문이다. 오티스는 이렇게 반응했다. "젠장, 그녀[불만을 제기한 여성]가 나한테 뭘 바라는 거지? 사회복지에나 의존하라고?"[23] 프릭으로 일한다는 건 아주 형편없는 직업에 종사하는 것이었겠지만, 그럼에도 그건 직업이었다.

3. 자긍심

이제 이 역사를 가지고, 나는 왜 내가 **프릭**이라는 단어에 동요하는지, 왜 이런 장애 역사의 일부를 받아들이지 못했는지, 왜 내가 장애인이 자신의 장애를 과시하여 생계를 유지했던 이 이야기를, "우리는 여기 있다. 우리는 퀴어다. 익숙해져라"라는 슬로건과 비슷한 이 도발적 저항의 유산을 받아들이지 못했는지 설명할 수 있을까? 왜 나는 **프릭**이란 단어를 쉽사리 전복적 언어로 직결시키지 않는가? 내 생각에 그 답은 프릭 쇼에서 의사의 진료실로, 호기심에서 연민으로, 오락에서 병리로 넘어왔던 이행의 과정에 놓여 있다. 프릭 쇼의 종식은 장애를 전시하는 우리의 행태나 관음증이 종식되었음을 뜻하지 않는다. 그저 프릭을 범주화하던 한 인식틀이 또 다른 인식틀로 바뀐 것뿐이다.

남 앞에서 옷을 벗기는 사례를 생각해보자. 의료적 관행상 의사, 의과 대학생, 물리치료사, 재활 전문가가 잔뜩 모인 앞에서 장애 아동은 속옷까지 벗겨진 채 조사를 받곤 한다. 그들은 아이를 앞뒤로 걷게 한다. 아이의 근육을 압박한다. 아이의 걸음걸이, 근육긴장도, 걸음걸이, 척추가 휜 정도를 살펴본다. 어떤 수술과 치료를 권해야 할지 자기들끼리 대화하고 기록한다. 비디오카메라가 발명된 이

후에는 그 진료 과정을 녹화한다. 그들은 공개적으로 장애인의 옷을 벗기는 것이 의대생들을 훈련시키기 위한 도구이자 전문가 집단이 지식을 축적하기 위한 방법이라고 정당화한다.[24] 이는 수십 년 전에 사라진 의료적 관행이 아니다. 1996년에도 장애 활동가 리사 블럼버그Lisa Blumberg가 《디서빌리티 래그The Disability Rag》[*]에 기고한 바에 따르면, 의과대학 부속병원에 있는 갖가지 "전문" 클리닉(뇌병변 클리닉, 척추갈림증 클리닉, 근이영양증 클리닉 등등)은 정기적으로 개인 검사가 아닌 집단 검사 일정을 잡고 수술 장면을 병원의 계단식 강의실에서 상영한다고 한다.[25] 여기서 잠깐, 공개적으로 옷을 벗기는 건 한 세기 전에 과학자와 인류학자들이 '막시모'와 '바르톨라'에게 했던 바로 그 짓 아닌가? 프릭 쇼와 이 공개적 옷 벗기기 사이의 차이가 있는가? 어느 쪽이 더 장애인을 비하하는 걸까? 어느 쪽이 장애인의 통제력을 더 빼앗아가는 걸까? 떼로 몰려온 비장애인들이 염치없이 돈도 안 내고 구경하게 놔두는 건 어느 쪽일까?

오늘날 프릭의 범주화는 병원에서, 진료실에서 일어난다. 동정심

* 《디서빌리티 래그》는 미국에서 1980년부터 2003년까지 정기적으로 간행된 대표적인 장애 잡지이다. 1980년에 켄터키주 루이빌(Louisville)에서 지역 장애 단체의 여성 활동가 두 명이 발간한 작은 지역신문 형식으로 시작한 이 잡지는, 몇 년 뒤 전국에 배포되는 정기간행물로 발전했다. 광범위한 장애 정치 쟁점을 다루고 다양한 장애운동을 지속적으로 보도하면서 운동의 지평을 넓히는 한편, 장애 경험이 담긴 시, 소설, 에세이, 예술 작품 등을 소개할 수 있는 문화적 창구로도 기능했다. 1989년에는 신문 이름이 《디서빌리티 래그 앤드 리소스(The Disability Rag and Resource)》로 바뀌었고, 1995년에 웹사이트 '래기드 에지 온라인(Ragged Edge Online)'를 열면서 잡지 이름은 다시 《래기드 에지(Ragged Edge)》로 바뀌었다. 정기간행물은 2003년까지 발간되었고, 2004~2007년까지는 비정기간행물 세 권이 출간되고 웹사이트에 기사가 올라오다 중단되었다('en.wikipedia.org'의 'The Disability Rag' 항목 참조).

에 돈을 내는 사람들을 쥐어짜기 위해 비극적 이야기들을 우려먹는 자선 모금 방송이 진행되는 동안 일어난다. 중증 장애인들이 자신의 의지에 반하여 살도록 강제되곤 하는 장애인 수용 시설에서 일어난다. 길모퉁이에서, 버스 정류장에서, 놀이터에서, 레스토랑에서 일어난다. 비장애인들이 티를 내지 않으려 애쓰면서 빤히 쳐다볼 때, 자기 아이들을 후려치며 빤히 쳐다보지 않는 척하는 법을 가르칠 때 일어난다. 희곡 「신체적 핸디캡 프릭: 장애인들의 숨겨진 역사」에 나오는 등장인물은 프릭 쇼의 관음증을 일상생활의 관음증과 나란히 놓는다.

> 우리는 항상 전시 중이다. 만약 내가 당신네 악취 나고 보잘것없는 동네 거리를 걷고 있다면, 사람들이 날 뚫어져라 쳐다보지 않을 것 같나? 젠장, 당연히 쳐다볼 거다. 그리고 자기네 이웃이랑 친구들에게 말하고, 저녁식사며 소풍이며 학부모회 모임에서 나에 대해 말하겠지. 글쎄, 만약 그들이 그런 걸 하고 싶다면, 그런 특권을 위해 나에게 돈을 지불해야 할 거다. 댁이 날 빤히 쳐다보고 싶다 이거지, 좋아, 25센트 내. 즉시 현금으로. 사진을 찍고 싶다고? 25센트 더 내. 내 인생 이야기를 들려달라고? 돈 줘. 돈 받고 이야기한다고 내가 착취당하는 거 같나? 댁은 야구 경기 보러 갈 때 돈 내잖아, 안 그래?[26]

오늘날 프릭의 범주화는 항상 일어난다. 그리고 우리는 그 대가를 받지도 못한다. 사실 전체 장애인의 실업률은 경악스럽게도 71%나 된다.[27] 우리가 일을 할 때는[28] 비장애인 노동자가 받는 임금의 64%밖에 받지 못한다.[29]

프릭의 범주화는 예전에 프릭 쇼에서 어느 정도 통제된 것과 달리, 오늘날에는 통제되지 않는다. 오늘날 장애는 의료기관과 자선 산업을 통해서만 형상화되어왔다. 장애운동이 생기기 전까지는 그랬다. 이 시민권 및 해방 운동은 나라 전역에 '자립생활을 위한 센터 Centers for Independent Living, CIL'를 건립했고, 자립의 개념을 재정의했다. 이 센터들은 지원과 지지를 제공하고, 접근 가능한 주택과 활동보조인을 찾도록 도와주고, 보장구保障具*와 직업 훈련을 위한 자금을 지원한다. 자립생활 지지자들은 자립을 평가할 때, 장애가 있는 사람이 누구의 도움도 받지 않고 수많은 업무를 할 수 있느냐가 아니라, 그 사람이 자신의 삶을 얼마나 스스로 통제할 수 있는가 그리고 그 삶의 질이 어떠한가를 기준으로 삼는다.

장애운동은 ADAPT[30]**나 낫 데드 옛Not Dead Yet[31]***과 같은 직접

---

* '보장구'는 휠체어, 보청기, 안경, 외과 보철, 보형물 등 장애인 및 아픈 사람들이 일상적인 활동을 수행하는 데 도움을 주는 장비 일체를 말한다.

** 'ADAPT'에 대해서는 28쪽 주석을 보라.

*** '낫 데드 옛(NDY)', 우리말로 번역하자면 '아직 안 죽었다'라는 뜻의 이 단체는 장애인을 위한다는 명목으로 장애인 자살과 안락사를 조장하는 현실에 맞서는 미국의 장애운동 단체다. 한국에선 동물윤리학자로 유명한 철학자 피터 싱어(Peter Singer)와 같은 사람들은 장애를 갖고 태어난 사람들의 고통을 덜어주기 위해 장애 태아는 낙태하고 장애인은 안락사하는 것이 낫다고 주장해왔으며, 이런 명목으로 비장애인 부모가 장애인 아이를 살해하거나 생명 유지 장치가 필요한 장애인을 안락사시키는 것이 마치 자비롭고 적법한 행동인 것인 양 포장되어왔다. NDY는 쓸모없다고 여겨지는 장애인과 노약자에게 자행되는 이 소위 "자비로운 살인(mercy killing)"에 맞서 시위를 조

행동주의 대중 선동 단체를 만들었다. 그들은 장애인 수용 시설 업계의 행사를 방해하고, 장애인이 이용할 수 없는 대중교통 수단을 봉쇄하고, 현상 유지에만 몰두하는 정치인들의 사무실을 점거하고, 법정 밖에서 항의 시위를 벌인다. 장애인들의 직접행동 시위의 역사는 지체장애인연맹의 노동진흥청 시위에서 시작한다. 1977년에 장애인들은 샌프란시스코에 있는 보건교육후생부 사무실을 25일간 점거하여, 정치인들이 미국 재활법Rehabilitation Act 제504조*에 서명하도록 압박하는 데 성공했다. 미국 최초로 장애인 시민권을 담은 법률이 제정된 것이다.[32] 그리고 오늘날 ADAPT는 현저한 장애가 있는 사람들도 장애인 수용 시설이 아니라 자신이 선택한 집에서 살 수 있게 하는 법률을 제정하라고, 거리에서 또 의회에서 대중운동을 벌이고 있다.

운동은 강력하고 정치화된 장애 문화를 창출하고 있고, 이와 더불어 문학, 퍼포먼스, 유머, 이론, 정치적 수완도 풍성해지고 있다. 우리에겐 장애인들이 만든 연극, 춤, 시, 선집, 소설, 잡지, 예술 전시, 영화제, 분석과 비평이 있고, 학술 대회가 있고, 장애학이라 불리는 이제 막 부상한 분과 학문이 있다. 동시에 장애인들은 주류 문화에

직하고 법이 이들을 보호할 방안을 마련하도록 힘써왔다(공식 웹사이트 'notdeadyet. org').

* 1973년에 제정된 '미국 재활법 제504조'는 미국 최초의 장애 민권법이다. 이 법은 연방 재정 지원을 받는 각종 프로그램에서 장애인에 대한 차별을 금지하고, 학교, 직장, 지역사회에서 받는 불평등한 대우와 배제로부터 장애 아동 및 성인을 보호할 것을 명시한다. 이 법은 이후 1990년에 제정된 '미국 장애인차별금지법(Americans with Disabilities Act)'의 발판을 마련했다.

서 여러 분야에 걸쳐 일하고 있고, 유명 패션 잡지의 사진 모델로, 연속극, 시트콤, 할리우드 영화에 출연하는 배우로, 인정받는 예술가, 작가, 언론인으로 일하고 있다.

　장애인과 비장애인을 격리해서 가르치는 불평등한 교육을 끝장낼 법을 만들기 위해, 포괄적인 시민권을 보장하는 입법안을 통과시키기 위해, 장애운동은 열심히 정치권에 로비를 벌였다. 1990년 제정된 미국 장애인차별금지법Americans with Disabilities Act, ADA ** 은 조지 H. W. 부시George H. W. Bush 대통령의 머리에서 나온 게 아니다. 장애 쟁점을 잘 이해한 부시가 선한 의지로 만든 게 아닌 것이다. 정확히 말하면 장애인권 의식을 갈고 닦은 법률가들과 백악관으로부터 임명된 장애인 당사자들이 공들여서 ADA 법안을 만들고, 장애계 로비스트들이 열심히 교육과 로비를 하고, 풀뿌리 장애운동 활동가들이 그 법안을 통과시키기 위해 집결하여 이룬 일이다. 요컨대 장애인권 운동은 여성해방과 게이/레즈비언 해방과 같은 사회적 격변에 기반을 두고 생겨나, 흑인 시민권 운동이 만들어낸 활동력과 인식틀에 힘입어 전진해왔다. 그리고 지금은 내면화된 억압을 해체하고, 공동체를 세우고, 독자적 문화와 정체성 감각을 발전시키고, 현재 상황을 변화시키기 위한 활동을 조직하고 있다.

　이런 운동들은 장애인을 프릭으로 범주화하는 인식틀을 걷어

** '미국 장애인차별금지법'은 직장, 학교, 대중교통을 포함하여 일반 대중에게 열려 있는 모든 장소와 공적 영역에서 장애인차별을 금지하는 민권법이다. 이 법의 목적은 장애인이 다른 모든 사람과 동등한 권리와 기회를 갖도록 하는 것이다.('adata.org/learn-about-ada' 참조).

치우고서, 우리 장애인 스스로가 장애를 정의하고, 우리 삶을 정의하고, 우리가 누구이고 누구로 존재하길 원하는지를 정의하는 중심에 있겠다고 천명하면서 자유를 되찾아오고 있다. 우리는 의사와 그들의 병리학, 시골뜨기와 그들의 돈, 인류학자와 그들의 이론, 빤히 쳐다보는 이들과 그들의 소위 악의는 없는 의도, 집단 따돌림 가해자와 그들의 폭력, 흥행사와 그들이 내는 과장광고, 제리 루이스Jerry Lewis*와 그가 진행하는 자선 모금 방송, 정부 관료와 그들의 통치가 더 이상 우리를 정의할 수 없다고 선언하고 있다. 마침내 스스로를 정의하는 사람이 되기 위해, 다른 주변화된 사람들과 마찬가지로 장애인들은 강력한 정체성 감각을 가져야 한다. 우리는 우리의 역사를 알 필요가 있고, 그 역사 중 어느 조각을 우리 것으로 만들길 원하는지 이해할 필요가 있고, 자긍심으로 가득한 자아 이미지를 발전시킬 필요가 있다. 프릭 쇼에서 일했던 사람들, 자신의 장애를 과시할 줄 알았던 프릭들—자신의 실제 키보다 몇 인치 더 커 보이게 하는 높은 신사용 모자를 썼던 키 큰 남자, 다이어트를 거부했던 풍만한 여자, 면도를 거부했을 뿐 아니라 자기 수염을 더욱더 길게 길렀던 수염 난 여자, "내가 유인원처럼 보이는 거 알아. 이제 더 그래 보이게 해볼게"라고 말했던 인지장애인—은 분명 우리에게 정체성과 자긍심에 관해 많은 걸 가르쳐줄 수 있다.

* '제리 루이스'(1926~2017)는 미국의 배우이자 감독이다. 1956~2010년에 근이영양증협회(Muscular Dystrophy Association, MDA)의 전국 회장을 역임하여, 1966~2010년 동안 매년 노동절에 협회를 위한 자선 모금 방송을 진행해왔다.

자긍심은 없어도 되는 것이 아니다. 자긍심이 없다면, 더 많은 장애인이 비장애 중심주의의 일상적인 물질적 조건들—실업, 가난, 분리되어 진행되는 수준 이하의 교육, 시설에 갇혀 보내는 세월, 돌봄 제공자들이 자행하는 폭력, 수많은 것들에 접근조차 금지당하는 상황—을 아무런 의심 없이 받아들이게 될 거다. 자긍심이 없다면, 억압에 대한 개인적이고 집단적인 저항은 거의 불가능해진다. 그러나 장애 자긍심은 쉽게 얻을 수 있는 게 아니다. 장애는 수치심에 흠뻑 적셔져 침묵을 뒤집어쓰고 고립에 뿌리박혀 있었다.

1969년 오리건의 산간벽지에서, 나는 내가 '특수교육'을 받길 원하는 학교 당국과의 기나긴 싸움 끝에 '일반' 학급 1학년에 들어갔다. 싸움에서 이겼던 건 단지 내가 지능지수 검사에서 좋은 점수를 받았기 때문이었고, 아버지가 교장과 알고 지냈기 때문이었으며, 강상류에 이웃해 살던 1학년 교사가 우리 가족을 좋아해서 나를 지지해줬기 때문이었다. 나는 지역에서 주류에 편입된 첫 번째 장애 아동이 되었다. 8년 뒤, 장애 아동을 위한 공교육을 요구하는 첫 번째 법안인 장애인 교육법Individuals with Disabilities Education Act, IDEA[**]과 재활법 제504조가 조인되었다. 1980년대 중반에 주류화mainstreaming[***]

는 드문 일이 아니었고 심지어 소규모 시골 학교에도 적용되었지만, 1969년엔 내가 처음이었다.

아무도, 가족과 교사들조차, 장애와 관련된 나의 특수한 필요를 어떻게 인지하고 마주해야 할지 몰랐다. 그들은 내가 꽤나 평범하게, 닥치는 대로 유년기를 보내도록 내버려뒀다. 그들은 단지 경험해본 적이 없었을 뿐이었다. 읽기는 빨리 배우지만 물리적으로 글을 쓰는 데에는 시간이 오래 걸리고, 답은 다 알지만 뭐라고 답하는 건지 알아듣기 힘든, 영리한 절름발이 여섯 살짜리 꼬마를 말이다. 이런 긴장을 해소하려고 모두들 내 장애나 장애와 관련된 필요를 최대한 못 본 척했다. 내가 물컵을 쥐고 신발끈을 묶고 동전이나 나사나 클립을 줍고 내 이름을 칠판에 적는 데 어려움을 겪을 때, 그 누구도 내게 도움이 필요하냐고 묻지 않았다. 내가 할당된 시간에 과제를 끝낼 수 없을 때, 교사들은 미완성 상태로 그냥 제출하라고 했다. 같은 학급 아이들이 나를 두고 **지진아, 원숭이, 모자란** 애라고 놀릴 때, 아무도 나를 위로해주지 않았다. 나는 금방 왕따가 되었고, 어른들은 나에게 알아서 하라며 아무런 도움도 주지 않았다. 나는 '특수교육'을 받는 아이들과 가능한 한 거리를 뒀다. 나는 그들 중 하

비장애 아동에게는 장애인과 더불어 사는 경험을 익히지 못하게 하고 장애인과 비장애인의 세계를 격리하는 차별적 조처라는 관점을 취하며, 장애 아동과 비장애 아동이 함께 교육받을 때 장애 아동의 특수한 필요에 맞춘 교육적 환경을 조성하는 데 주력한다. 이와 달리 1960년대 말에서 1970년대에 일라이 클레어가 경험했던 교육 환경은 비장애인을 기준으로 맞춰진 일반교육 환경에 그저 장애 아동을 끼워 넣고 아무런 편의도 제공하지 않은 채 버려두었다는 점에서, 주류화 정책에 속한다고 볼 수 없다.

나가 되지 않기로 결심했다. 나는 '정상인'이 되길 원했고, 비장애인으로 여겨지고 싶었다―떨리는 내 손과 불분명한 발음은 무시하는 건 불가능했는데도 말이다.

물론 내가 나 말고 다른 장애인을 몰랐던 건 아니다. 포트 오포드에는 일 때문에 장애가 생긴 사람들이 많았다. 그들은 손가락, 팔, 다리를 잃었고, 등뼈가 부러졌고, 심각한 신경 손상을 입었다. 내 부모의 친한 친구 한 명은 당뇨가 있었다. 이웃집 소녀는 나보다 일고여덟 살쯤 어렸는데, 나처럼 뇌성마비가 있었다. 내 단짝 친구의 남동생은 중증 인지장애가 있었다. 그럼에도 나는 장애가 있는 그 누구도 알지 못했는데, 우리 중 누구도 장애에 대해 기꺼이 말하려 들지 않았고, 각자 자신이 할 수 있는 한 힘껏 장애를 숨겼다.

이런 아이러니한 고립을 메리 월스만큼 잘 보여주는 사람도 없을 거다. 메리는 4학년 때 나랑 같은 반이 되었다. 그녀는 양쪽 귀에 보청기를 착용하고 있었고, '일반교육' 수업을 듣는 날도 있고 '특수교육' 수업을 듣는 날도 있었다. 우리는 같은 언어치료사에게 다녔다. 나는 우리가 친구 사이가 되길 바랐지만, 오히려 우리는 적이 되었다. 메리는 나를 욕했고, 나는 메리를 쫓아다녔다. 지금에서야 이해하게 된 건 메리는 입술을 읽으려 노력하며 살았는데, 뇌성마비 때문에 내가 말할 땐 내 입술의 움직임을 거의 읽을 수 없었을 거라는 점이다. 아마 그녀가 나를 놀렸던 건 좌절감 때문이었을 것이다. 그리고 내가 나를 괴롭히던 다른 아이들은 쫓지 않으면서 그녀만 쫓아다닌 건, 그럴 수 있었기 때문이었다. 이제 나는 적개심이 비슷한 이들을 향하는 걸 이해한다—게이와 레즈비언은 바이섹슈얼을 싫어하고, 트랜스섹슈얼 여성은 드랙퀸을 깔보고, 노동계급은 빈곤층과 싸운다. 많은 공동체에서 주변화된 사람들은 자기들만의 내적 긴장과 적개심을 만들어내며, 장애인도 예외는 아니다. 나는 20대 중반까지 장애인 친구를 사귀지 않았고, 오늘날까지도 가까운 친구들, 내가 "선택한 가족"이라 부르는 사람들은 비장애인이다. 나는 장애에 대한 글을 쓸 때면, 종종 내가 사기꾼처럼 느껴지곤 한다. 내가 종이에 이런 단어들을 적기에 충분할 만큼 장애인이 아니고, 장애 공동체에 충분히 깊게 몸담고 있는 것도 아니라는 느낌이 드는 것이다. **바로 이것**이 수치심, 침묵, 고립이 내게 남긴 유산이다.

자긍심은 내면화된 억압에 직접적으로 맞선다. 내면화된 억압은 수치심, 부정, 자기혐오, 두려움에 비옥한 토양을 제공한다. 자긍심은 분노, 힘, 기쁨을 북돋운다. 자기혐오를 자긍심으로 바꾸는 일은 근본적인 저항 행위다. 많은 공동체에서 언어는 이러한 변환을 위한 무대 중 하나가 된다. 때로 혐오와 폭력의 말들은 중화되거나, 심지어 자긍심의 말로 변환될 수 있다. **불구자**라고 지껄이는 왕따 가해자들, **퀴어**란 말을 야구방망이처럼 휘두르는 혐오자들을 똑바로 노려보면서 "그래, 네 말이 맞아. 나 퀴어야. 나 불구야. 그래서 뭐?"라고 말하는 것은, 우리가 죽길 원하는 자들의 권력을 약화시키는 행동이다.

수많은 사회변혁 운동에서 자긍심과 권력을 창출하기 위해 특히 언어와 명명이 사용되어 왔다. 아프리카계 미국인 공동체들에서,

컬러드Colored에서 니그로Negro로, 다시 흑인Black*으로의 진보는 시민권 운동에 불을 지핀 자긍심과 분노에 뒤따른 결과이기도 했고, 동시에 그 자긍심과 분노를 일으키는 데 도움이 되기도 했다. "검은 것이 아름답다"는 흑인 공동체와 문화에서 쓰이는 강력한 구호가 되었다. 그러나 흑인이란 단어가 너무도 확실하게 자긍심과 연결되는 반면, 흑인들 사이에서 깜둥이nigger라는 단어를 쓰는 건 많은 논쟁을 불러일으킨다. 어떤 이들은 그 단어를 애정과 유머를 담아 쓰는 건 특정 종류의 고통과 굴욕을 거부하기 위해서라고 주장하지만, 다른 이들에게 그 단어는 단지 그 고통과 굴욕의 느낌들을 강화시킬 뿐이다. 추잡한 단어들—호모 새끼faggot, 퀴어, 깜둥이, 지진아, 불구자, 프릭은 감정적이고 사회적인 역사를 많이도 짊어지고 있다. 우리 중 누가 이런 단어들을 사용해 우리의 자긍심을 명명할 수 있겠는가? 답은 논리적이지 않다.

퀴어란 단어를 증오하는 LGBT 사람들, 불구자와 프릭이란 단어를 증오하는 장애인, 깜둥이란 단어를 증오하는 흑인은 자신의 내면화된 억압이란 덫에 갇혀 있다는 매우 경박한 주장을 반박해보겠다. 그런 거라면 너무나도 간단하고 말끔할 것이다. 나는 그 대신 더 엉망진창인 길로 나아가, 우리가 때로 우리의 자긍심을 명명하는 데 사용하는 추잡한 단어들이 개인과 집단의 역사가 복잡하게 엉킨 매

---

* 'Colored'는 'Negro'보다 더 심각하게 흑인 및 유색인을 비하하는 멸칭이었다고 한다. 대문자 'Black'은 흑인 인권 운동에서 당사자의 자긍심을 담은 정체성 명칭으로 사용하는 개념이다. 본문에서는 'Black'을 '흑인'으로, 'nigger'는 '깜둥이'로 번역했으나, 'Colored'와 'Negro'는 따로 멸칭을 개발하지 않고 '컬러드'와 '니그로'로 음역했다.

듭들에서 어떻게 활용되는지 검토해보고자 한다. 내가 처음에 했던 질문으로 되돌아가 보자. **프릭**이란 단어는 왜 내 마음을 어지럽히는가?

하지만 내가 간단하고 말끔한 주장—그런 주장은 억압이 방향을 바꿔 억압받는 사람들의 몸/정신 안에서 번성할 수 있는 방식들에 집중한다—을 빗겨가는 바로 그 순간, 나는 나 자신의 자기혐오를 해결해야 한다. **프릭**이란 단어가 내 마음을 어지럽히는 데에 자기혐오보다 더 큰 이유가 있다 하더라도, 나는 '정상인'이 되고 싶어 하는 자아를 냉정하게 직시할 필요가 있다. 자신이 비장애인으로 여겨질 수 있고 그래야만 한다고 생각했던 아이를, 자기 몸이 움직이는 방식에 여전히 당혹감을 느끼는 불구를 직시해야 한다. 나는 수치심, 침묵, 고립의 조각들이 아직도 내 몸 깊숙이 박혀 있는 걸 느낄 수 있다. 나는 이 파편들을 증오한다. 지난 10년간 나는 절름발이들 사이에서 절름발이로 존재하는 기쁨을 늘려왔다. 분노와 전복을 배웠고, 비틀린 손, 떨림, 규칙적인 절뚝거림, 거친 숨소리에서 우아함을 인식하게 되었으며, 장애인들 사이에서 편안함과 동지애를 발견했다. 그러나 나는 나의 뇌병변을 자랑스럽게 과시하는 걸 상상할 수 있을 만큼 멀리 뻗어나가지는 못했다. 장애를 자랑스레 과시하는 건 많은 장애 활동가가 사용하는 도구인데도 말이다. 사실상 장애 활동가들은 비장애인에게 이렇게 말하고 있는 거다. "젠장 맞아, 네가 더 괜찮아 보이지. 길고 단단해 보여. 내 구부러진 절뚝거리는 걸음을, 씰룩거리는 내 몸을, 시들어빠진 내 다리를 봐라. 네가 알지도 못하는 수화를 그리는 내 손을 읽어봐라. 더 이상은 선글라스로 숨기지도 않는 희뿌연 내 눈에 주목해라. 나를 똑바로 봐라. 네가 빤히 쳐다보던 세월 내내, 넌 나를 정말로 본 적이 없으니까." 자랑스레 과시하기는 자긍심과 같은 건가? 잘 모르겠다. 하지만 분명히 알겠는 건, 장애인들이 자신을 프릭이라 부르는 걸 들을 때마다, 몇십 년간 쌓여온 내 오랜 자기혐오가 새로이 찾은 내 자긍심과 정면으로 충돌한다는 거다.

내게 **프릭**은 오늘날의 프릭의 범주화에 대한 내 개인적인 경험에 의해 정의된다. 오늘날의 프릭의 범주화가 나에게 일어난 건, 1965년 페어뷰 주립병원에서 의사가 처음으로 나를 "지진아"라고 선고했을 때였다. 나는 아직 말을 못했고 구술 능력이 아니라 운동 협응 능력을 요구하는 지능지수 검사를 받았다. 그리고 뇌성마비가 있는 바보 같은 꼬마인 나는 처참하게 검사에 실패했다. 나는 그저 그들이 준 블록을 잘 다룰 수 없었고, 그림을 그릴 수 없었고, 퍼즐을 짜 맞출 수 없었을 뿐이다. 오늘날 프릭의 범주화는, 내가 **지진아, 원숭이, 별종**이라고 놀림받던 그 모든 순간에 일어났다. 누군가가 나를 멀거니 쳐다볼 때마다 일어난다. 그런 일은 내가 거의 알아차리지도 못할 만큼 너무도 꾸준히 일어난다. 호기심으로, 어리둥절해서, 불안해서 떨리는 내 손과 뒤뚱거리는 내 움직임을 쳐다보려고 고개를 돌리는 사람들을, 나는 보지 않는다. 나를 이해하려고 안간힘을 쓰다가 그건 불가능하다고 결론 내리는 사람들을, 나는 보지 않는다. 오래 전에 나는 이 모든 시각적 침입을 차단하는 법을 배웠다. 내 친구들이 알아차리고 내게 말해주기 때문에 그게 일어난다는 걸 알 뿐이다. 그러나 나는 빤히 쳐다보는 그 눈초리를 내 뼛속에 저장했다. 오늘날 프릭의 범주화는, 처음 보는 사람이나 지인들이 선의에서 비타민, 수정, 뉴에이지 시각화 기법 등 자신이 알고 있는 것들을 조합하면 내 뇌병변이 치료될 거라고 제안할 때마다 일어난다. 나는 항상 이렇게 응수하고 싶다. "네, 맞아요. 저는 치료법을 찾고 있어요. 내가 태어나기도 전에 죽은 내 뇌세포가 기적적으로 재생되기라도 할 것처럼요." 하지만 그런 순간은 꼭 내가 대꾸할 말을 생각하기도 전에 지나쳐간다. 이게 프릭의 범주화에 관련된 나의 개인적 역사다.

덧붙이자면 **프릭**은 프릭 쇼에서의 착취와 전복이 복잡하게 엉킨 집단적 역사로 내게 그늘을 드리운다. 나는 빤히 쳐다보고 싶어 하는 백인과 비장애인들로부터 이득을 취한 사람들이 있었다는 사실을 아는 게 즐겁다. 나는 한때 장애인들이 자신의 장애를 자랑스레 과시하고 공연하고 과장하고서 돈을 받았다는 점을 사랑한다. 동시에 나는 프릭 쇼가 장애인과 유색인 비장애인에 관한 해로운 거짓말을 강화했던 방식을 증오한다. 나는 흥행사들이 사람들을 사고 납치해서 프릭 쇼로 끌고 오게 한 인종차별주의, 비장애 중심주의, 자본주의, 제국주의를 경멸한다. 나는 장애인들에게 얼마나 적은 기회만이 주어졌는가에 분노한다.

프릭이란 단어에 자긍심을 불어넣기 위해선, 나는 프릭의 범주화에 관련된 내 개인사를 통과해, 프릭 쇼라는 더 큰 집단적 역사로 발을 들여놓아야 할 것이다. 내 자기혐오의 마지막 조각들을 통과해

가면서, 빤히 쳐다보기나 **지진아**란 단어와 짝지어 있던 고통을 통과해 발걸음을 떼어놓으면서, 나는 나만의 저항을 튼튼하게 만들기 위해 찰스 스트래튼의 뽐내며 걷기, 앤 톰슨의 평범함을 비범함으로 바꿔놓기를 사용할 수도 있다. 나는 데이지 힐턴, 윌리엄 존슨, 오티스 조던을 따라 나 자신에게 프릭이란 이름을 붙일 수도 있다. 나는 그러길 바란다.

그러나 두 역사는 무모한 휠체어 경주에서 충돌한다. 내 개인사는 그리 쉽게 발걸음을 옮겨 갈 수 있는 곳이 아니다. 조각들은 내 피부를 찢는다. 오래되고 익숙한 고통은 나를 조심스럽고 경계심 많은 사람이 되게 한다. 그리고 집단적 역사는 내가 찬미하고 이용하고 싶어 할 만한 순수한 저항과 전복의 이야기로 환원되기 어렵다. "우방기 야만인"으로 일했던 사람들이 계속 생각난다. 찰스 스트래튼과 바이올렛 힐턴이 흥행사가 되었던 건 맞다. 그들은 태어날 때부터 자신을 둘러싸고 있던 일련의 착취적 조건들과 자신의 노동이 결부된 또 다른 종류의 착취적 조건들을 받아들인 다음, 그것들을 가능한 한 힘껏 전복시켰다. 하지만 아프리카인 남성과 여성들은 제국주의와 인종차별주의의 피해자였다. 그들의 저항은 순전히 '링링 형제 서커스'에서 살아남기 위한 행동으로 드러났다. 이건 찬미할 저항이 아니라, 존경하고 애도할 저항이다.

이처럼 충돌하는 역사들은 나로 하여금 증언이라는 행위에 대해 사유하게 한다. 공개적으로 옷 벗기기, 길거리 한 구석에서 뻔뻔하게 빤히 쳐다보기, 유색인 비장애인을 미국으로 납치해 와서 전시하기, 인지장애인을 인간이 아닌 존재로 전시하기—장애인을 프릭으로 범주화하는 이런 종류의 폭력은 우리가 우리의 자긍심 안에 통합하기보다는 증언해야 할 문제인가? 증언은 자긍심과 어떻게 다른가? 증언과 자긍심은 어떤 공통점이 있는가?

· — · — ·

프릭이란 단어가 자긍심과 증언과 맺고 있는 관계를 풀기 위해, **퀴어**란 단어가 LGBT 공동체로 옮겨간 순간으로 되돌아가보자. 언어, 자긍심, 저항에 대한 이러한 탐구에서 내가 **퀴어**와 **프릭**이란 단어를 짝지은 건 우연이 아니라고 생각한다. 퀴어와 장애인이 억압을 경험하는 방식은 어느 정도 유사한 경로를 따른다. 퀴어 정체성은 병리화되고 의료화되어왔다. 1973년까지 동성애는 정신의학적 장애로 간주되었다. 오늘날 트랜스섹슈얼리티와 트랜스젠더리즘transgenderism[*]은 성별 위화감gender dysphoria^{**}과 성별 정체성 장애gender

---

* '트랜스젠더리즘'은 "트랜스젠더의 이슈, 역사, 정체성, 정치학 등을 다루는 포괄적 담론"으로 정의된다(김지혜, 「페미니즘, 레즈비언/퀴어 이론, 트랜스젠더리즘 사이의 긴장과 중첩」, 『영미문학페미니즘』 19.2, 2011, 53쪽). 다만 이 문맥에서 트랜스섹슈얼리티와 함께 정신질환으로 취급받는 트랜스젠더리즘은 담론이나 사상이라기보다는 트랜스젠더의 존재, 경험, 삶을 통칭하는 말로 사용된 것으로 보인다.

** 세계 트랜스젠더 보건의료 전문가 협회(World Professional Association for Transgender Health, WPATH)가 발간한 『트랜스섹슈얼·트랜스젠더·성별비순응자를 위한 건강관리실무표준』(Standards of Care, SOC) 7판의 한글판에선 'gender dysphoria'를 '성별 위화감'으로 번역한다. 이때 성별 위화감은 "개인의 성별 정체성이 출생 당시 지정된 성(과 해당 성에 부여된 성역할 내지 일차·이차 성징)과 어긋남으로써 느끼는 불편함이나 고통이라고 광범위하게 정의"된다(한글판 2쪽). 이 용어는 원래

identity disorder라는 이름 아래 정신의학적 질환으로 분류된다. 퀴어함은 너무도 자주 수치심, 침묵, 고립과 뒤얽힌다. 퀴어들, 특히 LGBT 청소년은 다른 퀴어들로부터 단절된 채 학교에서, 동네에서, 원가족 안에서 홀로 살아가는 경우가 많다. 퀴어들은 항상 빤히 쳐다보는 시선에 대처해야 한다. 우리가 공공장소에서 손잡고 다닐 때, 젠더 경계 및 규범에 저항할 때, 우리 관계와 가족을 인정하라고 주장할 때마다 말이다. 인터섹스, 트랜스, 젠더 규범에 순응하지 않는 사람들―수염을 기르는 여성들처럼―은 프릭 쇼에 얽힌 자기만의 역사가 있다. 퀴어들은 교회, 정부, 과학계로부터 몇 세기 동안이나 우리 몸은 비정상이란 소리를 들어왔다. 이처럼 유사한 경로를 거쳤다고 해서 퀴어와 장애인이 같은 억압을 경험한다는 뜻은 아니다. 그 경로는 여러 지점에서 갈라진다. 예를 들어 빤히 쳐다보는 이들은 종종 불구는 불쌍히 여기고 퀴어는 두들겨 팬다(비록 어떤 불구는 두들겨 맞고, 어떤 퀴어는 동정받기도 하지만). 그러나 유사한 지점들, 즉 양쪽 사람들이 모두 타고난 프릭으로 간주되어왔다는 사실은 자긍심에 관한 질문을 던진다. LGBT 사람들은 어떻게 자긍심을 창출해왔는가? 그 자긍심을 상징하는 말들은 무엇인가?

트랜스젠더를 정신질환으로 낙인찍는 효과를 갖고 있었으나, 트랜스 당사자들의 건강한 삶을 위한 의료적 지원을 목적으로 하는 『건강관리실무표준』은 성별 위화감의 정도나 성격은 다양할지언정 그로 인해 고통을 느낀다면 다양한 종류의 치료법을 통해 상당 부분 완화될 수 있다는 접근법을 취한다(한글판 5~6쪽). 한글판은 한정연과 이은실이 번역하고, 캔디와 이승현이 프로젝트 매니저를 맡았으며, 윤다림, 이승현, 이은실, 추혜인, 한채윤의 전문가 감수를 거쳐 만들었다(다운로드 주소 'www.wpath.org/media/cms/Documents/SOC%20v7/SOC%20V7_Korean.pdf').

퀴어는 그 단어를 포용해온 LGBT 개인과 공동체들에게 너무도 많은 것을 안겨주었다. 단어는 현실을 명명한다. "그래, 우린 달라. 우린 아웃사이더야. 우린 지배 문화가 정의하는 정상에 맞지 않아." **퀴어**는 그러한 차이를 숨기거나 부인하는 대신 찬양한다. **퀴어**를 우리 고유의 것으로 만듦으로써, 그 말은 덜 위협적인 것이 된다. 우리는 동성애 혐오자들로부터 무기를 빼앗아온 거다. **퀴어**는 엄청나게 다양한 사람들이 포함된 집단에 붙은 이름이다. 그 이름은 모든 변주와 차이와 겹침 속에 있는 우리 레즈비언, 게이, 바이섹슈얼, 트랜스를 하나의 지붕 아래로 데려온다. **퀴어**는 연합을 건설하는 단어다. 어떤 이들에겐 그 말이 잘 작동한다. 다른 이들에겐 그렇지 않다. 장애 공동체와의 관계 속에 있는 **불구**란 단어에 대해서도 같은 얘기를 할 수 있다. 이 모든 건 꽤나 간단해 보이고, 인권 운동에서 명명하기에 관한 사유가 이뤄지는 전형적인 경로이긴 하다.

하지만 나는 사유를 좀 더 멀리 밀고 나가길 원한다. 수치심과 고립 속에 살아가던 사람들은 어떻게 공동체와 자긍심을 창출하는가? 우리는 어떻게 서로를 발견할 수 있게 되는가? 이제 단어의 영역에서 상징의 영역으로 옮겨 가보자. 1970년대 중반 이래 LGBT 사람들은 우리 자신을 서로에게 그리고 세상에게 확인시키는 상징으로 분홍색 삼각형을 사용해왔다. 원래 나치는 이 상징을 홀로코스트 동안 거리와 강제수용소에서 비유대계 게이 남성을 표시하는 데 사용했다. 유대인을 표시하는 데 노란별을 사용했던 것처럼 말이다. (유대계 게이 남성은 두 표식을 모두 달았던 듯하다. 노란 삼각형 위에 분홍색 삼각형이 겹쳐진 별을 달아야 했던 것이다.)

분홍 삼각형은 이제 퀴어 공동체에서 정체성, 증언, 자긍심의 상징으로 기능한다. 정체성의 기호로서 분홍 삼각형은 그 의미를 은밀하게 전하기도 하고 공공연하게 전하기도 한다. 배지로 달거나 자동차 범퍼에 붙인 분홍 삼각형 기호는 많은 이성애자에겐 별다른 의미를 갖지 않을 수 있다. 특히 퀴어 문화랑 연결되어 있지 않거나 그 문화를 잘 모르는 사람이라면 말이다. 그러나 LGBT 사람들 사이에선, 특히 도심지에서 분홍 삼각형은 다른 퀴어들에게 퀴어 정체성을 즉각 표시한다. 이런 방식으로 분홍 삼각형은 내부자의 언어로 기능하는데, 이는 억압자는 배제하면서 주변화된 사람들은 포함하려는 언어이다. 분홍 삼각형은 또한 정체성에 대해 더 공공연히 말하는 데에도 사용된다. 때로는 동성애자들이 겪은 역사적 억압을 교육하는 작업에 포함되기도 하고, 사회운동에 활용되기도 한다. 증언의 상징으로서 분홍 삼각형은 홀로코스트로 죽어간 게이 남성들을 기억하고 기린다. 분홍 삼각형은 나치의 잔학한 행위에 대한 기억을 우리가 계속 의식하게 한다. 분홍 삼각형은 퀴어 억압의 극한을 상기시키는 기능을 한다. 그리고 자긍심의 상징으로서 분홍 삼각형은 **퀴어**나 **불구자**란 단어들과 유사한 정치적 경로를 따라서 증오를 중화시키고 변환시킨다. 분홍 삼각형은 벽장 밖으로 나온 자긍심을 가진 퀴어들이 착용한다. 정체성을 표지하고, 자긍심을 표현하고, 증언을 고집하는 이러한 기능은 서로 연관되어 있고, 어느 주변화된 공동체에서든 세 기능 모두가 중요하다. 해방을 추구하는 과정에서 우리는 때로 우리에 대한 억압을 가장 가까이 반영하는 언어와 상징을 자긍심의 강력한 표현으로 바꿀 수 있다. 그렇다 해도 때로는 그러한 등식이 증언과 자긍심 간 차이를 흐릿하게 만들어 역사를 배반하기도 한다.

자긍심의 상징으로서 분홍 삼각형은 자신의 역사로부터 단절당하는 일이 잦았다. 상징에 대한 몰역사적 설명 중 하나로 미니애폴리스Minneapolis에 있는 한 게이 서점의 사장이 자신의 고객에게 한 얘기가 있는데, 분홍 삼각형은 백인 게이/레즈비언을 표상하고 검은 삼각형은 흑인 게이/레즈비언을 표상한다는 것이었다. 그러나 홀로코스트 동안 검은 삼각형은 나치가 반사회적이라 간주되는 사람들을 표시하는 데 사용했던 것으로, 여기에는 레즈비언은 물론 성노동자, 인지장애인, 노숙인들이 포함되었다고 추정된다. 자신의 역사와 단절되면서 분홍 삼각형은 소비자주의의 상징이 되고, 티셔츠와 열쇠고리를 파는 데 이용된다. 분홍 삼각형이 거짓말이 되어버리는 거다. 분홍 삼각형은 1978년에 길버트 베이커Gilbert Baker가 뻔뻔한 자긍심과 긍정으로 가득 찬 퀴어 상징으로서 특별히 디자인한 무지개 깃발과 같지 않고 앞으로도 결코 같을 수 없을 것이다. 무지개 깃발을 사용한다는 것은 한 사람을 현재 구성된 대로의 퀴어 정체성과 자긍심에 연결시킨다는 것이다. 분홍 삼각형을 진정으로 사용한다는 것은 한 사람을 역사에 연결시킨다는 것이다.

나는 유대계 다이크 친구들이 분홍 삼각형을 자긍심의 상징으로 이해하지 않는다는 말을 다시금 듣는다. 그들은 내게 묻는다. "집단 학살을 의미했던 이 상징을 왜 되찾아야 해? 우리 가족이 노란 별을 자긍심의 상징으로 기쁘게 달고 다니는 일은 결코 없을 거야. 아마 증언과 분노의 상징으로 달고 다닐지는 몰라도, 결코 자긍심의 상징은 아니라고. 그럼 왜 분홍 삼각형인데? 그게 어떻게 자긍심의 상징이 될 수 있어?" 그들의 말 뒤에서, 나는 집단적 역사의 그늘을 본다. 팔뚝에 새겨진 번호를 생생히 상기시키는 것들을, 파괴된 가족과 문화에서 전해진 이야기들을 본다.

그들의 물음과 불신은 내게 자긍심의 표현에 엉켜 있는 증언 행위를 풀어내라고 요구한다. 증언과 자긍심 둘 다 정체성을 강화하고, 저항을 길러내고, 전복을 일궈낸다. 수치심과 고립 속에 살아왔던 사람들은 우리가 끌어모을 수 있는 모든 자긍심을 필요로 한다. 편협하게 정의된 정체성 정치에 우리 자신을 빠뜨리기 위해서가 아니라, 광범위한 반란을 지속시키기 위해서 말이다. 그리고 마찬가지로 우리는 우리의 모든 역사들, 집단적인 역사와 개인적인 역사 모두에 대한 증언을 필요로 한다. 그러나 또한 우리는 증언과 자긍심이 같지 않다는 걸 기억할 필요가 있다. 증언은 슬픔과 분노를 추모에 짝지어준다. 자긍심은 가시화하겠다는 결심을 기쁨과 짝지어준다. 증언은 역사를 본래대로 고수하고 존중할 것을 요구한다. 자긍심은 역사를 자긍심의 수많은 도구 중 하나로 사용한다. 때로 증언과 자긍심은 협력하여 작동하지만, 그렇지 않을 때도 있다. 이 둘을 혼동하거나 합치거나 경계를 흐려서는 안 된다.

·　—　·　—　·

　이제 나는 다시 **프릭**으로 돌아올 수 있다. **프릭**이란 단어를 사용하는 장애인들은, 많은 퀴어들처럼 자긍심을 창출하느라 증언을 배반하고 있는 걸까? 자긍심에 가득 차 스스로를 프릭이라 명명하는 장애인은 저항 감각을 강화하고, 진실에 이름을 붙이고, 자신의 정체성을 북돋기 위해 프릭 범주화와 프릭 쇼의 역사를 끌어온다. 그러나 이런 식으로 역사를 이용하면서, 그녀는 앤 톰슨, 바이올렛 힐턴, 그리고 전시되는 중에 시골뜨기들에게 욕을 했던 인지장애인 소녀를 기억하고 있는 걸까? '막시모'와 '바르톨라'에 대해서는 어떤가? 고국을 그리워하며 쓸쓸히 프릭 쇼에서 죽었던 유색인 비장애인들에 대해서는 어떤가? 우리가 우리 자신을 프릭이라 명명할 때, 우리는 자긍심이 아니라 증언을 요청하는 역사의 일부를 잊고 있는 건가? 우리는 자긍심과 증언을 뭉뚱그리고 있는 건가?

　어떻게 프릭 쇼의 역사는 오늘날의 프릭 범주화의 역사와 상호작용하는가? 어떻게 우리의 개인적 역사는 우리의 집단적 역사에 들어가는가? 만약 내가 더 이상 알아차릴 수 없을 정도로 비장애인들의 빤히 쳐다보는 시선을 내면화하지 않았더라면, 대신에 그 시선이 더럽고 건방지다고 느꼈다면, 나는 내 뇌병변을 과시한다는 게 어떤 건지 좀 더 잘 상상할 수 있었을까? 프릭으로서 일했던 사람들의 저항을 나 자신의 저항으로 좀 더 기꺼이 받아들일 수 있었을까? 세상이 나를 프릭으로 간주한다는 단순한 진실을 시인할 그 단어를 기꺼이 사용했을까?

성인이 되어 장애인이 된 사람들, 부정, 슬픔, 재활의 1라운드를 비교적 순조롭게 해내고는, 아마도 장애운동과 장애 공동체를 찾아갈 사람들이라면 어떨까? 그들에겐 프릭의 범주화에 대한 오랜 개인적 역사가 없다. 아마도 수치심, 침묵, 고립이 그들의 몸 깊숙이 파묻혀 있지는 않을 거다. 그들과 프릭 쇼의 역사, 그리고 **프릭**이란 단어와의 관계는 어떨까? 그들은 프릭으로 범주화되기보다는 비장애 중심적 세상에 동화되고 싶은 열망이 클까? 아니면 프릭으로 범주화되는 상황을 곧바로 납득할까? 잘 모르겠지만, 그들이 **프릭**과 맺는 관계는 아마도 나랑은 다를 것이다. 인지장애인들은 어떨까? **프릭**이 그들에게 어떤 의미가 있을까? 흥행사의 소유물이 되어 인간이 아닌 존재로 전시되었던 유산 속 어디에 자긍심이 있을까? 그들이 프릭 쇼의 역사와 맺는 관계도 분명 나랑은 다를 것이다.

내 지인 중에서 자신을 프릭이라 부르는 장애인들을 떠올려본다. 그들 중 다수는 공연자로, 장애 문화를 건설하는 데 기여하거나 주류 문화에 침투하는 작업을 하거나 혹은 양쪽에 다 참여하기도 한다. **프릭**이란 이름을 사용할 때, 그들은 장애인인 동시에 흥행사로서 프릭 쇼의 역사를 내세운다. 그들은 길거리에서, 야외 축제에서, 궁궐 안에서, 카니발에서 프릭으로, 괴물로, 애완 난쟁이로, 궁정 광대로, 어릿광대로 공연하던 몇백 년 전 유산으로부터 자긍심을 만들어낸다. 다른 한편 개인적 역사 속에서 공연이 아닌 다른 이유로 남들 앞에서 옷이 벗겨졌던 한 장애인이, 오늘날 프릭으로 범주화되는 틀을 뚫고 나아가 이전 시대 프릭이 범주화되던 틀 안으로 쉽게 들어갈 수 있을까? 너무도 오랫동안 때로는 전복과 저항 속에서, 때로는 혐오와 수치심 속에서 우리를 관중 앞 무대 위에 올렸던 그 역사는, 우리의 다양하고 수많은 개인적 역사가 집단적 역사로 얽혀 들어감에 따라, 자긍심만이 아니라 증언을 요청하기도 한다.

역사의 이런 풍성함은 다른 공동체들에도 마찬가지로 존재한다. 예를 들어 비록 내가 다른 많은 이들처럼 **퀴어**라는 단어를 나의 것으로 만들어왔지만, 수많은 게이, 레즈비언, 바이섹슈얼, 트랜스에게 그 단어는 참을 수 없는 슬픔과 쓰라림을 담고 있는 단어다. 1950년대에 커밍아웃했던 여성스러운 소년effeminate boy. 스톤월 항쟁 이전에 경찰의 급습으로 붙잡혔던 다이크와 퀸들. 역사적으로 정신의학적 학대를 겪었던 트랜스들. 이성애자로 또는 규범적인 젠더로 패싱passing*할 수 있고 그러길 선택하며, 차이를 없애고 싶어 하고 진정한 동화同化를 갈망하는 사람들. 이 사람들 각자가 **퀴어**란 단어와 어떤 관계를 맺고 있는지를 내가 안다고 가정할 수는 없다. 그들의 개인사는 현재 **퀴어**가 집단적으로 정의되어 사용되는 상황과 어떤 충돌을 일으키는가? 추잡한 단어들은 아무런 논리도 없이, 때로는 자긍심을 호출하고, 때로는 증언을 호출하며, 때로는 둘 다를 호출하고, 때로는 둘 중 어느 것도 호출하지 않는다.

무엇이 우리가 스스로에게도 타인에게도 인정받을 만하다는 우

---

* '패싱'에 대해서는 269쪽 옮긴이 주를 보라.

리의 자긍심을, 그 기쁘고 단단한 주장을 자라나게 해줄까? 그리고 슬픔과 분노로 가득 찬 우리의 기억을 증언하길 요구하는 것은 무엇일까? 역사의 어느 조각이? 어떤 종류의 유머가? 어떤 단어가? 다시 한 번 나의 질문으로 돌아가보자. "왜 **퀴어**와 **불구자**는 되는데 **프릭**은 안 될까?" 이번에 답을 얻을 거라고 기대하진 않았다. 대신에 나는 바니와 하이럼 데이비스가 프릭 쇼 카메라를 부드럽지만 똑바로 응시하던 바로 그 이미지를 차용해서, 비장애인과 이성애자들이 나를 빤히 쳐다볼 때 똑바로 쏘아보는 실천으로 되받아치고 싶다. 나는 로버트 워들로의 저항과 머시 범프의 격분을, 프릭의 범주화가 오늘날도 계속된다는, 내가 살아오면서 얻은 지식 옆에 나란히 놓길 원한다. 나는 내가 스스로를 **프릭**이라 부를지 말지를 고민할 때, 앤 톰슨과 윌리엄 존슨, 오티스 조던과 데이지 힐턴과 내가 많은 걸 공유하고 있다는 점을 기억하길 원한다. 나는 인류학자들에게 '막시모'와 '바르톨라'의 몸을 중심으로 구축했던 것과 같은 거짓말을 결코 다시는 구축하지 말라고, 의사들에게 공개적으로 장애 아동의 옷을 벗기는 짓을 결코 다시는 하지 말라고 주장하면서, 세상을 재편하길 원한다. 난 나를 강하게 만드는 것에 대한 내 자긍심과, 나를 따라붙는 괴롭히는 것들에 대한 내 증언을 날카롭게 벼리고자 한다. 우리가 자신에게 무슨 이름을 붙이든 간에, 우리가 우리의 자기혐오와 수치심과 침묵과 고립을 어떻게 끝장내든 간에, 목표는 같다. 우리가 일상적으로 겪고 있는 실질적 억압을 끝장내야 한다.

결을 가로질러 읽기

수동 휠체어가 반쯤 그늘에 놓여 있다. 커다란 오른쪽 바퀴는 빛의 웅덩이 속에 있다. 의자는 비어 있고, 카메라 반대쪽을 향해 20도쯤 돌려져 있다. 발판은 밖으로 젖혀졌다. 의자 위쪽엔 검은 바탕에 흰 글씨로 이렇게 쓰여 있다. "일이 잘 풀리면, 사람들이 일어나 걷게 될 거예요."—'근이영양증협회Muscular Dystrophy Association'의 공익 광고.[1]

· — · —·

검은색 레이스 뷔스티에, 망사 스타킹, 스틸레토 힐로 차려입은 백인 여성이 카메라를 똑바로 쳐다본다. 그녀는 붉은 립스틱을 바른 미소 띤 입술, 머리 위로 올린 금발, 양쪽 귀에 달린 다이아몬드 귀걸이를 보여준다. 그녀는 카메라를 등지고 있는 수동 휠체어의 왼쪽 바퀴에 옆으로 걸터앉아 있다.—장애 공동체 잡지《뉴 모빌리티New Mobility》표지에 실린 엘런 스톨Ellen Stohl.[2]

· ─ · ─·

　　나이 든 남자, 나이 든 여자, 젊은 남자, 어린 소녀—네 명의 백인이 카메라를 보고 나란히 서 있다. 나이 든 남자는 손을 앞으로 모으고 있다. 나이 든 여자는 오른쪽 어깨를 곧추세우고 왼손을 나이 든 남자의 팔꿈치 안쪽에 걸었다. 젊은 남자는 나이 든 여자의 앙상한 손을 꼭 쥐고 있다. 소녀는 고개를 들어 오른쪽을 보고 있고 발은 왼쪽을 향하고 있다. 소녀의 작은 손은 잡고 있는 젊은 남자의 큰 손에 가려 보이지 않는다. 아무도 카메라를 바라보지 않는다. 굵은 세리프 서체로 적힌 표제는 이렇게 선언한다. "정신적인 핸디캡은 평생 남는다. '맨캡Mencap'도 그렇다." 오른쪽 하단 구석에는 좀 더 작은 글씨가 속삭인다. "당신의 도움이 없으면 우리에겐 핸디캡이 생겨요."*—영국의 장애 자선단체 '맨캡'**의 광고 포스터.[3]

· ─ · ─·

　　이 각각의 이미지는 이야기를 들려준다. 빈 휠체어에선 장애인

---

* 　'핸디캡(handicapped)'이 '장애인(disabled)'과 어떻게 다른지, 그리고 왜 '핸디캡'이 '장애인'보다 좀 더 낙인찍힌 단어로 받아들여지는지에 대해서는 「프릭과 퀴어」 151~158쪽을 보라.

** 　'맨캡'은 학습장애가 있는 사람들과 그 가족 및 간병인이 함께 일하는 영국의 주요 학습장애 자선단체다(공식 홈페이지 'www.mencap.org.uk/').

의 자립생활*과 시민권을 전적으로 무시하고, 장애 치료법을 찾는 것
에만 집착하는 자선 모금 방송과 근이영양증협회의 강박이 터져 나
온다. 엘런 스톨은 장애인을 대상화하고 무성적인 존재로 만드는 이
야기를 폭로하는 동시에 섹슈얼리티를 선언한다. '맨캡'의 광고는 장
애인에게 베푸는 자선에 관한 수많은 이야기 중 하나에 초점을 맞
추는데, 그건 바로 장애인을 아이 취급하는 이야기다. 세 이야기 모
두 각각 개별적으로 세세히 논할 필요가 있다. 또한 이 세 이야기를
더 큰 하나의 이야기로 합칠 수도 있다. 그건 이미지들의 의미에 관
한 이야기이자, 그런 의미들이 맥락에 따라 어떻게 변화하고 옮겨가
는지에 관한 이야기이고, 그 의미들이 몸에 들어가는 수많은 방식에
관한 이야기이다.

키 크고 날씬하고 이성애자고 모델 산업에서 미를 규정하는 방
식대로 아름답고 하반신마비가 있는 엘런 스톨은 이런 더 큰 이야
기를 풀어가기 좋은 초점을 제공한다. 1987년 《플레이보이Playboy》에
엘런의 화보가 실린 사건은 큰 논란을 불러일으켰다. 「엘런 스톨을
만나다」⁴란 제목의 그 여덟 쪽짜리 특집 기사는 글과 전면 사진을

---

* 한국 장애인 운동에서는 'Independent Living(IL)'이 보통 '자립생활'로 번역되며, '자
립'이란 단어가 널리 쓰인다. 장애여성운동단체 '장애여성공감'은 기존 IL 운동의 남성
중심성과 장애인에게만 별도로 '자립'이란 단어를 사용하는 비장애 중심성에 문제 제
기하는 한편, 대립적인 것으로 인식되어온 독립과 의존의 관계를 재설정하고자 하는
시도로서 '자립' 대신 '독립'이란 단어를 적극적으로 사용하고 있다. '장애여성공감'은
이러한 문제의식을 바탕으로 2005년 장애여성 독립생활센터 '숨'을 개소하기도 했다.
관련 내용은 다음을 보라. 「[논평] 장애여성 독립생활운동 10년: 독립의 재구성, 장애
인 자립생활운동의 새로운 실천」(wde.or.kr/notice/153).

번갈아 실었다. 글은 젊은 장애 여성으로서 엘런의 삶, 장애와 섹슈얼리티에 대한 그녀의 태도를 서술한다. 작은 사진들이 글에 덧붙어 있다. 우리는 말을 타는, 타자기 앞에 앉은, 휠체어에 앉아 무술을 배우는, 남학생 사교 클럽 앞에서 미소 짓는 엘런을 본다. 이런 이미지는 비장애인 독자의 흥미를 끌고 어쩌면 흥분시키기까지 하는데, 이는 그들이 평범한 하루하루를 살아가는 장애인을 전혀 생각지 못하기 때문이다. 사진과 함께 실린 글엔 이런 구절이 있다. "엘런의 본업은 학생이고, 파트타임으로 배우, 모델, 연설가로 활동한다. 그녀는 차를 몰고, 말을 타고, 스키를 타고, 무술을 배운다—그리고 휠체어에 갇혀 있다."[5] 이런 말은 장애란 곧 수동성, 무능력함과 같아서 자동차 운전 같은 평범한 활동을 불가능하게 한다는 거짓을 먹고 자란다.

글에서는 엘런이 장애를 "극복한" 수많은 방법이 강조되어 있는 반면, 잡지 한 면을 가득 채운 그녀의 소프트 포르노 사진들에는 장애를 드러내는 시각적 단서가 담겨 있지 않다. 이런 사진에서 그녀의 휠체어는 시야 밖에 있다. 사진이 보여주는 엘런은 가슴을 다 드러낸 반나체에 레이스 옷을 입고 진주 목걸이를 걸고 침대에 누워 다리는 이불로 덮어 가린 모습이다. 한 사진에서 그녀는 진주 목걸이를 입술에 갖다 댄다. 또 다른 사진에서 그녀는 몸을 뒤로 기대고 오른손은 시트 아래로 늘어뜨린 채, 쾌감을 느끼는 양 머리를 젖힌 자세를 취하고 있다. 세 번째 사진에서 그녀는 수줍게 유혹하듯이 도발적인 미소를 띠며 카메라를 바라본다. 엘런은 큰 논란을 불러일으켰다.

엘런이 《플레이보이》에 나온 것에 대해 많은 사람들이 의견을 냈다. 일부 장애 활동가들은 분노했다. 엘런이 특집 기사의 가장 성애화된 부분에서는 비장애인처럼 보였고, 이 이미지는 오직 비장애 여성만이 성적인 존재라는 쓰디쓴 편견을 강화하기 때문이었다. 다른 장애 활동가들은 장애가 최종적으로 표현된 모양새나 아예 장애가 재현되지 않은 점은 유감이지만, 장애 여성이 드디어 성적인 존재로 인정받았다는 점에서 엘런의 화보에 찬성하고 안도하고 기뻐했다. 일부 페미니스트들은 《플레이보이》와 소프트 포르노가 은연중에 그들이 비장애인 모델들을 대할 때보다 엘런을 훨씬 더 동정하고 재단했다고 비난했다. 다른 페미니스트들은 한편으론 장애인을 무성적인 존재로 보는 인식과 여성을 성적으로 대상화하는 시각이 뒤엉켜 있는 모순과, 다른 한편으론 글에서는 엘런을 슈퍼장애인으로 그려내는 것과 대조적으로 시각적으로는 그녀를 비장애인으로 재현한 모순적인 메시지를 분석하려 했다.

이러한 견해들의 불협화음은 나를 압도한다. 나는 근이영양증협회 광고, 《뉴 모빌리티》 표지, 그리고 '맨캡' 광고로 돌아간다. 나는 엘런이 편하게 몸을 기댈 수 있도록 그녀의 휠체어 옆에 빈 휠체어를 놓는다. 나는 '맨캡' 포스터 속 나이 든 여자의 이미지와 엘런의 이미지를 나란히 놓는다. 나는 미국 장애 자선단체인 근이영양증협회와 영국 장애 자선단체인 맨캡이 각자 장애인의 구세주인 양 굴면서 치고받고 싸우는 걸 상상한다. 나는 총천연색으로 빛나는 섹슈얼한 엘런의 자아가 맨캡의 흑백 카메라를 노려보는 걸 지켜본다.

．－．－．

"일이 잘 풀리면, 사람들이 일어나 걷게 될 거예요"라는 표제와 함께 있는 빈 휠체어는 휠체어를 사용하는 장애인들이, 나아가 모든 장애인이 치료법을 찾아줄 자본주의 권력을 그저 기다리고만 있다고 선언한다. 몇몇 장애에 대한 치료법은 이미 있거나 미래에 생겨날 수 있고, 어떤 장애인의 삶에는 중요할 것이다. 하지만 대체로 우리는 치료되길 기다리고 있는 것이 아니다. 치료의 관점에서 장애를 틀 짓는다는 것은, 장애의 의료적 모델을 받아들여 장애인을 아프고 병든 사람으로 생각하는 것이다. 가끔 비장애인들은 내게 만약 마법의 약을 먹고 다음날 아침 "정상으로", 즉 뇌병변 없이 깨어날 수 있다면 뭘 할 거냐고 묻는다. 그들이 그런 질문을 할 때마다, 나는 그들이 내 삶을 엄청나게 힘들 거라고 믿고 있다는 걸 알게 된다. 나는 그들에게 나에게 뇌병변이 있다는 것은 푸른 눈이나 붉은 머리, 두 팔이 있는 것과 꽤 비슷하다고 말하길 좋아한다. 나는 내 몸을 다른 방식으로는 알지 못한다. 가장 큰 차이는 아무도 내 푸른 눈 때문에 나를 슬프게 만들거나, 고용을 거부하거나, 열 살짜리 대하듯 하지 않는다는 점이다. 나의 뇌병변은 단지 **의료적인** 문제가 아니다. 나는 뇌병변에 대해 특수한 의료적 관리나 약물, 치료를 필요로 하지 않는다. 내가 사용하는 보장구는 병원이 아니라 인터넷 쇼핑몰에서 찾을 수 있다. 물론 장애는 매우 다양하다. 어떤 장애인은 자신의 장애에 따라 정말로 일정 기간 또는 정기적으로 의료적 처치가 절실히 필요할 수 있다. 그러나 특정한 의료적 조치가 필요하다는 것은, 다발성경화증이 있는 사람을 아픈 사람으로 낙인찍거나 사지마비를 질병으로 생각하는 것과는 다르다. 다른 사회변혁 운동에서처럼 장애인권 운동은 개인의 몸이 아니라 억압적인 체계들을 문제로 지목한다. 요컨대 치료되어야 하는 것은 비장애 중심주의이지 우리의 몸이 아니다.

우리는 의료적 치료보다는 시민권, 동등한 접근, 돈을 벌 수 있는 일자리, 독립적으로 살아갈 기회, 장애인을 존중해주는 양질의 보건 의료, 차별이 철폐된 교육을 원한다. 우리는 세계의 일부가 되기를 원하지, 고립되고 기피되기를 원하지 않는다. 우리는 장애를 두렵고 혐오스러운 인간 상태로서 변두리에 놓는 게 아니라, 지배 문화에 대한 도전으로서 한가운데 놓도록 가치 기준을 재정의하길 원한다. 역사학자이자 장애 활동가인 폴 롱모어Paul Longmore는 이렇게 쓴다.

농인*과 장애인은 자신의 청각 손상과 장애의 경험에서 끌어낸 일련의 대안적인 가치관을 정립해왔다. (…) 그러한 가치관은 비장애인 다수의 가치관과는 뚜렷하게 다르고, 심지어 대립한다. 그들 [장애인들]은 자급자족보다는 자기 결정권을, 홀로서기보다는 상호

---

* 원문의 표현은 'Deaf people'이다. 미국의 청각장애인 공동체는 청각 손상을 가진 사람들을 일반적으로 부르는 말인 'the deaf'와, 집단적인 정체성으로서 청각장애인을 말하는 'the Deaf'를 구분하여, 후자를 자긍심의 용어로 사용한다. 한국의 청각장애인 공동체는 후자의 의미로 '농인'이란 단어를 사용한다.

의존을, 기능적 분리보다는 인간 공동체를 더 가치 있게 여긴다고 선언한다. 이러한 가치관 형성은 장애를 그 출발점으로 삼는다.[6]

말할 나위도 없이, 우리에게 치료는 중요한 목표가 아니다.[7]

다른 한편 장애 활동가들 사이에서 노동절 자선 모금 방송으로 악명 높은 근이영양증협회는 치료에 안달이 나 있다. 협회는 연구에 큰돈을 쏟아붓지만, 인공호흡기를 필요한 사람들에게 구입해주진 않는다. 다가올 유전학의 획기적 발전에는 큰돈을 쓰지만, 장애인이 욕실을 사용할 수 있게 해주는 지지대에는 돈을 쓰지 않는다. 근이영양증협회의 자선 모금 방송은 동정과 비극을 불러냄으로써 기금을 모은다. 이는 그 돈이 장애인에게 도움이 되는 정도보다 훨씬 더 많이 해로운 것이다. 그렇다. 돈이 엄청나게 많이 필요하다는 건 나도 안다. 근이영양증협회가 연구비에서 돈을 조금 떼어 휠체어를 사서 장애인에게 기부하고 있고, 이 휠체어가 일부 장애인의 삶의 질을 향상시킨다는 것도 안다. 그러나 여성을 성차별주의 때문이 아니라 여성성 때문에 견딜 수 없는 삶을 살아가는 불쌍하고 비극적인 개인으로 묘사함으로써 여성의 권리를 위한 돈을 긁어모으는 이성애자 남성 집단이 있다고 상상해보라. 혹은 LGBT를 지지하기 위한 모금을 한답시고 동성애가 지독하지만 치료할 수 있는 병이라는 문화적 신념을 재차 확언하는 이성애자들이 있다고 상상해보라. 이러한 상황은 참을 수 없을 것이다. 퀴어 활동가와 페미니스트 활동가들은 반기를 들고 일어날 것이다. 하지만 여기가 바로 장애인들이 자기

처지를 깨닫는 곳이다. 제리 루이스처럼 장애인의 이익을 위해 일한 다고 주장하는 비장애인들은 장애에 가해지는 억압을 외면하고, 비극적이고 무능력한 불구자라는 고정관념을 강화하고, 시민권보다는 연구에 돈을 쏟아붓는다. 그래서 장애 활동가들은 이에 반기를 들어 자선 모금 방송을 '동정 잔치'로 명명하고, 장애 자선 산업에 정면으로 도전하고 있다.

장애 이미지가 부족하기 때문에, 자선 모금 방송이 더 나쁜 영향을 미친다. 만약 직장에서 일하는 장애인, 학교에 다니는 장애인, 행복하고 헌신적인 관계를 누리는 장애인, 부모, 교사, 활동가, 연기자, 예술가, 변호사, 목수, 간호사인 장애인 같은 이미지가 풍성하다면, 이 동정 잔치도 지금처럼 심각한 문제가 되진 않을 수도 있다. 그러나 아직 장애인의 이미지는 그렇게 풍부하지 않다. 하루 중 어느 때든 우리가 텔레비전을 켰을 때 평범한 삶을, 최소한 텔레비전 방송용 평범한 삶을 살아가는 장애인이 나오는 방송은 찾아볼 수 없다. 대신 우리가 1년에 한 번 텔레비전에서 볼 수 있는 건, 장애인에 대한 지배적인 이미지 중 하나를 창조하는 자선 모금 방송에서, 발랄하지만 비극적인 포스터 아동의 포즈를 취한 장애 아동과 성인들이 텔레비전 화면을 가로질러 줄줄이 행진하는 모습뿐이다.

엘런 스톨은 어쩌면 비장애인 이성애자 남성들을 위해 성적으로 대상화되어 《플레이보이》에서 포즈를 취하는 대신, 혹은 《뉴 모빌리티》의 표지에서 장애 공동체를 위해 대상화된 섹시한 금발 미녀 역할을 맡는 대신, 동정의 대상이 되어 자선 모금 방송에 나오는 성인들 중 하나가 될 수도 있었다. 스포트라이트가 그녀를 비추고, "이 불쌍한 불구 여인을 돕기 위해 당신의 후원을 약정해주세요"라는 설명이 따라 붙었을 것이다. 그녀의 휠체어는 모델 포즈를 취할 때 몸을 기댈 받침대나 이동할 때 쓰는 도구가 되는 대신, 비극의 상징이 됐을 것이다.

. — . —.

나는 '맨캡' 포스터에 나오는 어른 세 명과 아이 한 명을 바라본다. 이들 모두 수동적인 아이처럼 보이게 포즈를 취하고 있다. 나는 많은 장애인에게 영원한 아동기가 강요된다는 점을 숙고한다. 비장애인의 세상에서 나는 몇 번이고 되풀이해서 나 자신을 온전한 어른으로 확립해야 하며, 어린아이 같은 불구자라는 고정관념에 대항해서 날마다 투쟁한다. 떨리는 내 손이 설명할 수 없는 방식으로 나를 아이로 보이게 하는 경우가 너무도 많다. 아이의 가치를 낮잡아보는 사회에서 아이처럼 보인다는 건, 아랫사람 취급당하고 무시당하고 얕보인다는 걸 뜻한다. 누가 내 머리를 쓰다듬을 때마다, 착하고 작은 불구자라고 부를 때마다, 반드시 그렇게 말하진 않더라도 몸짓이나 어조를 통해 그런 의미가 전달될 때마다, 차라리 내게 돈이라도 한 푼 쥐여주고 저랬으면 싶다.

고정관념을 넘어, 실제로 많은 장애인 성인들이 아동기로 밀려난다. 중증 장애인 상당수가 부모 집을 떠난 적도 없고 일자리를 가져본 적도 없다. 또는 장애인 보호 작업장에서 볼트와 너트 분류 같은 반복적인 조립 라인 업무를 하고, 임금은 시급이든 성과급이든 하루에 단돈 몇 달러 밖에 못 받는다.[8] 장애인 수용 시설, 장애인 공동생활 가정, 나머지 주립기관들 모두 장애인을 보호하는 것이 자기네 일이라는 주장을 계속 반복하면서, 장애인의 자립생활에 반대한다.[9] 지적장애인에게 불임 시술을 강제하는 것은 1970년대 중반까지 일반적이고 합법적인 관행이었다. 의사들은 1900년대 초 우생학 운동에서 나온 생각을 활용해서, "정신지체"로 여겨지는 사람들, 또는 시대에 따라 "결함이 있"거나 "정신박약"이거나 "정박아"로 여겨지는 사람들은 성적으로 "책임질 능력"이 없으니 아이를 갖도록 허용해선 안 된다고 선언함으로써, 그 관행을 옹호했다.[10] 연방과 주의 규정은 장애인이 결혼하고 아이를 갖고 양육하는 걸 어렵게 만들 수 있다. [장애인과 고령자를 위한] 보조적 보장 소득Supplemental Security Income, SSI을 받는 장애 남성이 다른 소득원을 갖고 있는 여성과 결혼한다고 하자. 현재 규정에 따르면, 그의 파트너가 그 둘을 충분히 부양할 만큼 돈을 버는지 여부와는 무관하게 그는 당연히 수당을 잃을 것이다. 이런 상황 때문에 일부 장애인은 자신의 결혼을 비밀에 부친다.[11] 또는 1990년대 초 미시간에서 일어났던 일처럼, 주정부는 장애인 부모가 아이를 제대로 돌보지 못한다고 주장하며 아이를 빼앗아 가겠다고 위협할 수 있다. 미시간 사건에서 부모는 자신들만의 힘으로 아이를 키울 수 없었는데, 미시간주 법은 주정부에서 재정 지원을 받아 장애인의 일상생활을 돕는 활동보조인이 장애인의 아이를 돌보는 것을 금지했다. 예를 들어 활동보조인이 장애인 부모가 화장실에 가는 걸 돕는 건 합법이었지만, 그 부모의 아이에게 기저귀를 갈아주는 건 불법이었다.[12] 법적이고 의료적이고 재정적인 이 모든 온정주의적 폭력은 많은 장애인 성인이 실질적으로 아동기를 살아가도록 하는 환경을 창조하고 유지시킨다.

노동절 자선 모금 방송을 다시 생각해보자. "제리의 아이들" 중 일부는 30대, 40대, 50대이다. 그들은 더 이상 어린이가 아니다. 비록 제리 루이스가 그들이 여전히 어린이라고 주장하더라도 말이다. 만약 당신이 제리의 주장을 믿는다면, 당신은 그가 벌이는 동정 잔치에 나온 아이들이 무대를 떠난 뒤 어른이 되어 다채로운 삶을 살기보다는, 근이영양증협회가 치료법을 찾을 때까지 성장이 멈춰 있는 비극적인 삶에 머무를 거라 믿는 셈이다.

'맨캡'은 "정신적인 핸디캡은 평생 남는다. 맨캡도 그렇다"라고 선언함으로써, 장애 자선단체의 진정한 전통을 따른다. 즉 구세주인 척, 빛나는 갑옷을 입은 백기사인 척 구는 것이다. 이 자선단체들은 먼저 어린애 같은 장애인의 이미지를 창조해서 팔아먹고는, 그다음 용맹스럽게 우리를 구출하러 온다. 조금 다른 환경이 주어졌다면, 엘런 스톨도 최소한의 성적인 암시도 없이 수동적이고 서투른 아이처럼 사진에 찍혀, 맨캡 포스터에 나오는 나이 든 여자처럼 될 수 있었다. 그 대신에 그녀는 온전한 성인으로서, 다른 카메라 앞에서 노골적으로 성적인 포즈를 취한다.

엘런의 사진을 근이영양증협회 광고나 맨캡 포스터와 비교하면서, 나는 엘런이 휠체어에 몸을 기대고 섹스 심벌 역할에 잘 어울린다고 해서, 그녀를 미화하려는 게 아니다. 그보다는 장애, 대상화, 섹슈얼리티에 대한 토론을 시작하고 싶다. 사회 주변으로 밀려난 많은 사람들에게 대상화는 문화를 이국적인 것으로 만들고, 몸을 성적인 것으로 만들고, 현실의 섹슈얼리티를 왜곡하는 것이다. 즉 백인 여성은 섹스 도구고, 아시아인은 이국적·수동적이고, 흑인 남성은 성욕 과잉에다 폭력적인 포식자고, 가난한 노동계급 여성은 매춘부고, 게이 남성은 성적으로 타락한 치한이고, 트랜스섹슈얼은 성적으로 신기한 괴물이라고 여겨지는 것이다. 목록은 끝이 없다. 하지만 장애인에게 대상화는 이와는 완전히 다른 것을 뜻한다. 《플레이보이》 사진 속의 엘런, 《뉴 모빌리티》 표지의 엘런을 완벽히 이해하기 위해서는 이 차이를 검토할 필요가 있다.

의학 교재에 나온 우리의 그림과 사진을 생각해보라. 우리는 어두운 배경에 홀로 발가벗겨진 채 서 있고, 검은 직사각형으로 눈만 가려져 있다. 사진에 붙은 설명은 우리의 "기형"을 기록하고 부각시킨다. 이런 교재의 저자들은 자신이 쓴 텍스트에 넣을 삽화용으로 경솔하게 우리를 사용한다. 우리의 얼굴을 지우고, 우리 몸을 생명 없는 전시물로 만들어버린다. 이런 종류의 의학 이미지는 장애인, 비만인, 인터섹스, 유색인, 얼굴에 구별되는 특징이 있는 사람들의 집단—이 집단들은 자주 서로 겹쳐진다—에 공통적으로 적용되어왔고 지금도 그러하다. 그러나 장애를 틀 짓는 의료적 모델 때문에, 그런 의학 이미지는 특히 장애인에게 위력을 발휘한다. 너무나도 자주 우리의 몸은 단순히 그리고 전적으로 의료적 상태로만 간주된다. 이런 교재는 우리의 몸을 성적으로가 아니라 의료적으로 대상화한다.

자선 모금 방송을 생각해보라. 무대 위에 있는 장애인들은 자신의 실제 인간성을 빼앗기고, 청중이 동정심과 비극에 대한 믿음을 투영할 수 있는 대상이 된다. 자선 모금 방송은 몸을 이국적으로 봄으로써가 아니라 동정함으로써 대상화한다.

장애인 수용 시설에서의 삶을 생각해보라. 중증 장애인 대부분은 간호를 받을 필요가 없지만, 자원이 너무나도 부족한 탓에 그들 모두 너무 자주 시설로 들어가길 강요받는다. 의료보장 제도가 활동보조인에게 지불할 임금을 보장해주지 않을 때, 접근 가능한 주거 공간을 찾을 수 없을 때, 공동체나 가족의 지원이 없을 때, 장애인 수용 시설은 쓰레기장이 된다. 저널리스트 조지프 샤피로Joseph Shapiro는 뇌병변이 있는 젊은 장애 남성 제프 건더슨Jeff Gunderson의 이야기를 들려준다.

건더슨이 살았던 두 시설은 노인을 돌보기 위해 세워진 곳이었지 젊은이를 위한 곳이 아니었다. 건더슨은 함께 지내던 병약하고 나이 지긋한 사람들과 똑같은 규칙을 따르길 요구받았다. 그게 시설 관리자들에게 더 쉬운 일이었기 때문이다. 그는 첫 번째 룸메이트였던 80대 남자와 같은 시간인 저녁 7시에 잠자리에 들었다. 그의 식사는 담백하고 간이 안 된 음식뿐이었고, 단단한 음식을 먹을 수 없는 나이 든 거주자를 위한 묽은 죽이 자주 나왔다. (…) 때때로 간호조무사들이 그를 침대에 묶었다. 그들은 벌을 내리겠다고 그를 끌고 가 찬물로 샤워를 시키곤 했다. 간호조무사들은 자신이 편리한 스케줄에 맞춰 그가 화장실을 사용하도록 만들기 위해, 그의 바지에 얼음을 처넣곤 했다. (…) 건더슨에 따르면 그들은 취침 전에 몇 차례나 그에게 좌약을 밀어 넣었다. 그러면 그는 스스로 움직일 수 없었기 때문에, 밤새 자신의 배설물 위에 누워 있어야 했다.[13]

아마도 제프의 경험이 장애인 수용 시설의 표준은 아니겠지만, 너무도 흔한 경험이다. 나는 휠체어에 묶여 몇 시간이고 남겨진 사람들의 이야기, 욕창은 치료받지 못하고 침대에는 바퀴벌레가 극성을 부리는 이야기, 뇌를 마비시키는 지루함 속에서 수년간 살았던 이야기, 장애인이 성적이거나 이국적인 대상이 아니라 소극적으로는 무시당하고 적극적으로는 학대받는 대상이 된 이야기를 내내 들었다.

장애인의 삶에서 대상화는 많은 역할을 한다. 그러나 그 어느 것도 우리를 성애화하지 않는다. 사실 의료화, 동정, 그리고 무시는 정확히 정반대의 일을 한다. 결국 장애인이 성적 대상화와 맺는 관계는 복잡할 때가 많다. 한 번은 한 친구가 내게 이야기해줬다. "고등학생 때 나는 여자 친구들이랑 여기저기 돌아다니곤 했어. 남자애들은 멀리서 와자지껄 소리 지르곤 했지. '헤이 베이비, 야 너 섹시한데?' 아니면 그냥 휘파람을 불든가. 하지만 그들이 내 다리 브레이스와 목발을 보고 나면, 그들은 내게 와서 조용히 사과하고 그럴 의도는 아니었다고 말했어. 그 말을 할 때 그들은 진지했지. 이제 20년이 지났고, 지금 나는 다이크니까, 누가 제발 나한테 좀 성적으로 관심을 가져줬으면 좋겠어. 다이크들이 나한테 휘파람 좀 불어줬으면 좋겠고, 내 몸을 바라봤으면 좋겠어. 나를 프릭 쇼의 프릭인 양 쳐다보는 게 아니라, 욕망으로 가득 찬 눈, 내 옷을 벗기는 눈으로 훑어보면 좋겠어. 그들이 내 휠체어를 보고 난 후에도 여전히 그랬으면 좋겠어." 친구가 내게 이 이야기를 한 뒤, 우리는 그냥 웃었다. 무언가에 대한 모면과 상실이 복잡하게 얽히는 느낌을 우리 둘 다 이해하고 있었는데, 그것을 도저히 말로 표현할 수 없었다.

성적 대상화는 단순하지 않다. 한쪽 각도에서 보면, 그것은 제도화된 권력 차이를 강화하고 유지하면서 인간 해방에 역행한다. 그저 남성의 즐거움을 위한 섹스 대상이 되는 여성들, 유색인의 몸과 문화를 이국적인 것으로 만들어버리는 백인, 가난한 노동계급 사람들에게 성적 '무책임함'과 '난잡함'을 투사하는 부유층과 중산층 사람들. 이러한 권력 불균형은 사람들의 개인적 삶과 공공 정책에 막대한 영향을 끼친다.

다른 각도에서 보면, 성적 대상화는 섹슈얼리티와 완전히 얽혀 있다. 우리의 성적 욕망은 어떻게 표현되고 재현되는가? 원하는 성적 응시와 원하지 않는 성적 응시의 차이는 무엇인가? 언제 그 응시는 누차 모욕과 굴욕감을 주는 방식으로 우리의 섹슈얼리티를 규정하는가? 그리고 언제 그 응시는 우리가 자신을 성적인 존재로 창조하도록 도와주는가? 이러한 질문은 성적으로 대상화되는 것, 스스로 섹슈얼리티를 정의하고 만들어내는 것, 그리고 그 둘의 교차 가능성을 생각하게 한다. 공동체의 구성원에 의해 그리고 그 구성원을 위해 이미지가 생산되는 특정 공동체 안에서라면, 성적 대상화는 우리의 생생하고 다양한 섹슈얼리티를 지지할 수 있을까? 레즈비언 섹스 예술가 퍼시먼 블랙브리지Persimmon Blackbridge는 이렇게 쓴다.

> 포르노그래피는 남성에 의해, 남성을 위해 만들어진다고 가정된다. 여성에 의한, 여성을 위한 성적인 이미지는 절대 언급되지 않는다. 그건 우리가 익숙하게 겪어온 우리 삶을 지워버리는 짓이다. (…) 《펜트하우스Penthouse》에서 속박 플레이bondage 중인 여성을 묘사하는 내용과, 여성이 자신의 속박 플레이를 묘사하는 내용은 같아 보인다. [이러한 관점에서 보자면] 종속된 타자라는 진부하고 고루한 관점과 취약한 자기 탐험 사이에 차이는 없다.[14]

성적 대상화의 의미는 맥락에 따라 변화하는가? 만약 그렇다면, 어떻게? 다이크 바에서의 레즈비언 스트립쇼, 퀴어 바에서의 드랙퀸 쇼는 성적 대상화에 가까운가? 아니면 그런 쇼는 우리 자신을 성적 주체로 창조하고 있는 건가? 성적 대상이 되는 것과 성적 주체가 되는 것 사이의 구분선은 어디에 있는가? 그 구분선의 위치는 맥락, 공동체, 문화, 의도에 따라 바뀌는가? 한 여성이 성적 대상화를 통해서 그녀 자신을 성적 주체로 느낄 수 있는가? 이건 사소한 질문이 아니다. 이 질문들을 갖고 포르노 반대 활동가와 검열 반대 활동가들이 대립하고, '섹스 찬성pro-sex' 페미니스트와 '폭력 반대anti-violence' 페미니스트들이 대립하여 싸운 것이 1980년대 '페미니스트 성 전쟁feminist sex wars'이었다. 그리고 그들은 아직도 진정한 해답을 얻지 못했다. 그저 사안이 복잡하다는 걸 깨달았을 뿐이다.

우리는 모두 성을 혐오하면서도 성에 흠뻑 젖은, 모든 것—텔레비전, 영화, 광고판, 잡지, 심야 뉴스—을 섹스로 도배하다시피 한 세상에 산다. 그러나 아직 장애인들은 그 세상에서 우리 섹슈얼리티의 발자취를 찾을 수 없다. 우리는 젠더도 없고 무성적인, 욕망할 만하지 않은 존재다. 이것은 과장이 아니다. 먼저 젠더에 대해, 그리고 젠더 인식이 어떻게 형성되는지에 대해 생각해보라. 여성female이면서 장애인이면, 그다지 여자woman로 보이지 않는다. 남성male이면서 장애인이면, 그다지 남자man로 보이지 않는다. 사람들이 걷고 엉덩이를 흔들고 손짓을 하고 말하면서 입과 눈을 움직이고 몸으로 공간을 차지하는 방식들은 모두 젠더를 정의하는 데 일조하는 무의식적인 버릇이고, 이것들 모두 비장애인이 움직이는 방식을 바탕으로 한다. 목발로 걷는 여성은 '여자'처럼 걷지 않는다. 휠체어를 타고 산소호흡기를 사용하는 남성은 '남자'처럼 움직이지 않는다. 젠더의 구성은 남성과 여성의 몸에만 의존하는 게 아니라, 비장애인의 몸에도 의존한다.

이제 섹슈얼리티에 대해 생각해보자. 장애 활동가 코니 판자리노Connie Panzarino는 자신의 회고록 『거울 속의 나』에서 레즈비언 바에 갔다가 겪은 일에 대해 쓴다.

아무도 내게 말을 걸지 않았다. 그 바에 있던 여성 중 몇 명은 내 활동보조인들에게 왜 그녀의 "환자"를 이런 장소에 데려왔냐고 물었다. 활동보조인들이 답했다. 나는 내가 레즈비언이기 때문에 여기 있는 거고, 그들은 나를 위해 일하고 있기 때문에 여기 있는 거라고.[15]

손가락뼈와 발가락뼈가 일부 녹는 유전적 장애를 가진 로스앤젤레스 텔레비전 뉴스 앵커 브리 워커 램플리Bree Walker Lampley가 임신했을 때 벌어졌던 엄청난 논란을 생각해보라. 그녀는 장애가 있을지도 모르는 아이를 낳기로 선택했다는 이유로 라디오 토크쇼에서 심한 비난을 받았다. 그 토크쇼의 진행자 제인 노리스Jane Norris는 이렇게 말했다.

현실을 똑바로 봐요. 그런 기형이 있다는 건 당신 인생에서 큰 타격이잖아요. 사람들은 외모로 당신을 판단해요. 당신의 손 모양, 당신의 몸매, 당신의 얼굴 생김새 말입니다. 사람들이 원래 그렇잖아요. 그들은 당신에 대한 가치 판단도 해요. 그게 옳든 그르든 간에, 그건 단지…… 나라면 도의적으로 내 아이가 영원히 기형인 손

을 갖도록 하긴 힘들 것 같아요.[16]

그 쇼에 전화한 청취자들은 심지어 노리스보다 훨씬 더 격하게 말했다. 한 사람은 이렇게 말했다. "그녀가 이런 아이를 가지려 하는 동기가 뭔지 알고 싶군요. (…) 사실, 난 그게 일종의 무책임이라고 생각해요."[17] 장애 여성이 임신하는 것이 도덕적으로 옳지 않다는 말과, 장애 여성이 조금이라도 성적인 존재가 되는 건 도덕적으로 옳지 않다는 말은 아주 가깝게 붙어 있다.[18] 다이크 바에서 코니는 그냥 다른 다이크 중 한 명이 아니라 의료적 환자다. 브리는 그냥 다른 예비 엄마 중 한 명이 아니라 부도덕하고 무책임한 사람이다. 우리가 젠더도 없고 무성적인, 욕망할 만하지 않은 존재라는 말은 과장이 아니다. 우리는 언제 어디서나 이것을 듣고 보고 느낀다. 그것은 우리 몸을 파고든다. 이 지점에서는 성적 대상화가 섹슈얼리티를 긍정적으로 인정하는 것 같다.

내 친구의 이야기가 보여주는 모면과 상실의 복잡한 얽힘은 어떻게 설명할 수 있을까? 한편으로 장애인은 많은 비장애 여성들이 직장과 길거리에서 매일 직면하는 성적 대상화와 성희롱을 모면한다. 덕분에 나는 약간의 공간을 차지할 수 있다. 나를 뚫어지게 쳐다보는 모든 시선을 그대로 받거나 피하는 와중에, 내가 성적인 추파까지 대처하지 않아도 된다는 데 감사한다. 다른 한편 우리가 원하든 원치 않든 우리에게 쏟아지는 어떤 종류의 응시에도 성적인 응시가 없는 가운데, 우리는 성적 존재로서의 자신을 상실한다. 이 부재,

이 상실이 내 삶에서 무엇을 의미하는지를 표현할 언어가 내겐 거의 없다. 그건 크게 벌어진 구멍이자 황량한 안개고, '평범한' 일상사이다. 이 부재, 이 상실은 나 자신이 매력적이거나 욕망할 만하다고 상상할 수 없다는 의미로 번역되었고, 여기에 나 자신이 못생기고 꼴사납다는 느낌이 덧붙여졌다. 나는 이런 의미들이 싫다. 내가 살고 싶은 세상에서는, 아무도 원치 않는 성적인 응시에 시달리지 않는다. 우리는 모두 자신을 성적인 주체로, 성적인 객체로, 성적인 존재로 선택할 수 있다. 우리 자신과 서로의 섹슈얼리티를 인정하는 수백만 가지 방법이 있을 것이고, 그중 어느 것도 억압과 연결되어 있지 않을 것이다. 그러나 현재 세상에서 성적 대상화는 아무리 해롭더라도 섹슈얼리티의 강력한 표지다. 따라서 그것의 부재 역시 강력하다.

· — · —·

비장애인 페미니스트들이 엘런과 그녀를 지지했던 장애 활동가들을 비판하기 시작했을 때, 나는 고함치고 싶었다. 나는 그들이 펼쳤던 페미니즘적 주장을 익히 알고 있다. 이런 주장은 백인 중산층의, 단일 쟁점 버전의 페미니즘을 토대로 삼는 경우가 가장 많다. 일반적인 여성의 대상화를 다룬다고 하지만, 이때 여성은 중산층, 백인, 이성애, 비장애인 여성을 의미한다. 이런 주장은 계급, 인종, 성적 지향, 젠더, 장애가 엮인 그물망을 무시한다. 젠더를 절대적인 중심에 놓지만, 이때 젠더는 트랜스섹슈얼리티와 트랜스젠더 경험을 무시하고 트랜스 여성을 자주 비난하는 버전의 젠더다. 그 주장은 이런 식이다. 광고와 영화와 포르노그래피에 나오는 여성 이미지는 여성을 성적 대상으로 다룬다는 거다. 결국 대상화는 여성을 겨냥한 성적이고 물리적인 폭력이 받아들여지고 허용되고 찬양되고 낭만화되는 문화를 창조하고 유지하는 데 기여할 뿐이라는 것이다.

이러한 분석은 지난 25년간 강간과 아동 학대, 포르노그래피와 다른 매체에서 재현되는 여성 이미지에 반대하는 매우 강력한 페미니즘 운동을 이끌어왔다. 그러나 이 분석이 극단까지 갔을 때, (때때로 입법의 형태로) 검열에 찬성하고, 우익과 기괴한 합의를 이루고, 성과 성적 이미지에 대해 편협하고 교조적으로 바라보는 태도로 이어졌다. 이 분석은 성적 대상화에서 어떤 점이 모멸적이고 굴욕적이고 해로운지를 전면에 부각시키는 데에는 성공했지만, 주체로서의 자아와 대상으로서의 자아 간의 복잡한 관계를 이해하는 데에는 실패했다. 이 분석은 포르노적인 성적 재현이 야기할 수 있는 피해에 대해선 유창하게 말했지만, 쾌락이 필요하다는 걸 포용하는 데에는 실패했다. 이 분석은 특정한 성적 행동이 억압적이라 명명했지만, 에로틱한 힘의 다층적인 현실을 고려하는 데에는 실패했다.

이러한 실패는 검열, 에로티카와 포르노그래피의 구분된 사용, 성적 대상화의 역할을 둘러싼 갈등에 불을 지폈다. 불행하게도 페미니스트 성 전쟁은 갈등을 반복했을 뿐 새로운 분석틀, 즉 성적인 대상화, 재현, 피해, 쾌락에 대한 더 깊이 있는 이해로 귀결되지 않았다. 오히려 한쪽은 포르노 반대, 검열 찬성, 섹스 반대고, 다른 쪽은 포르노 찬성, 검열 반대, 섹스 찬성인 양극화를 초래했다. 이 부분을 쓰면서 독자들이 내게 돌 던지는 소리가 들리는 것만 같다. 나는 어느 쪽에 있냐고? 내가 혐오 반대 문헌—나는 일부 포르노는 혐오 반대 범주에 들어간다고 믿는다—의 편이면서, 동시에 검열 반대의 편일 수 있을까? 성적 대상화를 비판하면서, 동시에 그 복잡성을 자각할 수 있을까? 한편으로는 성폭력과 피해에 대해, 다른 한편으로는 성적 존재와 성적 쾌락에 대해 날카롭게 인식할 수 있을까? 내가 이런 논의에 장애를 추가하기에 충분한 공간을 만들 수 있을까?

엘런을 비판했던 많은 페미니스트들은 장애와 비장애 중심주의에 대해 아는 바가 없었다. 그들에게 대상화는 오직 성적 대상화만을 뜻했다. 그들의 분석틀에선 《플레이보이》 같은 소프트 포르노는 그저 완전히 문젯거리일 뿐이었다. 그들은 엘런과 그녀를 지지했던 장애 활동가들을 가부장제의 하수인으로 단정해버리곤 거부했다. 나는 그들에게 충격을 주어, 그들이 편협한 단일 쟁점 분석을 버리게 하고 싶었다. 나는 엘런이 《플레이보이》와 《뉴 모빌리티》 표지에서 성적으로 대상화되었다는 것을 부정하지는 않겠다. 그러나 장애의 맥락에서 이 대상화의 의미는 변동한다. 성적 대상이 되고, 섹시하게 보이고, 섹시하다는 인정을 받고, 섹스 잡지의 지면을 가로지르며 화려하게 다루어진 엘런은 중요한 단층선을 표상한다. 즉 장애인—또는 적어도 카메라 앞에서 자신의 장애를 눈에 안 띄게 할 수 있는 한 백인 이성애자 장애 여성—이 갑자기 환대 속에 성적인 존재로 허락받는 것이다.

나는 휠체어에 기댄 엘런을, 풍만한 가슴과 긴 다리를 드러내는 옷을 입은 엘런을 다시 바라본다. 그 사진은 제대로 옷을 입지 않은 백인 여성들이 차와 트럭에 기대고 있는 포드와 GM 광고를 떠올리게 한다. 자본가, 성차별주의자, 인종차별주의자 장사꾼들이 정말 팔고자 하는 게 뭔지를 알아보기 위해, 광고를 하나하나 뜯어 비판하는 법을 배웠던 게 기억난다. 나는 《뉴 모빌리티》 표지를 포드 광고 옆에 나란히 놓아본다. 그리고 수사적인 질문을 해야만 할 것 같다. 당신은 두 이미지의 차이를 인식할 수 있는가? 답은 전적으로 맥락에 달려 있다.

· — · —·

한 집단의 역사에 인간성을 말살하는 의학 교재 사진, 강요된 불임 시술, 자선으로 가장한 동정 잔치, 뒤흔드는 게 불가능하게 느껴질 만큼 제도적으로 구축되고 몸에 깊이 배어든 무성성이 포함된다는 것을 생각하면, 엘런의 벗은 몸은 훌륭해 보인다. 그러나 엘런이 《플레이보이》에 나왔을 때 무조건적으로 그녀를 지지했던 장애 활동가들 또한 나를 좌절시켰다. 그 여덟 쪽짜리 소프트 포르노 특집은 중요한 단층선, 또는 하나의 시작을 표상한다. 동시에 나는 엘런을 지지하는 장애인들에게 비장애인, 이성애자, 백인, 부자, 남성들이 독점적으로 정의한 아름다움과 섹슈얼리티를 수용하는 것의 위험함에 대해 상기시키고 싶다. 장애인의 몸을 그 모든 다양성으로 기억하자. 나는 뇌병변으로 인해 균형을 잃은, 긴장하고 흔들리는 내 몸을 바라본다. 자주 남자 취급받는 내 부치 몸을 바라본다. 가시적으로나 비가시적으로나 강간의 흔적이 남은 내 몸을 바라본다. 나는 결코 엘런 스톨처럼 보이지 않을 것이다. 우리 대부분이 그럴 것이다. 우리는 절대, 엘런이 우아하게 그랬던 것처럼, 아름다움과 성적 매력에 대한 지배 문화의 기준에 미치지 못할 것이다. 설령 우리가 그 기준을 충족시킨다 할지라도, 나는 《플레이보이》가 그 누구의 섹슈얼리티든—그 사람의 젠더가 무엇이든, 장애가 있든 없든 간에— 규정하길 원치 않는다. 나는 장애 활동가들이 《플레이보이》의 엘런에 대해서, 심지어 《뉴 모빌리티》 표지에 난 엘런에 대해서도 어떤 양가감정을 느낄 필요가 있다고 생각한다.

앤 핑거Anne Finger는 바로 이 양가감정을 《보그Vogue》에 실린 광고 시리즈를 분석한 논문에서 명료히 밝히고 있다. 《보그》 광고 시리즈는 엄청나게 비싼 옷을 전시하면서, 장애가 눈에 띄지 않는 모델을 중심에 놓는다. 그녀는 검은 옷을 입고 4인치 힐을 신었다. 이어지는 광고에선 휠체어, 지팡이, 목발을 사용한다. 마지막 사진에선 그녀의 다리 하나가 절단되어 그녀 옆에 놓여 있는 것처럼 보인다. 핑거는 이들 이미지를 분석하면서, 페미니스트이자 장애 활동가로서 자신의 정치적 감수성과, 장애 여성으로서 "이 세상에서 관능적으로 실존한다는 걸 편안하게 느끼기" 위한 개인적 투쟁을 함께 엮어낸다.[19] 그녀는 자신의 분석을 양가감정으로 감싸면서 논문을 끝낸다.

확실히 이 사진들을 장애에 대한 일종의 농담으로, 즉 비장애 중심적인 규범 안에서 장애를 성애화하는 것에 대한 농담(사진 속 여성이 실제로는 그런 용품을 필요로 하지 않는 것처럼 보이는 한 받아들일 수 있는 빈정거림)으로 읽는 것도 꽤 타당하다. 그러나 사진 속엔 또 다른 움직임이 있다—비극과 무성성의 맥락 바깥에서 보이는 장애에 관한 움직임이다. 물론 불행히도 그 움직임은 무기력함과 부유함에 결부된, 그리고 장애인이든 비장애인이든 매우 소수의 여성만 속할 수 있는 외모 기준에 결부된 여성 섹슈얼리티의 맥락 속에서 일어난다. 분명 비판받아 마땅한 배치 안에 있는 것을 비판하는 동시에, 우리는 긍정적인 움직임의 씨앗도 볼 수 있다. 그것은 장애 여성이 예술의 수동적인 대상이 되지 않고 우리 자신을 스스로 재현할 수 있을 때, 그리고 그 재현들을 보이게 하고 인정받게 할 때, 비로소 결실을 맺을 씨앗이다.[20]

나를 슬프게 하는 건, 우리 장애인을 성적인 존재로 그리는 이미지가 너무도 적기 때문에, 우리가 양가적인 감정을 품고 마치 《플레이보이》 발간인 휴 헤프너Hugh Hefner나 《보그》 사진가 헬뮤트 뉴튼Helmut Newton이 언제든 장애인 섹슈얼리티를 공정하게 다룰 수 있는 양 그 잡지들에 의지하고 있다는 점이다.

레즈비언 섹스 예술 집단 '키스하고 말하라Kiss and Tell'에 속한 수전 스튜어트Susan Stewart는 레즈비언들이 만든 레즈비언 이미지가 부족하다는 글을 쓰면서, 양가감정을 이렇게 틀 짓는다.

레즈비언들이 창출한 레즈비언 이미지는 극도로 드물고 찾기 어렵다. 하지만 남성이 레즈비언처럼 보이는 여성을 찍은 사진은 포르노 잡지나 비디오에서 아주 흔하다. 레즈비언들은 이런 이미지들에 속지 않는다. 우리는 그 이미지들이 누굴 위한 건지 알고 있다. 그리고 때로는 그 이미지들이 우리를 역겹고 슬프게 만들고, 때로는 우리를 흥분하게 만든다. 가뭄이 너무 오래 지속되면 마실 물이 깨끗한지를 덜 따지게 되곤 한다. 이는 모두 몇몇 이론가들이 "결을 가로질러 읽기"라고 부르는 것의 일부이다. 우리 중 일부는 너무도 오래 결을 가로질러 읽어오던 탓에, 눈에 가시가 박혔다.[21]

나는 《플레이보이》의 "엘런 스톨을 만나다" 특집과 《보그》의 광고가 장애인들에게 엄청나게 큰 가시를 박는다고 본다.

물론 핑거가 제안한 대로, 답은 장애인의 재현을 더 많이 창출하는 것이다. 우리가 장애 공동체 안에서 그리고 주류 문화 안에서 불구 유머, 불구 자긍심, 불구 문화를 필요로 하는 것과 마찬가지로, 우리에겐 불구 몸과 섹슈얼리티에 대한 이미지가 필요하다─정직하고, 견고하고, 반짝반짝 빛나고, 강력하고, 유쾌한 이미지들이 필요하다. 우리에겐 핑거의 「헬렌과 프리다」 같은 짧은 이야기가 더 많이 필요하다. 핑거의 이야기에선 헬렌 켈러와 프리다 칼로가 "장애의 두 여성 아이콘"으로 나오는데, 둘은 만나서 매우 강렬한 오후를 보낸 다음 격정적이고 탐험적인 키스를 나누고 헤어진다.[22] 우리에겐 셰릴 마리 웨이드Cheryl Marie Wade가 쓴 「홀로 있는 밤」 같은 시가 더 많이 필요하다.

> 갈망이
> 자갈 깔린 진입로에서
> 브레이스를 차고 쿵쾅거리는 그의 발걸음에
> 귀 기울이는
> 내 뼈를 세게 잡아당긴다.
>
> (…) 갈망이
> 그의 소리를
> 내 허벅지 사이에 끼우고
> 그를 집으로 데리고 온다.[23]

케니 프리스Kenny Fries의 「연가Love Poem」 같은 시도 더 필요하다.

> 그럼 자기는 나를 어떤 식으로 상상해? 자기는
>
> 내 거칠고 굳은살 박인 피부를 느껴? 나의 휘어진
> 뼈가 보여? 자기가 내 옷을 벗길 때
>
> 내 몸 모든 곳에 키스해줄 거야? 나를 만져줘,
> 내 몸이 자기 몸인 양 만져줘. 나를 아름답게 만들어줘.[24]

우리에겐 조앤 E. 바이런Joan E. Biren, JEB의 사진집 『길 만들기: 레즈비언이 앞장서다』에 나오는 것과 같은 사진들이 더 많이 필요하다. 세 명의 백인 여성이 숲에 담요를 펼치고 그 위에 앉아 있는데, 그들의 얼굴에는 생기와 미소가 넘친다. 여성들 근처엔 한 쌍의 다리 브레이스와 목발이 놓여 있다. 이들은 모두 발가벗고 있다. 사진엔 무척 편안한 분위기가 가득하고, 구체적이고 생생한 몸들이 담겨 있다.[25] 우리에겐 「신체적 핸디캡 프릭: 장애인들의 숨겨진 역사」 같은 희곡이 더 많이 필요하다. 그 희곡에서 우리는 조이Joey와 베스Beth를 만날 수 있다. 조이는 뇌병변이 있는 남성이고 베스는 사지마비가 있는 여성으로, 처음 만난 순간부터 사랑을 나눈다.[26] 우리에겐 이성애 결혼, 퀴어 결혼, 하룻밤 성관계, 일정 기간마다 배우자를 바꾸는 결혼 형식, 레즈비언 부치와 펨, 첫 데이트, 오래 가는 동료 관계, 드랙을 하는 게이 남성들, 터무니없는 시시덕거림과 진지한 헌신의 이미지가, 이 모두가 불구 스타일인 이미지가 필요하다. 이러한 이미지들의 맥락에서라면 《플레이보이》에 나온 엘런은 사건조차 못될 일일 거고, 《뉴 모빌리티》의 표지에 나온 엘런은 그저 하나의 이미지가 더해진 것뿐일 거고, 《보그》 광고는 양가감정의 장소가 되지 않을 것이다.[27]

이런 이미지들과 함께, 나는 내가 못생겼고 꼴사납고 매력 없고 욕망할 만하지 않다는 생각에 터널을 뚫기 시작한다. 거울을 들여다볼 때, 나는 뇌병변이 있는 남성이자 연인으로 무대에 올라온 조이를 기억할 수 있다. 그는 손을 꽉 움켜쥐고 있고, 말은 자꾸 끊어진다—내게 익숙하게 보이고 들리는 방식으로 말이다. 나는 나 자신을 섹시하게 볼 수 있다. 나는 JEB의 사진에 나온 장애 여성인 샌드라 램버트Sandra Lambert의 말을 읽을 수 있다. "우리[JEB와 내]가 함께 작업한 사진에서 나는 달라진 맥락 속에서 벌거벗고 있다—혼자가 아니고, 익명성으로 가려지지도 않고, 아름답다."[28] 그녀의 말을 읽고 내 몸의 아름다움을 알게 된다. 이 이미지들과 함께, 나는 내가 댄스플로어를 가로질러 가는 어떤 매력적인 여성의 눈을 잡아채는 걸 보게 될지도 모른다. 하지만 나는 이 이미지들을 단지 나를 위해서나 장애운동을 하면서 정치화된 다른 불구들을 위해서만 원하는 게 아니다. 나는 이 이미지들이 장애인 수용 시설과 재활센터에, 제재소와 자동차 공장에도 다다르길 원한다. 나는 전기 톱 사고를 당해 장애인이 된 벌목 노동자가, 휠체어를 사용하는 참전 용사가, 심각한 '반복 사용 긴장성 손상 증후군repetitive stress injury'으로 손을 움직일 수도 없는 비서가, 자신들의 몸을 망가지고 무시당하고 의료화된 동정의 대상이 아닌 다른 무언가로 재해석할 수 있길 바란다.

· — · — ·

그러나 이미지만으론 충분치 않다. 현재 장애인과 우리의 섹슈얼리티에 대한 이미지가 결여되어 있는 그 뒤엔, 우리의 현실적인, 실질적인, 제도화된 무성애가 있다. 장애인 성인을 영원한 아동기로 밀어내는 바로 그 힘이 우리를 무성적인 존재로 형성한다. 보호 작업장, 가부장처럼 보호하겠다는 후견주의, 규제법은 좋게 평가해봐야 자율적인 자아 감각—성적인 자아 감각은 물론이고—을 발견하고 발전시키는 일을 어렵게 만들 뿐이다. 여기에 덧붙이자면, 장애인 수용 시설은 거기 거주하는 성인들 간의 합의된 성관계까지도 금지한다.[29] 재활센터는 후천적으로 장애인이 된 성인을 대상으로 하는 성교육은 말할 것도 없고, 뭐 하나 제대로 제공해주는 게 없다.[30] 그리고 의료 시설은 현재 인지장애인 성인의 **자발적인** 불임 시술을 권장한다. 이런 제도적 장벽은 인식의 장벽과 결합하여 빠르게 증가하면서, 무성애라는 뿌리 깊은 현실을 창출한다.

비장애인 세상의 심상 속에서, 우리는 정말로 젠더도 없고 무성적이고 욕망할 만하지 않은 존재다. 우리를 거기에 붙잡아두는 힘들을 변화시켜야 한다. 《뉴 모빌리티》 표지에 실린 엘런의 이미지는 비록 근이영양증협회와 맨캡이 만들어낸 이미지들과는 좀 떨어져 있긴 해도, 그것만으로는 충분치 않다. 나는 내 콜라주에 네 번째 사진을 덧붙이고자 한다. 텅 빈 휠체어 이미지 옆에, 아이처럼 수동적인 포즈를 취하는 장애인 성인들 옆에, 섹시해 보이는 엘런 옆에, 또 다른 흑백 사진을 놓아보자.

· — · —·

백인 남성이 진중한 눈빛으로 카메라를 마주 보고 있다. 머리는 약간 뒤로 젖혀져 있고, 얼굴은 미소로 주름져 있다. 그의 풍성한 수

염은 회색으로 빛바래기 시작했고, 마치 카메라 셔터를 말하는 중에 누른 것처럼 입은 살짝 벌려져 있다. 인공호흡기 튜브는 그의 입에서 비스듬히 벗어나 가슴 아래로 내려가 있다. 휠체어는 그의 왼쪽 어깨 뒤로 높은 등판만 살짝 보일 뿐이다.—에드 로버츠Ed Roberts와의 인터뷰에 실린 사진.[31]

· — · — ·

에드 로버츠는 보통 장애인권 운동의 아버지로 불린다. 1953년에 회백척수염polio*으로 인해 장애인이 된 에드는 휠체어를 사용했고, 거의 하루 종일 철폐iron lung라는 철제 호흡 보조 장치를 써야 했다. 고등학교를 졸업하고 2년간 샌머테이오San Mateo 지역 전문대학을 다닌 다음 그는 UC 버클리UC Berkeley 대학에 지원했다. 우선 캘리포니아 재활 부서는 그의 학자금을 지원하길 거부했다. 에드의 재활 상담자는 그를 "취업 불가능, 실현 불가능"이라고 간주했다. 그다음 UC 버클리 대학은 그의 입학을 반대했다. 한 학생처장은 에드에

* '회백척수염(灰白脊髓炎)'은 폴리오바이러스에 의한 신경계 감염 질환이다. 생존자들에게서 골격 기형, 마비, 방광과 내장에 대한 통제 상실, 성 기능 상실 등의 광범위한 합병증이 발생한다. 한국에선 '(척수성) 소아마비'로 번역되지만, 이는 당사자들을 위한 적절한 명칭이라 할 수 없다. '소아마비'는 이 질환의 별칭인 'infantile paralysis'를 번역한 것으로, 타인에게 대부분의 일상을 의존해야 하고 거의 침대에 누워 지내야 한다는 특성상, 이 질환이 아동 같은 취약함과 미성숙함의 이미지에 연루되어왔음을 보여준다. Michael Davidson. "Phantom Limbs: Film Noir and the Disabled Body," *GLQ: The Journal of Lesbian and Gay Studies* 9.1~2(2003), p. 57~78.

게 이렇게 말했다. "전에도 불구자를 받아보려고 했는데, 잘 안 되더라고요."[32] 무수한 투쟁 끝에 결국 주정부와 대학 둘 다 반대를 굽혔고, 에드는 UC 버클리로 이주했다. 거기서 에드는 UC의 코웰Cowell 병원에 있는 학생용 양호실에서 살았다. 어느 기숙사에도 에드의 800파운드짜리 철폐를 지탱할 만큼 충분히 튼튼한 바닥을 갖추지 않았기 때문이었다. 이후 몇 년 동안 에드가 정치학 학사와 석사 학위를 취득하고 1960년대 중반 버클리에서의 정치적·문화적 소요에 푹 빠졌던 때, 많은 중증 장애 남성이 입학을 허가받아 코웰 병원에서 그와 함께 살았다. 그들은 자신들을 '롤링 쿼즈Rolling Quads'라고 불렀고 장애를 시민권 쟁점으로 만들어내기 시작했다. 그들은 활동보조인 네트워크를 설립했고, 버클리시가 새로 만드는 보행로에 도로경계석이 없는 구간을 추가하라고 대대적으로 주장했다.

1960년대 후반 롤링 쿼즈는 코웰 병원에서의 생활에 지쳤다. 그들은 지역사회 안에서 자기들만의 아파트를 구해 살기를 원했지만, 휠체어가 들어갈 수 있는 주택을 찾아야 한다는 엄청난 문제에 직면했다. 그들은 시민권 운동, 여성해방운동, 반전운동의 영향을 받아, 1970년 장애 학생이 독립적으로 살 수 있도록 지원하는 '지체장애학생 프로그램Physically Disabled Students Program, PDSP'을 만들었다.

PDSP는 학생들을 대변하고, 자조 모임을 조직하고, 접근 가능한 주거에 대한 정보를 모으고, 휠체어 수리점을 운영하고, 활동보조 서비스를 찾는 사람들을 도왔다. PDSP의 활동에 대한 수요는 캠퍼스 안과 밖 모두에서 높았다. 1972년 PDSP 지도부는 버클리에

'자립생활 센터Center for Independent Living, CIL'를 설립했고, 에드가 그 책임자가 됐다. 그때부터 CIL은 전국 곳곳에 우후죽순 생겨났고, 장애인의 자기 결정권을 창출해가는 주요 원동력 중 하나가 되었다. 에드는 취업 불가능이라는 선고를 받은 지 단 14년 만에 캘리포니아 재활 부서의 장이 되어 그 기관의 주요 개혁가가 되었다. 에드와 롤링쿼즈의 활동은 장애인권 운동의 시작점 중 하나로 기록되었다.

에드가 조직 활동을 하면서 매우 분명하게 틀을 잡고 명료하게 밝혔던 문제는 장애인 삶의 통제권이 누구에게 있는가—의료기관인가 장애인 자신인가—였다. 자기 결정권에 초점을 맞추는 이러한 질문은 오늘날에도 여전히 장애운동에서 핵심이다. 내가 이 글을 쓰는 동안에도 장애 활동가와 로비스트들은 연방 제정법인 '지역 활동 보조 서비스 의료보장법Medicaid Community Attendant Services Act, MiCASA'을 의회에 통과시키기 위해 일하고 있다. 이 법은 장애인과 노인들이 수용 시설뿐만 아니라 지역 기반 서비스에도 의료보험금을 사용할 수 있게 한다. 근본적으로 수용 시설에 살고 있는 220만 명의 사람들에게 자기가 어디에서 살 것인지를 선택할 기본적 권리를 주는 것이다. 현재 주州 의료보험 재정은 수용 시설이나 '정신지체인을 위한 중간 돌봄 시설Intermediate Care Facilities for the Mentally Retarded'**에 사용되는 것에 한해 지급될 뿐, 지역이나 가정을 기반으로 한 활동보조 서

---

* '정신지체인을 위한 중간 돌봄 시설' 프로그램은 1971년 선택적 의료보장 제도에 연방 정부의 기금을 지원받을 수 있는 법이 제정되면서 시작되었다. 이 프로그램은 지적장애인과 발달장애인들이 시설에서 나와 자립할 수 있도록 중간에서 머물 공간과 필요한 지원을 제공하는 지역사회 기반 프로그램이다.

비스에는 해당되지 않는다. 이는 많은 주에서 장애인들이 의료보험이 지원되는 수용 시설을 소개받을 수는 있지만, 의료보험이 지원되는 (즉 적당한 가격의) 활동보조 서비스는 찾을 수 없다는 뜻이다. 이는 결국 지역사회에서 살기보다는 시설에서 살도록 강요받는다는 뜻이다. MiCASA는 이 모든 것을 바꾸기 시작할 것이다.[33]

불행히도 개인이 자기 삶을 통제할 권리가 있다는 자립생활의 기본적인 원칙은 여전히 지배 문화에서 논쟁적인 개념이다. 운동은 전진해왔다. 장애 아동은 그들의 비장애인 또래들과 함께 통합교육을 받을 가능성이 더 커졌고, 미국 장애인차별금지법은 일정 정도 시민권을 보호하고 있고, 배리어프리barrier-free* 접근성은 나아지고 있다. 그러나 충분하지 않다. 장애인, 특히 중증 장애인들은 여전히 잠긴 문 뒤에서 살고 있고, 젠더도 없고 무성적이고 욕망할 만하지 않은 존재로 기피되고 있다.

나는 에드 로버츠의 사진을 보면서, 그가 어떻게 그럴 수 있었는지를 상상해본다. 자기 집 밖에 앉아 있는 에드의 모습 대신에, 장애인 수용 시설에서 환자복을 입고 무력하게 간호사에게 휘둘리며 카메라 시선을 피하는 에드를 마음속에 그려본다. 나는 후자처럼 될 가능성이 많았음에도 다른 삶을 살았던 실제 그의 사진으로 돌아온다. 사진 속 남자는 세상을 변화시키는 활동에 행복하게 매진하고 있다.

엘런 스톨은 에드 로버츠와 다른 장애 활동가들이 그녀를 위해

---

* '배리어프리'는 장애인에게 불편한 물리적·제도적·법적·심리적 장벽을 제거하여, 장애인이 모든 사회 영역에 참여할 수 있도록 함을 뜻한다.

무엇을 쟁취했는지 알까? 장애인권 운동이 없었다면 《플레이보이》는 그녀를 고려하지도 않았을 것이고, 《뉴 모빌리티》는 존재하지도 않았을 거라는 걸 그녀는 알고 있을까? 그녀는, 혹은 그 문제에 있어서 나는, 자기 결정권을 쟁취하기 위한 투쟁과 자신의 섹슈얼리티를 스스로 정의하고 인정받기 위한 투쟁이 어떻게 연결되는지를 이해하고 있을까? 우리는 장애인 수용 시설에 감금된 상태에서, 혹은 장애의 의료적 모델의 범위 안에서는 결코 우리의 섹슈얼리티를 찾을 수 없을 것이다. 나는 에드의 활동을 엘런의 포즈 옆에 놓는다. 카메라는 에드가 말하고, 엘런이 듣고 있는 모습을 잡는다. 이 두 이미지가 매우 다른 의도를 갖고 있다는 것은 알지만, 그래도 그들은 대화를 한다. 나는 모든 장애인의 자립생활을 실현하고자 하는 에드의 활동가로서의 열정을 듣는다. 그는 비장애 중심주의를 전복시킬 작정이다. 나는 자신의 섹슈얼리티와 여성성을 부정하는 세계에서 자기 자리를 찾으려 하는 엘런의 포즈를 바라본다. 그녀는 할리우드를 변화시키려 한 건 아니지만, 휠체어와 함께 그곳에 침입했다. 세계를 변혁하려는 사람과 단지 그 세계에 들어가길 원하는 사람 사이의 이 긴장은 오늘날 주변화되고 정치화된 많은 공동체에 그림자를 드리운다. 나란히 놓인 에드와 엘런의 이미지는 사회 변화와 동화, 비가시성과 재현, 고정관념과 자아상, 자기 결정과 섹슈얼리티에 대한 질문을 제기한다. 그러나 둘 사이의 긴장에도 불구하고, 그들은 근이영양증협회의 빈 휠체어와 장애인을 수동적인 아이로 보는 맨캡의 시각을 완벽히 맞받아치기 위해 서로 합쳐지기도 한다.

주머니 속의 돌, 심장 속의 돌

젠더는 장애에 다다른다. 장애는 계급을 둘러싼다. 계급은 학대에 맞서려 안간힘을 쓴다. 학대는 섹슈얼리티를 향해 으르렁댄다. 섹슈얼리티는 인종 위에 포개진다…… 이 모든 것이 결국 한 사람의 몸 안에 쌓인다. 정체성의 그 어떤 측면에 대해서든, 몸의 그 어떤 측면에 대해서든, 글을 쓴다는 것은 이런 미로 전체에 대해 쓴다는 뜻이다. 그걸 알고 있지만, 여전히 이런 질문이 남는다. 어디서부터 시작하지? 아마도 내 하얀 피부에서, 억센 붉은 머리에서, 피어싱을 한 왼쪽 귀에서, 중심에서 살짝 기울어져 오른쪽보다 왼쪽이 더 위로 솟은 어깨에서, 떨리는 손에서, 정맥을 따라가면서, 근육이 잘 발달된 다리에서 시작할 수 있겠다. 아니면 거울에 비친 내 모습에서 시작할 수도 있을 거다. 외출복을 차려입은 모습, 넥타이를 매고 블레이저를 걸친, 가슴과 엉덩이의 곡선이 옷 아래 사라진 내 모습에서부터 말이다. 아니면 강에서 수영했을 때, 작은 새끼 치누크 연어가 내 발가락을 살짝 물었을 때, 내 몸이 어떻게 느꼈는지를 떠올리는 데서 시작할 수도 있을 거다. 글을 시작하는 방법은 아주 많다. 하지만 어떻게 해야 내가 피부 아래 다다를 수 있을까?

· ─ · ─ ·

열세 살 때다. 내 머리카락은 귀 주변에서 곱슬거리고, 안경은 코에서 미끄러져 떨어질 것만 같다. 나는 주말마다 아버지와 함께 집에 큰 나무 헛간을 세우는 일을 한다. 나는 보온성 내의 위에 내가 좋아하는 플란넬 셔츠를 입고 소매는 걷어붙이고 그 위에 멜빵바지를 입고 낡아빠진 작업용 장화도 신고 있다. 수년간 엄마와 나는 내 머리를 갖고 싸웠다. 나는 머리카락을 잘라내고 싶어 했고, 엄마는 내 곱슬머리가 귀엽다고 생각했다. 아침 내내 나는 대들보를 2×12인치 크기에 맞춰 톱으로 잘랐고, 아버지를 도와 그것들을 제자리에 집어넣었다. 나는 쇠 지렛대를 가져오고 점심도 먹을 겸, 건설 현장에서 집으로 돌아온다. 내 망치 고리에 망치가 매달려 있다. 내 작업복 가슴께 달린 주머니엔 만능 칼이 들어있다. 나는 엄마에게 이렇게 묻는다. "나 여성스러워?" 여기서 내 기억이 끊긴다. 그 질문을 던질 때 내가 어떤 생각에 사로잡혀 있었는지, 내가 무엇을 알고 싶었는지, 엄마가 뭐라고 답했는지 기억이 나지 않는다.

여성적. 여성. 소녀. 나는 여동생이 머리를 말겠다고 고데기를 들고, 아니면 엄마가 손톱 다듬는 줄과 눈썹 족집게를 들고, 몇 시간이고 화장실에 들어가 있는 걸 봤다. 나는 학교에서 내 또래 소녀들이 소년들에 대해 이야기하고, 창고 뒤에 가서 그들에게 키스하고,

그다음엔 대수학 수업 시간에 그들과의 섹스에 대해 속닥거리는 것을 보고 들었다. 나는 돌담 반대편에서 지켜보았다. 돌담은 나 자신을 지키는 벽이자, 고독의 뼈와 피이자, 거기 기대서는 내가 내 몸을 빚어내는 것이 불가능한 전제이기도 했다.

드레스. 화장. 하이힐. 향수. 나는 엄마가 직접 바느질해 만들어준 치마를 입으려 노력했다. 엄마는 나를 걸스카우트나, 친구들끼리 여는 파자마 파티나, 4-H 클럽*에 속한 뜨개질과 바느질 클럽에 넣으려 했다. 나는 실패했다. 그중 어떤 일도 하고 싶지 않았다. 다른 모든 소녀들이 팬티스타킹과 미니스커트를 알게 된 뒤에도, 오랫동안 나는 내 작업용 장화와 멜빵바지를 사랑했다. 하지만 실패는 내 마음에 구멍을 남겼다. 나는 어딘가에 속하길 원했던 거다.

나 여성스러워? 내 말은 이런 뜻이었을지도 모른다. "나는 뭐지? 소녀야? 소년이야? 아니면 뭔가 완전히 다른 거야?" 이런 뜻이었을지도 모른다. "내가 **이런** 소녀가 될 수 있을까?" 아니면 그냥 "엄마, 나 이해가 안 가요"라고 말하려고 했을 뿐인지도 모르겠다. 나는 엄마가 뭐라고 말해주길 바랐던 걸까? 열세 살 때, 나는 여성적이란 게 무엇을 뜻하는지 종잡을 수 없었고, 그런 면에선 남성적이란 게 무슨 뜻인지도 몰랐다. 그런 단어들은 텅 빈 기표였지만, 중요했다. 그건 단지 내가 여성성에 애착을 가져야 한다는 걸 알고 있었기 때문이었다. 열세 살 때, 내가 지속적으로 맺었던 관계의 대부분은 인간

---

* '4-H 클럽'은 지성(head), 덕성(heart), 근로(hands), 건강(health)을 모토로 하는 미국 농촌 청년 교육기관 네트워크다.

세상에 속해 있지 않았다. 나는 돌을 수집했다. 붉은 돌, 초록색 돌, 회색 돌, 녹슨 돌, 흰 바탕에 검은 반점으로 얼룩덜룩한 돌, 은빛 줄무늬가 있는 검은 돌. 그것들을 내 주머니에 넣어두었다. 돌들의 단단한 표면은 내 체온으로 천천히 데워졌다. 나는 연어, 개구리, 도롱뇽으로 뭘 할 수 있는지 배우느라 강에서 오랜 시간을 보냈다. 밀물과 썰물 때면 해변을 거닐었다. 불가사리, 홍합, 바위에 붙어 있는 따개비들. 이끼, 양치식물, 우산이끼, 가시나무와 온갖 나무가 빽빽이 들어찬 언덕을 배회했다. 오로지 여기서만 나는 몸의 감각을 갖고 있었다. 그 돌들은 내 주머니 속에서 따뜻해졌고, 나는 그것들이 나 자신에게서 가장 한결같고 유일하게 누구도 건드릴 수 없는 부분이란 걸 알고 있었다. 나는 은둔자가 되길 원했다. 소년도 소녀도 아닌 채, 내 돌과 나무들과 함께 홀로 살고 싶었다. 20년이 지난 지금, 나는 어떻게 해야 피부 아래에 가닿을 수 있을까? 어떻게 그 피부 아래서 돌에 대해서가 아니라 그 돌을 데웠던 몸에 대해, 그 체온 자체에 대해 글을 쓸 수 있을까?

· — · — ·

내 몸을 도둑맞았던 방식들에서 글을 시작할 수도 있다. 꺼려지지만 천천히 내 부모에게서 시작해보자. 큰딸인 나를 거의 아들처럼 키웠던 아버지. 아버지가 나를 강간하기 시작한 건 내가 아주 어렸을 때라, 나는 그가 처음으로 내 몸에 성기를 강제로 집어넣은 게 언제인지 기억하지 못한다. 엄마는 아버지가 내게 저지른 폭력을 몰랐다고 말했다. 나는 엄마 말을 믿는다. 엄마의 영혼은 자기 몸만 표지판처럼 남겨놓고는 자리를 비웠다는 걸 알고 있으니까. 엄마는 눈을 감고 등을 돌리고서, 아버지에게 이렇게 말한 거다. "그 애는 당신 거니까, 당신 마음대로 기르세요." 완전히 부재했던 엄마와, 내게 언덕과 숲을 가르쳐줬던 아버지. 그들이 첫 번째 도둑이었다.

하지만 생각해보자. 만약 내가 여기서 이 폭력과 방치의 문제를 내 퀴어함과 나란히 테이블 위에 올려놓고 시작한다면, 그다음에는 무슨 일이 일어날까? 내 말이 내게 불리하게 이용될까? 성 학대는 동성애를 유발한다는 믿음을 강화하는 식으로 왜곡되고, 위반적인 젠더 정체성이 방치와 직접적인 관련이 있다는 증거를 제공하는 식으로 뒤틀려져서 말이다. 대부분의 페미니스트와 퀴어 활동가들은 이런 관련성을 부인하며, 충분히 그럴 만한 이유가 있다. 보수주의자들이 레즈비언·게이·바이·트랜스 정체성을 의심하게 하고, 우리를 해방시키는 게 아니라 전향시키겠다고 주장하는 데 그 관련성을 이용하곤 하기 때문이다. 하지만 이런 부인 전략은 학대와 젠더 정체성, 학대와 섹슈얼리티가 연관될 그 어떤 가능성도 기각하면서, 어떻게 우리 몸이 도둑맞는가에 관한 지저분한 현실 앞에서 문을 쾅 닫아버리는 셈이다.

・—・—・

나는 내가 엄마에게 "나 여성스러워?"라고 물었던 그날을 기억
하냐고 질문한다. 엄마가 내 질문과 엄마가 했던 답을 기억하길, 그
래서 내가 무엇을 알길 원했는지에 대해 조금의 단서라도 내게 전
해주길 바란다. 엄마는 그날 일을 기억하지 못하지만, 대신 다른 것
을 상기시켜준다. 언젠가 우리가 겨울이라고 불렀던 길고 긴 우기 동
안, 라이온스 클럽Lions Club*이 낡고 쓰러져가는 중학교 체육관에서
축제를 열었다. 나는 고작 타이니 로런스Tiny Lawrence**가 참치 통조림
을 따먹는 걸 보려고 "식인 물고기"에 돈을 낭비했고, 남자아이들이
자원봉사로 나온 소방관들에게 젖은 스펀지를 던지는 걸 보고 웃었
고, 한 여성이 재빠르게 만화 같은 초상화를 그린 뒤 그림마다 "베치
해먼드"라는 사인을 화려하게 적는 것을 바라보며 서 있었다. 그녀는
마을에 처음 온 사람이었고, 나는 호기심에 결국 돈을 내고 그녀의
이젤 앞에 앉았다. 완성된 그림에서 나는 내 모습을 알아볼 수 있었
다. 내 얼굴을 정의하는 딱딱한 선, 턱의 각도, 억센 입이 마음에 들
었다.

---

* '라이온스 클럽'은 1917년에 미국의 실업가들이 창설한 국제적인 민간 사회봉사 단체
이다. 본부는 일리노이주 오크브룩(Oak Brook)에 있으며, 우리나라는 1959년에 가
입했다.

** '타이니 로런스'(1913~1958)는 왜소증이 있는 미국의 남자 배우로, 본명은 로런스 에드
워드 스타이너(Lawrence Edward Steiner)다. 영화 〈공짜 식사Free Eats〉(1932)에서
아기로 분장하고 금품을 훔치는 2인조 도둑 왈데마르(Waldemar)와 엘머(Elmer) 중
왈데마르 역을 맡았다. 타이니 로런스에 대한 정보는 그다지 없고 이 영화 외의 출연
작도 찾아볼 수 없지만, 이 영화에서 엘머 역으로 출연했던 배우 메이저 마이트(Major
Mite, 본명은 클래런스 체스터필드 하워튼Clarence Chesterfield Howerton)는 프릭
쇼 흥행사 P. T. 바넘이 설립한 서커스에서 활동한 것으로 유명해졌다.

몇 주 뒤 식료품점에서 엄마는 베치와 인사를 나눴다. 둘은 남편과 아이들에 대해 이야기를 나누기 시작했고, 엄마는 큰딸인 나와 내가 축제에서 집으로 돌아올 때 가져왔던 초상화를 언급했다. 베치는 엄마가 무슨 얘기를 하는 건지 이해하지 못했다. 엄청난 혼란 끝에 베치는 이렇게 물었다. "제가 당신 아들을 그린 게 아니었다고요?" 엄마가 집에 와서 이 이야기를 전해줬을 때, 내가 완벽하게 기쁨만을 느꼈던 것이 기억난다. 나는 초상화를 몇 번이고 들여다보면서 생각했다. "바로 여기, 지금 이 순간, 나는 남자애야." 몇 주 동안 이 생각이 들 때마다, 나는 비밀스럽게 미소 지으며 주머니에 손을 넣어 돌을 잡고 주먹을 꼭 쥐곤 했다. 나는 유령의 집에나 있는 일그러진 이미지가 아닌, 거울에 비친 진짜 내 모습을 마침내 바라보고 있는 것만 같았다.

. — . —.

어떻게 하면 돌에 대해서가 아니라, 체온 그 자체에 대해 글을 쓸 수 있을까? 몇 가지 어렵고 위험한 질문을 던지면서 시작해볼 수 있다. 사실 나는 열 살 때의 나 자신과 어울려 시간을 보내고 싶다. 열 살짜리 내가 거울을 바라보면서 신나 하던 순간을 함께 나누고 싶다. 하지만 정말이지 그 질문들을 피할 수는 없을 것 같다. 내 몸을 어떻게 도둑맞았는지에 관한 지저분한 현실을 들여다볼 때면, 내 소년 시절의 즐거움은 차갑게 식어버린다. 그러니까, 어떤 위험이 있든, 질문을 던져보자.

내게 계속해서 잔인한 짓을 하고 또 하던 아버지의 폭력은 나의 몸을, 나의 섹슈얼리티를, 나의 젠더 정체성을 형성하고 손상시키는 데 어떤 영향을 미쳤을까? 아버지의 젠더화된 학대—우리 문화에서 삽입 강간은 분명 젠더화되어 있다—는 내가 나 자신을 소녀가 아니라고 느끼는 감각을 얼마나 강화시켰을까? 아버지가 나를 학대하지 않을 때는 거의 아들처럼 대하던 태도는, 아버지의 주먹과 성기와 칼이 너는 확실히 소녀라고 내게 분명하게 말해주던 그 방식과 어떻게 상호작용했을까? 아버지가 성적으로 학대하던 다른 아이들—그중에는 소년도 소녀도 있었다—을 봤던 경험은, 소년이란 이런 존재고 소녀란 이런 존재라는 내 생각을 어떻게 더욱 복잡하게 만들었을까? 아버지가 내게 입힌 상처를 엄마가 의식적으로 모르는 체했던 상황은, 내가 여성성과 남성성이라고 받아들였던 것들에 어떤 영향을 미쳤을까?

· — · — ·

축제에서 내 캐리커처를 받아 집으로 들고 갔을 땐, 이후에 살면서 내가 '선생님sir'이라 불리고 젊은 남자로 여겨지는 일을 일상적으로 경험할 거라고는 전혀 생각지 못했다. 어느 땐 여성으로 그다음 번엔 10대 소년으로 여겨지곤 하는 이런 젠더 모호성이 내 퀴어함의 큰 부분을 차지한다. 사람들이 대명사를 입에 올리다 말을 더 듣거나, 얼굴을 붉히거나, 당황하면서 사과할 때면, 나는 리키 앤 윌친스Riki Anne Wilchins가 친구 홀리 보즈웰Holly Boswell을 묘사했던 대목을 떠올리곤 한다.

나와 오래 알고 지낸 홀리는 남부 출신의 섬세하고 연약한 미인이다 (…) 그/녀는 부드러운 이목구비, 길고 구불구불한 금발에, 캐롤라이나 지역 억양이 약간 묻어나고, 우아하고 여성스러운 가슴을 갖고 있으며, 수술에는 전혀 관심이 없다. 홀리는 노스캐롤라이나주 애슈빌Asheville에서 두 아이의 엄마로 살고 있는 커밍아웃한 트랜스젠더다. 선생님sir이라 불러야 할지 아니면 사모님Madam이라고 불러야 할지 고민하며 혼란스러워 하는 시민들에게, 그녀는 위안이 되는 조언을 건넨다. "두 번 생각할 것 없어요. 나를 부를 대명사를 당신은 아직 갖고 있지 않으니까요."[1]

이따금 내가 여성으로 읽힐 때면, 나는 '선생님' 소리를 들었을 때가 몹시 그리워진다. '사모님'은 이질적이고, 거리가 멀고, 낯설고, 심지어 잘못된 호칭처럼 들린다. 밤길을 걸을 때 내 실루엣과 성큼성큼 걷는 모습이 남자로 읽히는 일이 빈번하다는 걸 알기에, 어두워진 다음 길을 걸을 때면 보통 더 안전하다고 느낀다. 남성이 여성에게 저지르는 폭력으로부터 어느 정도 완충 장치가 생기는 셈이니까 말이다. 하지만 대체로 특별한 느낌은 없다. "뭐 그러네. 이런 일이 또 일어났네."

다이크 중 많은 이들은 남자로 읽힐 때면 분노와 짜증과 경악과 수치심을 느끼고, 자신이 여자라는 걸 강조할 필요가 있다는 느낌을 받는다. 그리고 같은 맥락에서, 나는 자신의 남성성을 크게 키우는 게이들이 있다는 얘기를 항상 듣는다. 한 사람의 진정한 젠더 정체성을 옹호하고 강화하는 일은 중요하다. 하지만 부치 다이크는 남자를 흉내 내는 게 아니고 여성으로 존재하는 새로운 방식을 개척한다는 주장은, 나에겐 너무도 자주 방어적으로 들리곤 한다. 파트너를 구하는 글에서 펨과 드랙퀸은 즉시 거른다고 쓰는 게이들의 태도도 방어적으로 느껴진다. 이것이 여성적인 남성과 남성적인 여성을 인정하길 거부하고 우리의 퀴어함 자체에 이의를 제기하는 이성애 중심적 세상에 우리가 내놓을 유일한 응답이란 말인가?

1990년대에 시작되어 급성장해온 트랜스 해방 운동은 이분법적 젠더 체계에 의문을 제기하고, 그 체계에 맞서는 투쟁을 시작했다. 이분법적 젠더 체계에선 태어날 때 여성female이란 성별을 지정받은 사람을 여성성femininity과 여자다움womanhood에 자동적으로 연결시키고, 태어날 때 남성male이란 성별을 지정받은 사람은 남성성masculinity과 남자다움manhood에 자동적으로 연결시킨다. 인터섹스들—어떤 이유로든 남성 또는 여성의 표준으로 여겨지지 않는 성기, 재생산 기관을 태어날 때부터 갖고 있거나, 그런 남/여의 표준에 맞는 2차성징이 발달하지 않는 사람들—이 자신의 삶을, 그리고 자신이 겪는 의료적 침해를 공적으로 발언하기 시작함에 따라, 여성과 남성의 이분법적 구분조차 사회적으로 구성된 산물이라는 것이 점점 더 드러나고 있다. 남성과 여성을 엄격하게 서로 배타적으로 구분하는 정의가 인터섹스에게 성기 수술을 해서 지켜야 하는 거라면, 그런 정의란 과연 얼마나 자연스러운 것이겠는가? 트랜스 운동은 젠더와 섹스의 다양한 변주가 넘쳐나는 세상을, 즉 여성으로 성별을 지정받은 여자와 남성으로 성별을 지정받은 남자 이렇게 단둘로만 나뉘는 세상보다는 훨씬 더 복잡한 세상을 만들자고 제안한다. 많은 트랜스 활동가들은 여성이나 남성이라는 젠더를 없애는 게 아니라, 사회적으로 구성된 이분법을 종식시키고자 한다.[2]

이런 맥락에서는 동성애 혐오 세력, 즉 부치 다이크나 여성스런 호모들의 삶을 안 보이게 만들고 지워버리고 인간의 자격을 박탈하고 싶어 하는 이들에게 응답하는 건 쉬워진다. 우리는 그저 어깨를 으쓱한다. 우리는 웃는다. 우리는 그들에게 이렇게 말한다. "여자와 남자에 대한 너희 정의는 썩었어. 너희 그 이분법은 엄청 구려. 여기 이 모든 찬란함 속에 우리가 있어―남성, 여성, 인터섹스, 트랜스, 부치, 넬리nellie, 근육질studly, 펨, 킹king, 안드로진androgynous, 퀸.* 우리 중 어떤 이들은 여성으로 존재할 새로운 길을 개척하고 있고, 다른 이들은 남성으로 존재할 새로운 길을 개척해 나아가고 있어. 그리고 또 다른 이들은 완전히 다른 무언가로 존재할 새로운 길을 내고 있어. **너희에겐 우릴 부를 대명사조차 없잖아.**"

---

*   이 용어들에 대해서는 「옮긴이 후기」 308~309쪽을 보라.

．一．一．

　돌이 아니라 체온 그 자체에 대해 글을 쓰려면 어떻게 해야 할까? 내 아버지가 저지른 잔인하고 은밀한 도둑질을 세세하게 설명하는 데서 시작할 수도 있겠다. 아버지는 손으로 내 목을 조르고, 나를 갈가리 찢으면서, 내 몸이 제 것이라고 주장했다. 그 잔인하고 은밀한 짓을 낱낱이 밝힐 수도 있을 것이다. 하지만 실은, 나는 동성애 혐오 세력이 옳을까 봐 두려워진다. 정말로 아버지가 날 강간했고 어머니가 날 방치했기 때문에, 내가 트랜스젠더 부치로 살게 된 건 아닐까 두렵다. 나는 더 큰 그림을 못 보게 된다. 사적이고 친밀한 것들을 경유하고 얽어내면서 벌어지는 모든 일이 곧 공적이고 정치적인 일이란 걸 잊어버린다.

　우리는 아동 학대가 유행처럼 번져나가는 시대에 살고 있다. 아동을 겨냥한 신체적이고 성적인 폭력이 단지 개인의 비극이자 폭주하는 광란 증세가 아니라, 사회적 통제 형식 중 하나인 세상에서 살고 있다. 아버지가 딸을 강간할 때, 어머니가 아들을 폭행할 때, 백인 교사가 흑인 학생을 성적으로 만져댈 때, 중산층 남자가 노동계급 소년을 데리고 아동 포르노를 찍을 때, 비장애인 돌봄 제공자가 장애인 아이를 그 아이가 싼 소변 위에 몇 시간이고 앉혀놓을 때, 이 어른들은 아이들에게 권력과 위계가 무엇인지를, 소년으로 산다는 것, 소녀로 산다는 것, 아이로 산다는 것, 흑인으로 산다는 것, 노동계급으로 산다는 것, 장애인으로 산다는 것이 무엇인지를 몸으로 배우게 하는 것이다.

백인 우월주의, 가부장제, 자본주의, 이분법적이고 경직된 젠더 체계와 같은 권력 구조를 유지하려면, 반복해서 아이들의 몸에 누가 지배자고 누가 지배받는 자인지에 대한 가르침을 주입하는 것보다 더 좋은 방법이 뭐가 있겠는가? 물론 모든 가해자 개개인이 "이 아이는 선 밖으로 너무 나갔네. 내가 애를 폭행/강간해서 선 안에 다시 집어 넣어야겠어"라고 생각하는 건 아니다. 하지만 아동 학대를 유발하는 권력 불균형이 가해자 개개인이 인지하는 자기 의도보다 더 크다는 건 분명하다. 의식적이든 아니든, 어떤 행위를 통해 기존의 권력 구조가 유지되고 강화되는 바로 그 지점에서 사회적 통제가 일어난다.

그리고 여기에 내 두려움에 대한 답이 있다. 아동 학대는 위반적인 젠더 정체성이나 섹슈얼리티 혹은 그 둘 다의 원인이 아니라, 그것에 대한 대응 중 하나이다. 내가 지금 구체화하려는 생각은 단순히 "아버지가 날 학대한 건 내가 퀴어 아이였기 때문이다. 물론 그 당시에 난 젠더에 대해 어떠한 자각도 없었지만, 자신이 소녀라는 걸 전혀 확신하지 못했기 때문에 학대당한 것이다" 따위가 아니다. 비록 일부 젠더퀴어와 트랜스 아이들은 분명 자신의 젠더를 이유로 강간당하기도 하지만 말이다. 오히려 내가 하고 싶은 말은 이거다. "내 아버지는 수많은 이유로 나를 강간했다. 그리고 그에게 폭력을 당하면서, 나는 여자라는 게 무슨 의미인지, 아이라는 게 무슨 의미인지, 나의 이 특정한 몸으로 산다는 게 무슨 의미인지를 배웠다. 그리고 그런 훈육은 더 큰 권력 구조와 위계를 뒷받침하고 있었다."

· — · —·

하지만 동시에 우리 몸은 단지 권력이 가르침을 적는 텅 빈 석판이 아니다. 우리는 몸 자체를 무시할 수 없다. 우리의 심장과 폐, 근육과 힘줄의 감각적인 경험은 언어로 말하지 않아도 우리가 누구인지에 대해 우리와 세상에 이야기해준다. 스스로가 소녀도 소년도 아니라는 내 유년기 감각의 일부는 외부에서 내게 가한 학대와 방치라는 훈육에서 비롯되었고, 일부는 내가 이해할 수 없었던 남성성과 여성성에 관한 혼란스러운 메시지에서 비롯되었다. 그렇지 않다고 주장하는 건 바보 같은 짓일 거다. 하지만 확실히 내 뼛속에, 쭉 뻗은 다리와 구부린 등 안에, 살갗에 기대어 놓인 돌 속에 어떤 앎이 존재하고 있었다. 그 앎이 내게 "소녀도 아니고 소년도 아니야"라고 속삭였다. 부치, 넬리, 근육질, 펨, 킹, 안드로진, 퀸. 젠더가 노동을 분담하는 방식에 영향을 받고, 남성성과 여성성의 이미지들에 영향을 받고, 인종차별주의와 성차별주의와 계급차별주의와 비장애 중심주의의 영향을 받고, '진짜' 남자와 '진짜' 여자라는 개념에 영향을 받는 상황에서, 어떻게 우리는 거짓말과 도둑질과 협상해왔는가? 그리고 동시에 우리는 우리 자신의 몸에 얼마나 귀 기울여왔는가? 이에 대한 답은 내게 그리 간단하지 않다.

장애가 있는 나의 몸에 대해 생각해본다. 너무도 오랫동안 나는 덜덜 떨리는 손, 균형을 못 잡고 불안정한 몸, 너무도 반복적으로 긴장과 떨림이 불시에 들이닥치는 경련성 근육이 싫어서 무슨 수를 써서든 그것들을 숨기려고 노력했다. 오른팔이 더 이상 떨리지 않게 차라리 잘라버리고 싶다는 생각을 몇 번이고 했었다. 내 수치심은 그토록 노골적이었다. **지진아, 원숭이, 모자란** 애라는 말들에 담겨 있던 그 모든 거짓말. 빤히 바라보는 그 눈길에서, 내 머리를 함부로 쓰다듬는 손길에서, 내 어깨에 떨어지는 눈물에서, 내가 누군가의 슈퍼장애인이나 비극이 되던 그 모든 순간에, 그 모든 거짓말이 내 두 번째 피부가 되었다.

장애가 있는 나의 몸에 대해 생각해본다. 10대 시절 "남자친구를 사귀어라", "다리털을 면도해라", "화장을 해라" 등등의 끝도 없는 압박을 내가 어떻게 피해갔는지. 내게 젠더도 없고 섹슈얼리티도 없고 욕망할 만하지도 않은 존재라는 배역을 떠넘긴 그 거짓말들이, 조용하고 책 읽기 좋아하는 톰보이인 나, 소녀도 소년도 아닌 나란 사람으로 홀로 남아 있을 공간을 지켜주기도 했다. 그때까지도 나는 감사했다. 하지만 만약 내가 남자애들과 데이트하고 립스틱과 마스카라를 바르고 여성스러운 옷—실크 스커트와 펌프스, 가슴이 파인 블라우스, 엄청 멋진 파티용 드레스—을 입어보길 원했다면, 나는 내 또래 비장애인들보다 훨씬 더 오래 더 힘들게 투쟁해야 했을 거다. 다리털을 면도하고 화장을 하는 순전히 신체적인 행동만으로도 너무나 힘에 부쳤을 거다. 나를 무성적이거나 폭력을 당하기 쉬운 존재로만 보는 부모와 끈질기게 언쟁을 벌이면서, 내가 브렌트 밀러나 데이브 윌슨과 함께 영화를 보러가도 스스로를 충분히 잘 돌볼 수 있다고 설득하는 일은 훨씬 더 힘들었을 것이다.[3] 하지만 사실은 난 브렌트와 데이트하거나 가슴이 파인 블라우스를 입고 싶지 않았다. 그런 생각만 해도 몸서리쳐졌다. 비장애인인 내 여동생이 직면했던 젠더화된 압박이 나한테 왔다면, 나는 어떻게 반응했을까? 여동생에겐 이런 압박에 가장 저항감이 적은 길은 여성성의 방향을 향해 있었다. 내게는 소녀도 소년도 아닌 쪽으로 가는 게 가장 쉬운 길이었다. 하지만 내가 오랜 시간 지속적으로 느끼고 있는 젠더화된 자아 감각을 단순히 비장애 중심주의에 대한 반응으로 치부하는 건, 내 몸을 무시하는 태도이자 내 몸이 내게 말해줘야 했던 것들을 무시하는 태도다. 장애인 공동체에서 내 주변을 둘러보면, 얼마나 놀랄 정도로 다양한 범위의 젠더 표현이 있는지 알게 된다. 여성적인 표현에서부터 중성적 표현, 남성적 표현까지 수많은 양상이 뒤섞이고 소용돌이치는 젠더 표현이 망라되어 있다. 확실히 우리는 비장애 중심적인 젠더 구조에 무수히 많은 방식으로 대응하고 있다.

우리는 어떻게 거짓말들을 헤쳐나가면서 우리 몸에 귀 기울이는가? 장애가 있는 나의 몸에 대해 생각해본다. 10대 소년으로 읽히는, 퀴어 부치인 나의 몸에 대해 생각해본다. 남성성의 표식―삭발한 머리, 떡 벌린 자세, 직접적인 응시, 팔뚝의 근육―은 오해의 여지가 없다. 장애의 표식―뒤꿈치를 무겁게 끄는 걸음걸이, 자꾸 끊어지며 고르게 이어지지 않는 말, 손과 팔과 어깨의 떨림―도 오해의 여지가 없다. 그 모든 것이 꼬여 합쳐지면, 비장애 중심주의 세상에서 나는 젠더가 없는 사람 아니면 10대 소년으로 모양새가 잡힌다. 젠더가 없는 사람으로 여겨지는 건 장애인에겐 너무도 익숙한 일이다.

10대 소년으로 여겨지는 건 젠더 이분법 때문이다. 젠더 이분법 아래서는 내가 여자로 인식되지 않을 경우, 남자 아니면 (키가 작고 얼굴에 털이 별로 없으니) 아마 분명 10대 소년일 거라고 여겨진다. 이런 외부의 인식은 나의 내면에 간직한 젠더 감각과, 그리고 모호한 젠더를 육체적으로 편안해하는 감각과 대부분 맞아떨어진다. 하지만 만약 외부와 내부가 어우러지지 않았다면 어떻게 되었을까?

예전에 한번 글쓰기 워크숍에서 이성애자고 여성스러운 장애 여성들과 함께 앉아 오후 내내 젠더 정체성에 관해 이야기한 적이 있다. 이 주제로 이야기를 나눈 건 외부에서 주어지는 비장애 중심적 인식이 내면의 자아 감각과 들어맞지 않을 때, 도둑들이 우리 몸에 거짓말을 심고 우리 몸은 그것들을 유일한 진리인 양 흡수해버릴 때, 우리가 입었던 큰 피해 때문이었다. 때때로 내 심장에 작은 회색 돌이 가득 채워지고, 그 돌들은 결코 내 체온만큼 데워지지 않는다는 게 놀랍지 않은가?

· — · — ·

도둑들이 만들어내는 것들, 즉 외부의 인식, 고정관념, 거짓말, 잘못된 이미지, 억압은 확실히 어마어마한 권력을 가지고 있다. 그것들은 우리가 누구인지를, 우리가 우리 몸을 어떻게 생각하는지를, 우리의 젠더화된 자아를 정의하고 창조한다. 내가 돌에 관해서가 아니라 돌을 따뜻하게 데우는 몸에 대해, 체온 그 자체에 대해 글을 쓰려면 어떻게 해야 할까? 이 질문이 내 곁을 유령처럼 배회하는 이유는, 내가 마음으로부터 몸이, 의식으로부터 몸이, 신체적 감각으로부터 몸이, 감정으로부터 몸이 쪼개져 나온 채 살아왔기 때문이다. 날 따돌리던 애들이 내게 돌을 집어 던지고 **지진아**라고 부를 때마다, 내 아버지와 그 친구들이 나를 묶고 칼을 꺼내 들 때마다, 그렇게 나는 쪼개졌다. 내 몸은 텅 빈 폐가가 되었고, 나는 그 집으로 좀처럼 다시 돌아갈 수 없었다. 나는 망명 생활을 했다. 내 심장 속에서 달그락거리는 돌들이, 내 주머니 안에서 쉬고 있는 돌들이 내 유일한 진짜 몸이었다.

하지만 도둑맞은 몸이 존재하는 것처럼, 되찾은 몸도 존재한다. 나는 '완벽한' 몸/정신이란 개념에 도전해온 장애인들을 떠올린다. 에드 로버츠는 자기 집 앞에 앉아 '불구 해방'에 대해 이야기한다. 엘런 스톨은 스스로를 장애인 공동체를 위한 섹스 심벌로 만든다. 나는 젠더, 쾌락, 섹스를 억제하는 지배 문화를 밀어내는 퀴어들을 떠올린다. 드랙퀸과 킹들은 무대 위에서 일한다. 다이크들은 거리로 나간다. 게이들은 공적 장소에서 하는 섹스를 옹호한다. 모든 다양한 트랜스들은 이렇게 말한다. "이게 바로 우리가 남자일 수 있고, 여자일 수 있고, 그 사이 모든 공간에 거주할 수 있는 방법이다." 급진적 요정들Radical Faeries[*]은 이교도적인 화려한 장신구와 옷을 입고 빙빙

---

[*] '급진적 요정들'은 1970년대 성 혁명 시기 미국의 게이 남성들 사이에서 시작된, 성적 지향과 성 정체성을 유동적인 스펙트럼으로 받아들이고 영적 교감을 실천하는 느슨한 네트워크다('lgbt.wikia.com/wiki/Radical_Faeries' 참조).

돈다. 바이섹슈얼들은 섹슈얼리티를 깔끔하게 구획 짓는 것에 저항한다. 내 생각에 유색인, 가난한 사람들, 노동계급 사람들이라면 모두 동화同化라는 개념을 조롱할 것이다. 몇 번이고 계속해서 우리는 거짓말을 산산이 부숴버린다.

　　하지만 되찾은 **내** 몸에 대해 자긍심과 기쁨으로 가득 차서 글을 쓰려면 어떻게 해야 할까? 학대, 비장애 중심주의, 트랜스 혐오, 동성애 혐오가 내 몸을 도둑질하고, 내 욕망을 부숴버리고, 내 피부에 닿은 따뜻한 돌과 썩은 통나무에서 자라는 이끼의 축축한 폭신폭신함과 바위에서 똑똑 떨어지는 샘물의 맛에서 내가 느끼던 기쁨으로부터 나를 갈라놓았다고 말하는 건 차라리 쉽다. 부서진 게 어떻게 치유되는지 이야기하기는 훨씬 어렵다. 한번 골절되었던 뼈가 지금은 다시 붙었어도, 그 뼈는 결코 부러진 적이 없는 뼈와는 다르다는 것을 어떻게 설명해야 할까. 그리고 그 둘 사이에 난 길을 따라가는 것도 훨씬 어려운 일이다. 나는 내 몸이 더 이상 텅 빈 폐가가 아니고, 내 욕망이 더 이상 갈라진 틈 사이로 쓸쓸히 빠져나가지 않는 지점까지는 왔다. 하지만 내 몸이 아직 내가 완전히 들어가 살 만한 집은 아닌 이 지점을 나는 어떻게 표시해야 할까? 내게 있어 도둑맞았던 몸에서 되찾은 몸으로 가는 길은, 내가 다이크로 커밍아웃한 데서 시작됐다.

· ― · ―·

내가 도시로 막 이주한 건 내 나이 열여덟 살 때였다. 나는 소녀이고 싶지 않았지만, 소년이고 싶지도 않았다. 나는 내 몸을 숨겼고, 가능한 한 내 몸을 무시하려 애썼다. 대학에서 첫 주를 보내는 동안, 나는 다이크들을 만나기 시작했다. 셋째 주쯤 나는 스스로에게 질문을 던지기 시작했다. "나는 레즈비언인가?" 전에 한번 이 질문을 받은 적이 있었고 답도 알고 있었다. 열두 살 되던 해 여름에 아칸소주에 사는 부모님 친구인 두 여성 분이 우리 집에 방문했다. 수잰Suzanne과 수전Susan 두 분을 나는 아주 좋아했고, 그분들에게 내가 가장 좋아하는 장소와, 가장 맛있는 열매가 열리는 검은딸기나무, 그 아래 사향쥐가 판 굴을 보여줬다. 나는 그분들이 나와 함께 내가 사는 강 유역에 머물길 바랐다. 그분들은 내 부모에게 커밍아웃했고, 나는 나중에 아버지가 수전은 동성애자라고 말하는 걸 우연히 듣고 나서야 그 사실을 알았다. 그 말을 하면서 아버지의 얼굴은 점점 더 딱딱하게 굳었고 침묵에 빠졌다. 어쨌든 나는 그 단어가 무슨 뜻인지 알았다. 그때까지만 해도 나는 **동성애자**란 걸 거의 이해하지 못하고 있었고, **레즈비언**이란 말은 욕으로 쓰는 걸 딱 한 번 들어본 적밖에 없었는데도 말이다. 그 말이 나를 미소 짓게 했다. 우리와 함께 배틀 록 해변을 걸으며 손을 마주잡고 있던 수잰과 수전의 모습이 몇 주 동안 나를 떠나지 않았다. 나는 내 마음 깊은 곳 어딘가에서, 내 가슴뼈를 누르며 올라오는 진실을 알고 있었다. "나는 그들과 같아." 이게 내가 알고 있던 것이었다. 하지만 내가 열세 살이 되자 올라오던 목소리는 사라져버렸다.

이제 열여덟 살이 되자, 나는 그 질문을 다시 꺼내 들었다. 나는 한 번도 남자애와 키스한 적 없었고, 남자친구도 여자친구도 사귀어본 적이 없었다. 나는 성욕에 대해선 아무것도 아는 게 없었다. 내게 성행위는 학대와 긴밀히 얽혀 있었다. 나는 아버지에게서 그 구체적인 행위를 배웠다. 손수레에 실린 콘크리트를 어떻게 섞고, 벽체의 틀을 어떻게 만드는지를 배웠던 것처럼 말이다. 성행위란 강간을 의미했다—아주 간단하고도 복잡했다. 그가 볼일을 끝낸 후에 나를 휩쓸던 쓰라린 감각과 몸이 쪼개져 열어 젖혀진 느낌, 그리고 어떻게 그런 느낌들이 밤늦게 침대에 누워 있는 내 몸에 다시금 불시에 들이닥쳐 걷잡을 수 없게 점점 더 커져갔는지. 내가 욕망에 대해 아는 것이라곤 이런 것들뿐이었다. 나는 여자랑 사랑에 빠져본 적이 없었다. 심지어 한순간 반해본 적도 없었다. 그럼에도 "나는 레즈비언인가?"라는 질문이 내 마음 한구석에 걸려 있었다.

나는 다이크 행사에 참가하고, 다이크 관련 서적을 읽고, 다이크 음악을 듣고, 처음으로 다이크 바에 가서 시간을 보내고, 다이크 댄스클럽에도 처음으로 가봤다. 나는 다이크 여성들이 이야기하고 웃고 서로 손잡고 춤추고 키스하는 모습을 바라보는 게 정말 좋았다. 이 소프트 부치 여성들은 1970년대와 1980년대 초 레즈비언 페미니스트들이 양성성을 강조하던 시기에는, 자신의 부치다움을 결코 주장하지 않았었다. 스포츠머리에 이두박근이 뚜렷이 보이고 빛바랜 부드러운 청바지를 입던 그 여성들. 내 눈을 똑바로 바라보던 그 여성들. 그들을 바라보고 있노라면, 내가 좋아하는 돌을 반짝반짝 윤이 나게 닦는 기분이었다. 나는 내가 **이런** 종류의 여성이 될 수 있다는 걸 알았다. 그래서 그해 내내 나 자신을 다이크로 알아가는 과정을 느리게 밟았다. 여자에게 키스하기까진 4년이 더 걸렸다.

내 커밍아웃은 성적 욕망과 지식을 발견하는 문제에 관한 것이라기보다는, 젠더 정체성을 다루는 문제에 관한 것이었다. 간단히 말해 장애인이자 여러 계급적 위치가 섞인 사람이자 자기 엄마한테 "나 여성스러워?"라고 묻던 톰보이는, 다이크 사이에서 섹슈얼리티를 발견한 게 아니라 여성에 대한 정의가 매우 폭넓다는 것을 발견했다—그 후로 오랫동안 여성이란 정체성을 편안하게 느낄 만큼 말이다. 만약 그 정의가 충분히 폭넓지 않았다면, 그다음에는 어떻게 됐을까? 호르몬 요법이나 수술을 찾아 나섰을까? 만약 내가 레즈비언에 대한 정의 자체가 명확히 존재하지 않았던 100년 전에 태어났더라면, 나는 '패싱 여성passing woman'이었을까?* 만약 내가 젠더 이원론

---

* 우리는 '패싱(passing)'이 등장할 때마다 가급적 풀어 번역했지만, '패싱'은 '커밍아웃(coming out)'과 더불어 성소수자 정치에서 나온 중요한 개념이다. 이 개념들은 인종과 장애 관련 소수자 정치에서도 사용되어왔다. 초창기 논의에서 '커밍아웃'은 자신의 진정한 정체성을 받아들이고 드러내는 행위인 반면, '패싱'은 그저 사회적 소수자에게 부과되는 낙인을 피하고 다수자의 특권을 누리기 위해 다수자인 척하는 짓이나, 이성애 중심주의, 남성 중심주의, 백인 중심주의, 비장애 중심주의 등 지배 이데올로기에 물든 허위의식의 소산으로 여겨졌다. 즉 커밍아웃과 비교해 패싱은 기존의 억압적 체계를 유지하는 데 공모하는 행위로 비난받았다. 그러나 1990년대 이후 담론은 커밍아웃과 패싱의 복잡한 역동에 주목한다. 커밍아웃이 결코 일회성으로 끝나지 않는다는 점, 내가 커밍아웃한 소수자라 할지라도 매일 길에서 만나는 모든 사람에게 커밍아웃하지 않는 이상 '패스되는 순간은 온다는 점, 특히 비가시적 장애를 갖고 있는 사람의 경우 자신이 장애인이라고 커밍아웃한들 남들 눈에 장애인처럼 보이지 않으면 그 정체성 선언 자체를 의심받고 끊임없이 증명을 요구받는다는 점, 패싱이 반드시 억압적 체계에 공모하기 위해서가 아니라 적대적 환경에 고립되어 있는 소수자에게는 생존을 위

의 속박이 깨진 세상을 볼 만큼 충분히 오래 산다면, 나는 부치 다이크이자 기본적으론 여성으로서가 아니라, 뭔가 제3의, 제4의, 제5의 젠더로서 나 자신을 편안하게 느끼게 될까? 트랜스들이 공동체를 꾸리고 조직하고 우리의 삶에 대해 발언하기 시작한 이래, 더 가능성이 많아진 듯한 어떤 젠더. 이미 내가 다다르기 시작한 어떤 젠더로 말이다.

· — · —·

퀴어 공동체에서 나는 내게 맞는 곳을 찾았고, 은둔자로 살고 싶었던 마음을 버렸다. 불구들 사이에서 나는 뇌병변이 있고 힘센 내 몸을 받아들이는 법을 배웠다. 성폭력에 관한 페미니즘 활동—정치 행동, 이론 분석, 정서적 회복—을 통해 나는 성적 학대와 신체

한 잠정적 선택일 수도 있다는 점, 또한 역사적으로 보았을 때 젠더 이분법적이고 남성 중심적인 세계에서 여러 이유로 남자처럼 입고 행동하며 다른 이들의 눈에 남자로 여겨졌던 여성들이 있었다는 점 등이 논의되어왔다(디즈니 만화영화와 뮤지컬로 유명해진 '뮬란(목란木蘭)'도 여기 해당한다). 특히 클레어가 사용한 '패싱 여성'이란 표현이 이 마지막 경우에 해당한다. 전쟁과 군사 동원의 역사, 남성 말고는 일자리를 구할 수 없었던 역사는 수많은 패싱 여성들을 탄생시켰다. 나아가 이 경우에 패싱은 '남성 아니면 여성'이라는 위치 말고는 그 사이에 존재하는 사람들에 대한 인식도 그들을 설명할 이름(예를 들면 현재의 트랜스젠더, 젠더퀴어 등)도 없던 시대에, 그 경계적 존재들이 태어날 때부터 자신에게 지정되고 강요되는 성별 위치를 벗어나 자신의 정체성을 탐색하고 표현하는 방법으로서, 이분법을 교란시키는 정치적이고 인식론적인 실천으로도 평가받을 수 있다(패싱 여성에 대한 간결한 역사적 설명은 'www.encyclopedia.com/social-sciences/encyclopedias-almanacs-transcripts-and-maps/passing-woman' 참조).

적 고문을 겪은 과거의 경험을 받아들이는 법을 배웠다. 그리고 그 과정에서 나는 욕망을 표면으로 끌어올려 숨 쉴 공간을 내어주게 되었다. 그래, 돌에 대해서가 아니라 체온 자체에 대해 쓰자.

내가 처음 데이트했던 여성을 떠올린다. 그녀와 나는 피자를 먹고 영화를 보고 새벽이 올 때까지 길에서 수다를 떨며 수많은 밤을 보냈다. 나는 사랑에 빠졌지만, 그녀에게 키스조차 하지 못했다. 몸을 굽혀 내 입술을 그녀의 입술에 대기는커녕, "이게 내가 원하던 거야"란 말을 꺼내는 것조차 너무 두려웠다. 강간에 대한 기억이 한꺼번에 터져 나온 수년 뒤에야, 그게 이해가 되었다. 한때는 내 연인이었고 지금은 좋은 친구인 한 부치 여성이 생각난다. 어느 날 밤 우리가 침대에 누워 있을 때, 그녀가 내게 말해줬다. "나는 당신 손이 내 몸 위에서 떨리는 게 좋아. 기분이 좋아져. 특별한 접촉이 더해지는 것 같아." 그녀의 말이 거짓말을 밀어냈다. 하지만 너무도 자주, 내가 자꾸만 내 몸으로부터 도망치면서, 성행위는 내게 신체 없는 기계적 행위가 되어버렸다. 우리는 친구로 지내는 게 더 행복하겠다는 결론을 내렸다. 나를 자신의 이상형 부치 **시크사**shiksa* 라고 불러 날 미소 짓게 했던 다른 여성을 떠올려본다. 우리 사이에 뭔가 타오르고 있다는 걸 내가 너무 늦게 깨닫는 바람에, 그녀는 기다리다 지쳐 나를 거의 포기할 뻔했다. 그녀와 함께 있을 때면 욕망은 내 몸을 찾아냈

---

* '시크사'는 유대인이 비유대인을, 혹은 정통파 유대인이 자기 기준에는 유대인 같지 않은 유대인을 부르는 말이다. 비하나 선 긋기의 뜻으로 자주 쓰이지만, 여기 맥락에서는 연인끼리 놀리는 귀여운 별칭처럼 사용되었다.

고, 선명하게 그리고 틀림없이 솟아나던 샘물 맛으로, 내가 하늘을 향해 타고 오르던 나무껍질의 감촉으로 나를 되돌려 보냈다. 그녀와 함께 나는 마침내 사랑하는 이의 살갗에 내 손을 올려놓길 원한다는 게 무슨 뜻인지, 사랑하는 이의 몸이 내 몸 위에 체중을 실어주길 원한다는 게 무슨 뜻인지 이해했다. 오랫동안 부러져 있던 뼈가 이제야 붙는다.

내 주머니와 심장을 바깥으로 뒤집어 그 안에 담긴 돌을 늘어놓는다—석영, 흑요석, 이판암, 마노, 화산암, 화강암. 내가 한때 그 뒤에 숨어 살았고 아직도 피난처로 사용하는 벽의 반질반질한 윗면에 돌을 나란히 올려놓는다. 돌들은 햇살에 반짝인다. 어떤 돌은 빛을 반투명하게 투과시키고, 어떤 돌은 딱딱하고 밀도가 높고 불투명하다. 나는 커다랗고 결코 부서지지 않는 광활한 공간으로 내 몸을 기울이고는, 어떤 돌이 녹아 없어져야 할지, 어떤 돌의 넓게 벌어진 틈에서 수정이 자라날지, 어떤 돌이 지금 그대로도 괜찮은지를 찬찬히 찾아낸다.

·—·—·

하지만 이야기가 너무 단순해지기 전에, 퀴어 공동체로 온 것과 퀴어 정체성에 관한 또 다른 이야기를 해보자. 내가 커밍아웃한 지 5년인가 6년쯤 지났을 때의 일이다. 그때 나는 캘리포니아주 오클랜드 지역에 살고 있었고, 도시 다이크들의 관습과 매너에 대해 아직

배워가는 중이었다. 언젠가 주말에 대부분 다이크인 친구 스무 명이 모여, 한 친구가 북부 오클랜드에서 서부 버클리로 이사하는 걸 도운 적이 있다. 우리가 상자를 이삿짐 트럭으로 끝도 없이 나르고, 소파를 옮기려고 근육을 풀고, 그새를 못 참고 빈 옷장에서 몰래 키스를 나누던 연인을 놀릴 때, 아파트는 웃음으로 가득 찼다. 친구, 애인, 전 애인, 부치 다이크, 펨 다이크, 안드로진 다이크의 조합이었다. 우리는 서로 밀고 팔꿈치로 찌르고 험담을 해댔다. 레슬리와 나는 이삿짐 트럭으로 탁자를 옮겼다. 짐을 싣고 다시 아파트로 돌아오는 길에 레슬리는 자기가 워커를 신어서 얼마나 기쁜지 모르겠다, 하지만 그래서 발이 아프기 시작했다는 이야기를 무심코 했다. 나는 레슬리를 좀 더 알고 싶어졌다. 그녀는 부치였고 스스로도 그걸 알았다. 나는 매혹보다는 작고 호기심보다는 큰 감정을 느끼면서 방 건너편에서 그녀를 바라보는 게 좋았다. 그때까지 나는 아직 나 자신을 부치라 명명하진 않았지만, 레슬리의 부치다움과 아주 많이 비슷한 뭔가를 내가 갖고 있다는 건 알고 있었다. 그래서 그녀가 워커를 언급했을 때, 나는 그녀에게 어디서 일하냐고 물었다. 나는 그녀가 지게차, 창고, 베일러bailer,* 제분소, 공장, 혹은 광산에 관한 이야기를 들려줄 거라고 추측했다. 내가 열다섯 살 여름에 숲에서 일했던 기억을 떠올렸다. 그해 여름에 일을 시작했던 소녀 중 이미 길이 잘 든 작업용 부츠를 신은 건 나뿐이었다. 다른 소녀들은 몇 주 동

---

* '베일러'는 보링 구멍 밑의 굴착토를 꺼내기 위한 관 모양의 기구로 선단에 개폐 밸브가 있다.

안 물집 잡힌 발을 치료하면서 나를 부러워했다. 그런데 레슬리는 이렇게 말했다. "난 그냥 패션 아이템으로 산 건데." 내가 아직 촌놈이라는 게 다시금 드러난 것처럼 느껴졌다. 내가 그녀를 나와 함께 자랐을 수도 있는 누군가로 가정했던 걸 들킨 거다. **패션이라니.** 내가 레슬리와 공통점이 있던가? 내 심장 속에 있는 돌이 깊게 갈리는 게 느껴졌다.

방 건너편에서 레슬리를 바라보던 그날로부터 10년 이상 지난 오늘, 나는 부치 정체성이라 부를 만한 것에 자리를 잡았다. 나는 부치로 보이는 도시적 표지—가죽 재킷, 워커, 온통 검은색으로 맞춰 입기, 지갑과 벨트 고리를 연결하는 체인을 늘어뜨린 스타일—에 마음이 끌리지 않을 때가 많다. 하지만 나는 특정 옷차림을 하면 그 안에 있는 내 몸이 어떻게 느껴지는지 안다. 나는 내가 자라난 동네에서 벌목 노동자와 어부의 옷차림을 보면서 옷 입는 법을 배웠다. 그들로부터 티셔츠와 찢어진 청바지, 더러운 작업 부츠와 빛바랜 플란넬 셔츠를 사랑하는 법을 배웠다. 내가 학교에서 만났던 소녀들도 플란넬 셔츠와 데님을 입었지만, '여자'처럼 입는 법을 배울 때가 되자 그들은 《보그》와 《글래머Glamour》를 따라 했다. 노동계급에 속하는 그들 엄마의 옷차림을 따라 하기는 어쩐지 부끄러운 일이었다. 소녀들은 중상층 이상을 위한 뷰티 매거진에서 옷 입는 법을 배우고 싶어 했다. 다른 한편으로, 소녀들은 자기네 주변의 노동계급 남자들 말고 다른 누구를 따라서 옷을 입겠다는 생각은 해본 적도 없었다. 나에겐 《보그》와 《글래머》는 아무런 호소력이 없었다. 그보다 나는 월트 마야가 입는 것처럼 체크 셔츠, 카우보이 부츠, 챙이 넓은 모자의 조합이 좋았다. 나는 그런 옷차림을 따라 하는 소년 무리에 합류했다.

나는 부츠와 데님의 느낌을 일찍이 알고 있었고, 치마를 입고 걷는 법은 결코 배울 일이 없으리란 걸 알고 있었다. 나는 도끼를 휘두를 때 내 몸이 느꼈던 것을, 내가 존슨 선생님의 수학 심화 수업에서 마지막 남은 가장 어려운 대수학 문제를 풀었을 때나, 베크먼 선생님의 시 수업에서 가장 찾기 어려운 은유를 풀었을 때 내 마음에 차오르던 느낌을 사랑했다. 나는 내가 결코 아이나 남편을 원치 않는다는 걸 알고 있었다. 나는 그런 것들을 알고는 있었지만, 나에겐 그것들을 표현할 말이 없었다. 내 몸으로부터 나 자신을 도둑맞았던 그 모든 상황 속에서도, 나는 그런 것들을 알고 있었다.

나는 어떻게 내가 결코 남편을 원하지도 않고 치마 입고 걷는 법을 배우지도 않으리란 걸 '알았'을까? 내가 나 자신이 소녀도 소년도 아니라고 '느꼈다'고 쓸 때, 그 말은 무슨 뜻일까? **안다**는 말과 **느낀다**는 말은 모호해서 잘 잡히지 않는다. 고등학교 졸업식이 있던 날 밤 나를 찍은 오래된 사진을 꺼내본다. 나는 우리 집 바깥 앞마루에 서 있다. 내 뒤엔 5월의 서부 오리건답게 짙은 푸르름이 펼쳐져 있다. 나는 앞면에 꽃을 수놓은 흰색 드레스를 입고 있다. 엄마가 내게 사준 가장 밋밋하고 단순한 디자인의 드레스다. 나는 고통스러울 정도로 불편해 보인다. 마치 내 몸으로 뭘 어떻게 해야 할지 모르겠다는 듯하다. 손은 등 뒤에 어색하게 꽉 움켜쥐고 있고, 어깨는 안

쪽으로 움츠러들었고, 뻣뻣하게 굳은 자세로, 억지로 지은 미소 뒤엔 거의 공포에 가까운 감정이 드러난다. 나는 내가 동의하지도 않은 어설프기 그지없는 드랙을 수행하고 있다. 이게 내가 마지막으로 드레스를 입었던 순간 중 하나다. 이게 **안다**와 **느낀다**에 대해 내 몸이 내린 정의다.

그럼에도 내가 알고 느끼던 그런 것들은 또한 포트 오포드의 시골 백인 노동계급 문화에서 형성되고 깊이 영향받은 것들이기도 했다. 그것들을 키운 건 아직 의식하지 못했던 베이비 부치 감수성이라기보단, 결혼식이나 장례식이 있을 때면 모든 사람이 정장을 차려입은 게 아니라 사람을 정장 속에 쑤셔 넣은 것처럼 보이던 노동계급 마을이었다. 내가 알고 느끼던 그런 것들은 작은 마을의 철물점과 목재 저장소에서 양육된 것이었다. 거기서 조지는 항상 내게 50파운드짜리 시멘트 포대를 들 수 있겠냐고 묻곤 했지만, 아버지 밥의 별나고 '핸디캡 있는' 아이였던 나는 한 번도 그만두란 말을 들은 적이 없었다. 내가 알고 느끼던 그런 것들은 내 부모가 중산층으로 기어오르려고 필사적으로 노력했고, 그에 따라 학교 교육에도 열성적이었기 때문에 더 강화된 것이었다. 내가 알고 느끼던 그런 것들은 이 마을에 사는 모두가 알고 있던 사실, 즉 여기 소녀들 대부분은 너무 많은 아이를 낳아 삶을 저당 잡힐 것이고, 소년들 대부분은 술과 총에 삶이 휘둘릴 것이며, 우리 중 소수만이 이 지역을 영원히 떠날 수 있다는 사실에 의해 형성된 것이었다.

．－．－．

도둑맞은 몸, 되찾은 몸, 자신과 세상을 아는 몸, 돌과 그 돌을 데우는 체온. 내 몸은 결코 단일한 적이 없었다. 장애는 젠더를 향해 으르렁댄다. 계급은 인종을 둘러싼다. 섹슈얼리티는 학대에 맞서려 안간힘을 쓴다. **이게** 피부 아래 다다르는 방법이다.

금요일 밤이면 나는 동네에 있는 퀴어 바에 가서, 코로나 맥주 한 병을 안아들고 내 다이크 친구들과 시간을 보낸다. 주로 거기 종업원 중 한 명을 보러 가는데, 그녀는 갈색 머리를 길게 기르고 콧대가 날렵하며 항상 미소 짓고 있다. 그녀는 이 테이블에서 저 테이블로 돌아다니며 눈을 맞추고 시끄러운 가운데 귓속말을 하거나 웃느라 몸을 숙이면서, 모든 사람에게 추파를 던진다. 그녀는 내게도 추파를 던진다. 환한 웃음과 내 진가를 알아보는 듯한 눈빛으로 나를 사로잡으면서 말이다. 나는 착각하지 않는다. 이건 그냥 그녀가 직업상 하는 일일 뿐이다. 하지만 평생을 무감각하게 살아온 나는 그녀가 내게 주목해주는 게 좋고, 의자를 뒤로 젖히고 다리를 넓게 벌려 앉은 자세로 바 건너편의 그녀를 바라보는 게 좋다.

나는 떨리는 내 손으로 돌을 품어 올리고 싶다—뇌병변으로 인해 떨리고, 욕망으로 떨리고, 마지막으로 남아 있는 공포로 떨리고, 이게 내 몸이 움직이는 방식이기 때문에 떨리는 이 손으로. 그리고 내 체온으로 부드럽게 돌을 데워주고 싶다. 내가 전에 항상 그랬던 것처럼 함부로 다루고 싶지 않다. 나는 소녀도 소년도 아닌 트랜스젠더 부치로서 세상에 들어가고 싶다―내가 처음 커밍아웃했을 때와는 다르게 젠더화된 존재로서. 그땐 단순히 **"이게** 내가 여자로 존재할 방식이구나"라고 생각했고, **여자**란 단어가 너무도 작아지는 날이 오리라곤 전혀 상상하지 못했다. 나는 트랜스젠더 부치로서 세상에 들어가고 싶다―은둔자로 살길 원했던 톰보이와는 다르게 젠더화된 존재로서. 하지만 여전히 커밍아웃할 당시의 나와, 은둔자가 되고 싶었던 톰보이와 모두 연결된 채로. 돌이 반쯤 들어찬 내 주머니와 심장을 가지고 들어가자. 욕망을 힘주어 움켜잡는다는 건, 달아날 준비는 되었지만 멀리 가기엔 너무 호기심이 많은 반쯤 자란 야생마와 같다는 걸 알면서 들어가자.

마침내 나는 내 벽의 넓고 평평한 꼭대기에 앉아 있을 거다. 비바람에 씻겨 둥글어지고 깨끗해진 이 커다랗고 결코 금 가지 않을 돌담 위에서 다리를 달랑거리며 앉아 있을 거다. 부치 여성과, 펨 다이크와, 여성스러운 남성과, 근육질 호모와, 급진적 요정들과, 드랙퀸이나 드랙킹drag kings과, 여자나 남자가 되는 것 이상은 원하지 않는 트랜스섹슈얼과, 인터섹스와, 트랜스젠더와, 팬젠더pangender와, 바이젠더bigender와, 폴리젠더polygender와, 젠더가 없는 사람들ungender과,[*] 안드로진과, 수많은 다양성을 가진 사람들과 나란히 앉아서 밤새도록 이야기를 나누자. 웃고 울고 이야기하자. 도둑맞은 몸과 더 이상은 여기 없는 몸에 관한 슬픈 이야기를 나누자. 잘못된 이미지와 우

---

[*] 이 용어들에 대해서는 「옮긴이 후기」 307~308쪽을 보라.

리를 고갈시키는 거짓말과 이루 말할 수 없는 폭력에 관한 분노케 하는 이야기를 나누자. 우리 몸을 되찾고 세상을 바꾸는 일에 관한 무모하고 대담한 이야기를 나누자.

감사의 말

이 책은 공동체에 뿌리를 두고 있다. 끝나지 않던 초고를 읽어주고, 아이디어와 정치와 운동과 철학과 시를 나와 나눴던 수많은 사람들이 없었더라면, 모든 가능한 방법을 다 동원해서 내 집필을 격려해주던 이들이 없었더라면, 나를 거리로 데려가준 이들이 없었더라면, 일상의 부침을 함께 겪으며 내 곁에 머물러준 이들이 없었더라면, 이 책은 존재할 수 없었다.

나와 내 책이 지나온 그 모든 단계를 지켜봐 준 조 카디에게 무슨 말로도 감사의 마음을 충분히 전할 수가 없다. 그 모든 과정에서 수 펜은 완전 멋진 글 친구였다. 고다드 대학에서 내 미술학 석사 논문 지도교수였던 노라 미첼과 잰 라우센 교수님, 그리고 고등학교에서 내게 시를 가르쳐 준 빌 베크먼 선생님, 이 분들이 나를 이 책으로 인도했다. 내 강아지 재스퍼는 매일 두 번 산책하고 가능한 한 많이 숲에서 뛰놀자고 고집함으로써, 삶에는 컴퓨터 키보드보다 훨씬 많은 것들이 있다는 걸 반복해서 상기시켜 주었다.

여러 해 동안 다양한 종류의 지원과 지지를 아끼지 않은 잰 바인더, 수전 카울링, 데이비드 디라우어, 케니 프리스, 오라 글레이저, 제시카 콜리네어스, 셰릴 휴스, 조 카디, 캐런 컨스, 세라 러빈, 안드레아 프로이트 뢰벤슈타인, 아넷 마커스, 킴 맥기니스, 에이드리앤 네프, 클레어 네프, 세라 페이지, 수 펜, 수전 라포, 토바 레드우드, 메리 로즈, 스콧 솔릭, 젠 스튜어트, 크리스 본, 로리 웩터에게 감사의 말을 전한다.

그리고 마지막으로 사우스엔드 출판사와 내 책의 편집을 맡아준 로이 헤이스에게 감사의 인사를 보낸다. 로이는 언제 어디서 독려해야 할지 잘 아는 편집자였다.

나와 다른 이의 사생활을 보호하기 위해 몇몇 이름과 세부 정보는 고쳤음을 일러둔다.

1999년
일라이 클레어

2판 후기

딘 스페이드Dean Spade[*]

　10년 전 일라이 클레어는 뉴욕시의 스톤월 25주년 행사에 대해 논평했다. 그 행사는 1990년대 퀴어 정체성과 퀴어 정치에서의 결정적 순간으로 일컬어졌다. 그러나 일라이가 보기에는 레즈비언 및 게이 정치 안의 소비자주의, 접근 불가능성, 의제의 편협함이라는 우려스런 경향이 드러난 현장이었다. 일라이는 우리가 스톤월 50주년 기념행사에서 펼쳐지길 기대하며 해나갔으면 하는 일들에 대한 전망을 보여주었다. 그의 전망은 경제적 정의, 부의 재분배, 보건 의료와 교육에 대한 보편적 접근을, 그리고 퀴어 및 트랜스젠더 인권 투쟁에서 억압의 다중적 벡터에 의해 주변화된 집단이 주축이 되는 새로운 리더십 패러다임을 중심에 뒀다. 오늘날 『망명과 자긍심』

---

* '딘 스페이드'는 트랜스 활동가, 변호사, 작가이자 시애틀 법과대학의 부교수이다. 2002년부터 저소득층 및 유색인종인 트랜스젠더, 인터섹스, 또한 젠더 이분법에 들어 맞지 않는/순응하지 않는 사람들(gender non-conforming people, '젠더 비순응'이라고도 부른다)에게 법률 서비스를 제공하는 비영리 법률 단체인 실비아 리베라 법률 프로젝트를 설립하여 활동 중이다. 주요 저서로는 *Normal Life: Administrative Violence, Critical Trans Politics and the Limits of Law*(Duke University Press, 2015[first edition, 2011])가 있다(공식 홈페이지 'www.deanspade.net').

이 사우스엔드 출판사의 고전 총서로 재발간된 이때, 스톤월 항쟁 40주년 기념행사가 나라 전역에서 시작되고 있다. 지금으로부터 고작 10년 후에 있을 스톤월 항쟁 50주년 기념행사에 대해 일라이가 대담하리만큼 분명히 보여줬던 전망에 비추어 볼 때, 우리는 어디쯤 와 있을까? 일라이가 구상했던 것과 같은 퀴어 및 트랜스 저항운동과 세상을 건설하기 위해 전략을 짤 때, 우리가 『망명과 자긍심』으로부터 얻을 수 있는 건 무엇일까?

오늘날 일라이가 10년 전 논했던 분열은 그 어느 때보다도 더 명백하다. 공식적이고 법적인 평등에 초점을 맞춘 동성애자 인권 운동의 의제—특히 동성 커플이 결혼할 권리, 차별 없이 군 복무할 권리, 차별금지법과 혐오범죄법에 포함되기—는 가장 가시적이고 자원이 많은 레즈비언과 게이(이제는 'LGBT'라는 말로 흔히 통하는)의 정치적 대오에 여전히 편협하게 초점을 맞추고 있다. 급진적인 퀴어와 트랜스들은 이런 의제의 한계에 계속해서 저항하고 있다. 퀴어와 트랜스 활동가들은 결혼에 포함되려는 목표를 철저히 비판하면서, 퀴어들이 특정 가족 형태와 성적 협약에만 특권을 부여하고 그 외의 것은 인정하길 거부하는 제도를 폐지하기 위해 싸워야 한다고 주장한다. 유색인이고 빈곤층인 퀴어와 트랜스들은 나눠 가질 사유재산이나 보조금도 없고, 혼인 상태와 무관하게 아동복지 제도로 인해 그 가족이 해체당할 수도 있는 공동체에서는 결혼할 권리라는 게 그다지 유용하지 않다고 꾸준히 표명해왔다. 페미니스트들과 유색인 공동체는 결혼이 가부장제, 인종차별주의, 식민주의를 구축하는 도구로서 사용되어온 기나긴 역사를 지적해왔다. 퀴어 이민자들은 동성 결혼이 퀴어 이민자에게 도움이 되리라는 논리를 반박해왔다. 그들은 미국 시민권자 파트너를 필요로 하는 좁은 길은 분명한 한계를 갖고 있다는 점을 드러내면서, 그보다는 모든 이민자를 아우를 이민 정책에 유의미한 개입을 하는 게 훨씬 더 시급한 일이라고 본다. 급진적인 퀴어와 트랜스들은 전문직 백인이 불균형하게 주도권을 독점하고 있는 자원이 많은 레즈비언 및 게이 인권 단체들의 의제 설정 기준에 대해 비난해왔다. 그들이 만든 의제는 동성애 혐오적이고 트랜스 혐오적인 최악의 폭력에 가장 많은 피해를 입는 퀴어들에게 삶의 기회를 의미 있게 재분배하는 데 실패하고 있다는 것이다. 그 대신 급진적인 퀴어와 트랜스들은, 소수의 엘리트 게이 및 레즈비언들의 백인 특권과 계급 특권을 복원하려는 움직임을, 우리의 뿌리 깊은 급진적인 투쟁으로 맞바꾸고 있다.

이 활동가들은 스톤월 50주년에 대해 일라이가 그린 전망과 계속 공명해왔다. 그들은 질문해왔다. 우리가 알기로 가장 취약한 노동자에게까지는 미치지 않는 차별금지법을 위해 싸우는 대신, 모두에게 소득을 보장하고 가난과 부를 끝장내기 위해 싸운다면 어떻게 될까? 배우자와 의료보험을 공유할 수 있는 직장에 다니는 사람들은 점점 그 수가 줄어드는데 그런 사람들을 위해 싸우는 대신, 보편적인 보건 의료를 위해 싸운다면 어떻게 될까? 레즈비언과 게이 부모들이 결혼을 통해 가족으로 인정받도록 투쟁하는 대신, 너무도 많은 가족과 공동체를 갈가리 찢어놓는 인종차별적이고 계급차별적이

고 비장애 중심적이고 동성애 혐오적이고 트랜스 혐오적인 아동복
지와 가족법 제도를 끝장내기 위해 투쟁한다면 어떻게 될까? 우리
를 향한 폭력을 막기보다는 우리를 해친 이들을 처벌하는 혐오범죄
법 조문에 우리 정체성을 추가하기 위해 투쟁하는 대신, 퀴어와 트
랜스들을 겨냥하고 극단적인 폭력에 종속시키는 형사처벌 제도를
끝장내기 위해 싸운다면 어떻게 될까? 이 활동가들 상당수는 경찰
의 야만성에 저항하고, 가난한 사람들, 유색인, 트랜스, 장애인, 이민
자, 범죄자 취급받는 사람들의 필요와 관심사를 중심에 두는 퀴어
및 트랜스 정치의 상징으로 스톤월 항쟁과 컴튼스 카페테리아 항쟁
Compton's Cafeteria Riot[*]을 사용해왔다.

---

[*] 1960년대 동성애와 지정성별에 맞지 않는 옷차림이 불법으로 규정되고 공권력의 성소
수자 탄압이 노골적이던 무렵 발생한 '스톤월 항쟁'과 '컴튼스 카페테리아 항쟁'은 성소
수자 인권 운동의 불씨가 되었다. 1969년 6월 28일 뉴욕 맨해튼의 그리니치빌리지에
있는 스톤월 술집을 경찰이 급습했을 때, 성소수자들은 폭력적인 검문에 저항했고 이
는 더 많은 사람들이 참가한 시위로 이어졌다. 스톤월 항쟁은 성소수자 운동을 촉발시
킨 항쟁으로 유명하다. 그러나 공식적으로는 이보다 몇 년 전에 일어난 컴튼스 카페테
리아 항쟁이 미국 역사상 최초의 성소수자 항쟁으로 기록되어 있다. 1966년 8월 샌프
란시스코의 텐더로인(Tenderloin) 지구에 있는 컴튼스 카페테리아에서 트랜스젠더 여
성이 체포에 저항하여 경찰에게 커피를 던졌고, 그 직후 드랙퀸들이 참여하여 공권력
에 맞서 싸웠다. 이 항쟁들의 여파로 수많은 성소수자 인권 단체 및 활동이 폭발적으로
늘어났다. 그리고 1970년 첫 게이 프라이드를 시작으로 매년 6월 전 세계 곳곳에서 스
톤월 항쟁을 기념하고 그 정신을 계승하는 퀴어 프라이드가 열린다.
한편 성소수자 운동의 역사적 계보 속 항쟁이 기억되고 기록되는 과정에서 유색인 트
랜스젠더와 바이섹슈얼의 기여가 지워지고, 백인 동성애자 남성들 중심의 역사로 재편
되었다는 비판이 꾸준히 제기된다. 컴튼스 카페테리아 항쟁이 스톤월 항쟁보다 더 일
찍 일어났음에도, 성소수자 인권 운동의 역사를 배울 때 스톤월 항쟁을 시발점으로 잡
고 항쟁의 주역으로 동성애자만을 부각시키는 경향이 지배적이며, 이는 성소수자 공동
체 및 담론 안에 존재하는 차별을 반영하고 공모하는 것이라고 볼 수 있다. 스톤월 항
쟁 다음 해에 최초로 개최된 성소수자 행진의 이름이 '게이 프라이드 행진'이었고, 그

개정안 8조Proposition 8, 그리고 현재 게이 및 레즈비언 결혼을 허용하는 아이오와와 메인 같은 여러 주에서 부상 중인 새로운 동성결혼 지형을 뒤따라, 지난 10년간 다른 방향으로 갈라진 전략들의 기저를 이루는 분할은 점점 더 노골적이 되어간다. 《에드버케이트Advocate》의 2008년 11월 표지는 "게이는 새로운 흑인이다"라고 선언하며 퀴어 및 트랜스 공동체 전반에 분노의 물결을 전달했다. 게이이거나 레즈비언인 백인 유명 인사들은 캘리포니아주 개정안 8조의 통과를 두고 유색인 유권자를 탓했다. 인종차별주의와 동성애 혐오 간의 유비를 부당하게 이용하여 실재하는 유색인 퀴어와 트랜스들 그리고 그들의 정치 투쟁을 모조리 삭제해버리고, 백인 우월주의는 미국에선 지난 일에 불과하다는 인종차별주의적 신화에 동조한 것이다. 단일 쟁점의 백인 게이·레즈비언 정치가 갖는 장기적인 한계가 이보다 더 분명하게 보인 적은 없었다. 인종차별주의, 제국주의, 자본주의, 비장애 중심주의에 반대하는 정치는 실제로 존재한다. 그럼에도 부유한 게이 및 레즈비언들이 지지하는 정치적 대오와 주변화된 퀴어 및 트랜스 공동체의 급진적 저항 간에 자원의 격차가 큰

후로 이름이 'LGBT 프라이드 행진'으로, 다시 '퀴어 프라이드 행진'으로 바뀌는 데에도 여러 진통이 있었으며, 일부 행사에서는 트랜스젠더나 바이섹슈얼을 뺀다는 표시를 노골적으로 내거는 사람들도 많았다. 성소수자 운동의 역사와 현재에서 섹스-젠더-섹슈얼리티를 규정하는 인식틀을 둘러싼 투쟁, 다시 말해 남/여 이분법과 동성애/이성애 이분법에 들어맞지 않는 퀴어한 존재들의 생존 투쟁은 아직도 진행 중이다.

* '개정안 8조'는 캘리포니아주에서 2008년 11월 주민투표를 통해 통과된 동성결혼 금지 조항이다. 2013년 미국 연방대법원이 동성결혼 차별에 위헌 판결을 내린 뒤 캘리포니아에서의 동성혼 금지가 해제되었다.

데다, 서로 다른 입장을 뭉뚱그리는 경향 때문에 그러한 정치가 존재한다는 사실 자체가 '미국 동성애자Gay Americans' 중심으로 부상하는 전국적 논쟁에서 묻혀버리는 것이다.

이런 맥락에서『망명과 자긍심』이 기여하는 바는 어쩌면 그 어느 때보다도 더 가치 있고, 더 긴급히 필요할 것이다. 일라이의 분석이 우리에게 무엇을 주는지 최대한 대략적으로 기술해보자면, 그것은 복잡성을 요구하고 억압, 정체성, 투쟁의 우발적 특성과 다중적 벡터에 대해 설명한다. 보다 구체적으로, 나는『망명과 자긍심』이 보여주는 지금 이 순간 특히나 유용한 도구가 될 비판적 접근 몇 가지를 개괄하고자 한다.

우선 일라이는 진보 서사에 대해 시간적·공간적으로 선명한 비평을 제시한다. 그는 시골에 후진성, 동성애 혐오, 폭력, 무지를 할당하는 반면, 도시에는 세련됨, 해방, 관용, 그리고 아웃사이더에게 더 안전하다는 믿음을 할당하는 시골/도시 이분법을 교란시킨다. 그는 퀴어와 트랜스들이 자신에게 아무것도 제공해주지 않는 시골 환경을 두고 떠나 도시에서 우리 자신을 찾고 자신을 해방시킨다는 통념을 어지럽힌다. 대신 그는 시골 공동체에서 성적 아웃사이더이자 젠더 아웃사이더인 사람이 갖는 위상의 풍성하고 복잡한 역동을 그린다. 그리고 시골 생활을 무시하고 단순화시키는 도시의 퀴어들과 교류하면서 직면한, 시골에서의 삶의 방식에 대한 복잡한 슬픔과 그리움을 공유한다. 자기가 겪은 시골이란 배경을 빚어냈던 계급-젠더-장애의 역동에 대한 조심스러운 분석을 통해, 그는 퀴어가 도시로 와서 해방되고 온전해진다는 사회적 서사가 부정확하다는 점을 폭로하고, 독자로 하여금 흔히 지나치게 단순화된 환상에 의해 삭제되고 마는 시골 생활의 복잡성을 붙잡고 씨름하게 만든다.

일라이는 장애와 사회의 관계를 역사적 진보로 설명하는 서사를 거절한다. 이 점은 장애와 사회가 맺고 있는 지배적 관계가 오락거리로 장애인을 구경하는 행사에서, 장애인에 대한 의료적 정밀 검사와 검증으로 이행했음을 논하는 대목에서 두드러진다. 그는 감히 이렇게 묻는다. 비장애인들이 흔히 진보의 표시로 여기곤 하는 이 변동이, 정말로 단순히 진보가 맞는 걸까? 이전보다 실제로 나아진 게 있긴 한가? 그는 전문 의료진의 수중에 놓인 장애인이 직면하는 감금·학대·무시를 예로 든다. 그리고 프릭 쇼에서의 노동이 일부 장애인에겐 다양한 정도로 독립을 허용했음을 지적한다. 프릭 쇼의 인종차별적·제국주의적·성차별적·이성애 중심주의적인 맥락에 대한 그의 연구는, 프릭 쇼가 쇠락하고 장애인의 삶과 그 문화적 의미에 대한 의학적 권위가 확장된 것이 진보라고 독자가 쉬이 안심하지 못하게 만든다. 미국인의 자유주의에서 너무도 중심적인 진보 서사가 미국을 하나의 국가로 구성하는 뿌리 깊고 끈질기고 근원적인 백인 이성애 가부장제의 논리를 쉽게 은폐해왔다는 일라이의 비평은, 지금과 같은 역사적 순간에 특히 유용한 가르침이 되어준다. 미국 전역의 사람들이 2008년 대통령 선거에 버락 오바마가 당선된 것을 인종차별주의가 종말했다는 증거라고 선언하고, 게이와 레즈비언들을 위한 제한된 법적 '평등' 프레임이 확산되는 것이 아마도 '후진적이고 근본주의적'일 무슬림을 대상으로 하는 전쟁을 정당화해줄 미국의 도덕적 우월성의 표시라고 선언하는 이때, 우리는 그러한 서사에 맞설 우리의 비판적 도구들을 날카롭게 벼려야 한다. 일라이의 아름답고 마음을 잡아끄는 스토리텔링은 삭제된 역사와 지역을 드러낼 뿐 아니라, 억압을 생산하고 재생산하는 진보 서사들을 검토할 비판적 렌즈를 발전시킨다.

또한 『망명과 자긍심』은 수평적 억압과 내면화된 억압의 복잡한 역동에 우리가 주목하게 하면서, 저항하는 공동체들에서의 정치적 활동과 개인들 사이의 상호작용에 대한 면밀한 분석을 요구한다. 이 책은 이러한 분석을 개인적/정치적 정체성의 층위와 운동 전략의 층위 양쪽에서 제시하면서, 두 층위가 본질적으로 서로 얽혀 있다는 점을 신중하게 추적한다. 억압의 역동이 우리의 관계—우리 자신과의 관계, 우리가 공동체를 공유하는 사람들과의 관계, 정치 운동 단체 및 활동의 구조와 운영 방식과의 관계—에 어떤 파장을 미치는가에 대한 일라이의 탐구는 긴급히 필요한 통찰을 계속해서 제공한다. 오늘날 조직을 꾸리는 사람들은 수많은 사회정의 프로젝트가 외부 인사 발탁과 전문화로 점철된 복잡한 정치적 지형에 직면해 있다. 우리는 비영리/비정부 기구에서 조직의 전략과 방향에 대한 결정을 내리는 권한이 흔히 학위 소지자나 자선가의 수중에 놓여 있고, 그러는 동안 이들 조직이 맞서 싸운다고 주장하는 억압에 직접적으로 영향을 받는 사람들은 '고객', '소비자', '참여자', '환자' 역할로 떠밀리는 우려스런 경향을 목도하고 있다. 인종·젠더·계급·장애 여부에 따른 위계는 많은 단체의 의사결정 구조와 급여 체계에 충격적으로 반영된다. 즉 백인이고 장애가 없는 비非-트랜스 남자들 (그리고 아주 가끔, 비-트랜스 여자들)이 보수를 많이 받는 상임이사 와 CEO로 일하는 반면, 유색인, 장애인, 트랜스, 공공교육을 받지 못한 사람들은 보통 낮은 보수의 직접 지원 활동이나 접수처를 맡는 다—혹은 문 안으로 들어가 보지도 못한다. 많은 이들이 주장해왔 듯, 회원 조직을 중심으로 하고 대중에 기반을 둔 사회운동 구조에 서 기업이나 자선사업의 자금을 받는 비영리 전문 조직으로의 이동 은, 일의 수요를 자유주의적 개혁 목표 쪽으로 이동시켰고 미국 내 저항운동의 급진적 잠재력을 억눌렀다. 이런 역학에 대한 일라이의 비판, 그리고 진보적 해결책을 요청하는 그의 목소리는 대안적 궤도 들을 위한 영감을 주는 전망을 제공한다. ADAPT의 활동과 그가 목격했던 일종의 관계 기반의 시골 퀴어 저항 네트워크에 대한 그의 설명은, 오늘날 책임 있는 사회운동 인프라를 창출하려는 급진적 단 체들 안에서 부상 중인 전략들과 함께 울려 퍼진다. 일라이는 심각 한 억압과 불평등에 직접적으로 영향받는 공동체들을 리더십의 중 심에 두기를, 가장 적은 자원을 가진 공동체 구성원들이 접근 가능 하고 그들에 대한 책임을 지는 행사를 개최하기를, 권력을 만들고 권력을 잡는 직접행동에 함께 뛰어들기를 요청한다. 자아를 성찰하 고 공동체를 동원하는 모든 단계를 교차 분석하기 위한 그의 전망 은, 오늘날 다음과 같은 단체들의 활동에서 계속되는 분석 및 실천 의 노선에 연결된다—오드르 로드 프로젝트Audre Lorde Project, 새 땅의 남부인들Southerners on New Ground, 크리티컬 리지스턴스, 실리아 리베라 법률 프로젝트Sylvia Rivera Law Project, 피어스!FIERCE!, 정신장애가 있는 수감인 인권 단체Rights for Imprisoned People with Psychiatric Disabilities, 인사이트! 폭력에 반대하는 유색인 여성들INCITE! Women of Color Against Violence 등등. 일라이가 분석을 통해 우리에게 보여주고 또 요구하는 복잡성은, 갖가지 방식으로 인정받거나 포함되겠답시고 가장 취약한 사람들을 저버리는 짓은 하지 않겠다고 거부하는, 역사적이고 동시대적인 급진적 저항을 반영한 것이다. 이는 가장 가시적인 유형의 게이 및 레즈비언 정치가 필사적으로 배워야 할 교훈이다.

이처럼 정체성과 정치적 행동의 복잡성을 희생시키지 않으면서, 강력한 분석 도구와 정치적 요구, 성공을 위한 구체적 방안까지 제공하는 동시에, 아름답기까지 한 텍스트는 여간해선 만나기 어렵다. 이 책은 범주화에 저항하고, 범주의 폭력을 폭로하고, 서로를 상처 입히면서 고립되어온 투쟁들 사이에 무수히 많은 다리를 놓는다. 만약 우리가 스톤월 50주년 행사를 진지하게 고민해보자는 일라이의 초대를 받아들인다면, 그리고 10년 후엔 장애인, 퀴어와 트랜스, 이민자, 범죄자 취급받는 사람들을 리더십과 쟁점의 중심에 놓는 폭넓은 젠더·경제·인종 정의 운동을 볼 수 있게끔 우리의 저항을 건설해나가려면 무엇이 필요할지 스스로에게 묻는다면, 이 책이 그런 순간에 도달하기 위해 필요한 관계와 구조와 전망을 건설하는 데 쓸 공구 상자 중 하나가 될 것이 틀림없다.

옮긴이 후기

저자와 책 소개

일라이 클레어Eli Clare는 시인, 에세이 작가이자 장애·퀴어·환경·여성운동에 종사해온 활동가이다. 대표작은 우리가 번역한 이 책 『망명과 자긍심: 교차하는 퀴어 장애 정치학Exile and Pride: Disability, Queerness, and Liberation』이다. 이 책은 1999년 출간된 이래 두 번의 개정을 거듭하면서 지금까지도 영미권에서 퀴어 페미니즘 장애학의 가장 중요한 텍스트 중 하나로 평가받으며, 장애학, 퀴어학, 여성학, 젠더학 수업의 필독서로 쓰이고 있다. 책을 발간한 듀크대학교출판부의 평가처럼, 이 책은 "장애 정치와 퀴어 해방의 지형을 영구적으로 변화시켰다." 클레어는 수많은 선집과 정기간행물에 많은 글을 발표하고 연설해왔으며, 시인으로서 15년간 쓴 시를 모은 『골수의 이야기: 움직임 속의 말The Marrow's Telling: Words in Motion』(Homofactus Press, LLC, 2007)을 출간했다. 가장 최근작은 '치료'를 주제로 기억과 역사와 비판적 분석을 엮어 짠 『눈부시게 멋진 불완전함: 치료와 씨름하다Brilliant Imperfection: Grappling with Cure』(Duke University

Press, 2017)이다.*

미국의 페미니스트 작가 오드르 로드는 한 사람을 이루는 정체성이 다양하고 복잡하며 한마디로 정의하기 어렵다는 것을 보여주기 위해 '흑인, 여성, 레즈비언, 페미니스트, 시인, 엄마, 연인, 전사' 등 이름을 나열하는 방식으로 자신을 소개하곤 했다. 이런 소개 방식을 빌리자면, 일라이 클레어는 백인, 선천적 뇌병변 장애인, 젠더퀴어, 페미니스트, 환경운동가, 노동운동가, 퀴어운동가, 장애운동가, 시인, 저술가, 교육자, 친족 성폭력 생존자 등으로 소개할 수 있을 것이다. 그러나 사실 이렇게 여러 정체성을 나열하여 덧셈하는 방식으로도 클레어를 제대로 소개하기엔 부족하다. 이 모든 정체성은 복잡하게 얽혀 있고, 하나의 이름도 그 이름에 거주하기까지의 복잡한 역사를 담고 있기 때문이다. 예를 들어 클레어가 자신의 성 정체성을 설명하는 이름은 톰보이, 레즈비언, 부치 다이크, 트랜스젠더 부치, 젠더퀴어 등 다양하지만, 이 이름들은 명확하게 구분되어 쓰이고 버려지는 것이 아니라 이행하고 변화하고 또 한 시공간에 섞이는 형태로 공존한다. 간단한 소개가 필요할 때면 클레어는 자신을 젠더퀴어로 명명하지만, 소녀로서, 톰보이로서, 다이크로서, 여성으로서, 부치로서 살아온 기나긴 역사에 긍지를 가진다고 말한다. 그리고 이런 용어가 자신을 가리키는 이름인지를 고민했던 수많은 세월 속에서, 이 이름들이 사람을 명확하게 정의하길 기대하는 대신 오히려 어떻

---

* 클레어의 방대한 활동과 저술에 대한 정보는 공식 홈페이지('eliclare.com')에서 얻을 수 있다.

게 이 이름들의 의미가 넓어지고 깊어지고 더 많은 다양성을 포용하는 방향으로 변화할 수 있는지를 깨달았다고 말한다. 계급적 정체성도 간단하지 않다. 벌목과 연어잡이로 생계를 잇는 가난한 시골 마을에서 그나마 부모가 교사였기에 이웃보다 형편이 조금 더 나았고 대학 진학을 꿈꿀 수 있었지만, 대학 합격 후 올라온 도시에서 빈부 격차를 실감하게 되는 자신의 복잡한 계급적 위치성을 클레어는 '혼합계급mixed class'으로 명명한다. 더욱이 계급적 정체성은 도시-지방 격차뿐 아니라 비장애인 중심적 사회 안에서 장애인이 처한 위치에 따라서도 생산된다. 뇌병변 장애인이 구할 수 있는 일자리는 매우 적고 급여가 적으며 불안정고용이기 일쑤여서 빈곤으로 이어지기 때문이다. 모든 정체성은 안팎으로 복잡하게 얽힌다. 퀴어 공동체에서의 도시-지방 격차는 시골 노동계급으로서 살아온 위치성을 일깨우고, 노동계급 장애인이지만 교육받은 혼합계급으로서의 정체성은 당사자성의 문제를 더욱 복잡하게 만들며, 환경 정책과 시골 노동계급이 처한 빈곤 문제는 서로 맞물려 환경운동가로서 다각적인 고민의 필요성을 일깨우고, 친족 성폭력과 성적 대상화를 포함하여 성에 관한 복잡한 문제들은 중첩되어 페미니스트, 장애인, 퀴어 정체성을 더욱 복잡하게 얽어맨다.

『망명과 자긍심』은 클레어 본인의 자전적인 수필과 비판적 분석이 혼합된 독특한 텍스트로, 바로 이처럼 복잡하게 교차하는 정체성, 복잡하게 교차하는 다양한 사안을 매우 진솔한 언어로 설득력 있게 이야기한다. 이 책은 저자가 장애, 퀴어, 환경, 노동, 여성 문제의 당사자이자 활동가로서 직접 목소리를 낸 소중한 기록이다. 또한 타자화된 존재들을 외부에서 규정하거나 대상화하는 게 아니라, 바로 그 '타자'의 자리에서 나오는 목소리와 관점을 생생하게 보여주는 텍스트라는 점에서 매우 중요하다. 더욱이 이 책은 단순히 당사자주의에 편승해서 자신의 우위를 주장하지 않는다. 사실 당사자가 말한다고 해서 대상화의 문제가 죄다 해결되는 것은 아니다. 같은 '소수자' 범주로 묶이는 사람들이라 하더라도, 살아온 경험과 가치관, 자신이 놓인 위치는 매우 다양할 수 있기 때문이다. 이러한 차이의 복잡함이 의미하는 바가 무엇인지를 사유하지 않을 때, 타자들의 직접적인 목소리는 그저 무한 상대주의나 다원주의의 함정에 빠질 위험이 있다. 이 책의 진가는 바로 이 복잡성을 진지하게 대면하는 데서 나온다. 저자는 당사자가 아니고서는 쉽사리 경험하고 느끼기 힘든 삶의 현실에 대해 이야기하면서도, 자신의 위치를 절대화하지 않고 당사자성, 타인들과의 관계 맺기와 같은 위치성의 문제를 재사유하는 미덕을 보인다. 복잡성에서 도망치거나 하나의 도식화에 끼워 맞춰 손쉬운 답을 내놓는 대신, 오히려 복잡하게 뒤엉켜 있는 삶의 모호함과 모순들을 드러내고, 이를 권력 위계에 대한 다각적인 분석과 더불어 정치적·윤리적으로 성찰하게끔 길을 터주는 것이다.

이 책은 몸으로 쓴 이야기라는 점에서도 중요하다. 예를 들어 이 책의 서론인 「산」에서 클레어는 한편으로 장애를 극복해야만 가치 있는 존재라는 장애 영웅 서사가 지배하는 문화에서 장애인이 어떤 가혹한 대가를 치르는지를 비판적으로 논한다. 다른 한편 장애 운동 및 학계에서는 장애를 개인의 불행이나 결함이 아니라 사회정치적인 접근성의 문제로 보는 인식틀을 다시 짜면서 손상과 장애를 구분하는 '장애의 사회적 모델'을 발전시켜왔지만, 클레어는 이 모델이 "중요한 감정적 현실을 놓치고 있다"(52쪽)면서 다음과 같이 말한다. "뇌병변과 더불어 살아온 나의 경험은 비장애 중심주의로 인해 형성된 것이어서—또는 (…) 손상에 대한 나의 경험은 장애에 의해 형성된 것이어서—나는 그 둘을 분리하기가 어렵다. (…) 어느 괜찮은 날엔 '내 몸 안으로 향하는 분노'와 '바깥의 일상적인 망할 비장애 중심주의로 향하는 분노'를 분리할 수 있다. 하지만 전자의 분노를 후자의 분노로 바꿔서, 후자를 더욱 타오르게 만드는 일은 그리 간단하거나 깔끔하지 않다"(51~52쪽).

몸에서 흘러나오는 이야기는 그리 간단하거나 깔끔하지 않다. 복잡하고 혼란스럽고 때로는 외면하고 싶을 만큼 불편하다. 「주머니 속의 돌, 심장 속의 돌」에서 클레어는 유년 시절 아버지와 아버지의 친구들로부터 당한 지속적인 성적 학대가 자신이 여성성과 멀어지게 된 계기가 되었는지, 자신의 성적 지향에 영향을 준 건 아닐지 같은 불편하고 민감한 질문을 탐색한다. 이런 탐색은 성적 학대가 동성애를 유발한다는 혐오 세력의 믿음을 강화할 위험이 있지만, 클레어는 젠더 및 성 정체성과 몸에 새겨진 성적 학대의 기억이 연결될 가능성을 무조건 부인하는 전략이 "어떻게 우리 몸이 도둑맞는가에 관한 지저분한 현실"(252쪽)을 외면하는 더 큰 잘못을 저지를 수 있다고 지적한다. 클레어는 아동 폭력과 성폭력이 타자의 몸에 위계적인 권력 구조를 선명하게 각인시켜 길들이는 사회 통제 방식 중 하나라는 점에 주목하여, 이러한 억압으로부터 몸을 되찾을 방법을 모색해야 한다고 제안한다. 그러나 몸을 되찾는 법 또한 결코 간단하지 않다. 폭력과 차별과 억압의 역사를 그저 자긍심으로 덮어씌우는 것은 제대로 된 해결책이 될 수 없다. 「프릭과 퀴어」 장은 타자의 몸에 들러붙은 이름을 고쳐 쓰는 명명의 문제가 기억과 정동의 정치라는 것을 보여준다. 클레어는 장애인을 부르던 여러 이름에 결부된 "착취와 전복이 복잡하게 엉킨 집단적 역사"(200쪽)와 자신의 개인사를 엮어 짜고, 그러한 역사를 기억하고 증언하는 실천—필히 어둡고 부정적인 정동을 수반하는 작업—과 낙인으로 얼룩진 이름을 자긍심의 언어로 재전유하는 실천을 어떻게 함께 진행할 수 있을 것인지를 고민해보자고 독자를 초대한다.

클레어가 이 책에서 제기하는 문제들은 하나의 답을 고르고 끝낼 수 있는 문제가 결코 아니다. 모든 것은 복잡하게 얽혀 있다. 장애인을 아이 같고 무력한 동정의 대상으로 재현하는 것, 프릭 쇼의 괴물 보듯 취급하는 것, 성적으로 대상화하는 것 중 어느 것이 반드시 낫다고 고를 수 있는가? 장애가 있다는 이유만으로 무성적인 존재로 취급될 때, 장애인은 성적 자결권과 재생산권을 박탈당하고 장애인이 겪는 성폭력 문제도 은폐된다. 전형적인 퀴어 해방 서사는 시골에서 자신을 숨기고 살던 퀴어가 도시로 나와 커밍아웃하고 햇살 아래 살아간다는 구조를 생산하지만, 이는 퀴어 인프라가 도시에 집중

되도록 허용하고 시골은 퀴어 혐오자들이 득시글한 공간으로 낙인 찍어 내버림으로써 에이즈 예방 프로그램, 퀴어 청소년 보호 서비스, 혐오범죄 모니터링, 퀴어 문화 공간 등을 시골 노동계급의 가난한 퀴어들이 가질 기회를 빼앗는다. 벌목 노동자들은 도시 중심의 환경운동에서는 환경 파괴의 원흉 내지 자본가의 부역자로 매도당하지만, 환경 문제를 선과 악의 이분법으로 단순화하는 접근으로는 가난한 산골 마을에서 생계를 유지할 수단이 따로 없는 벌목 노동자들을 막다른 골목에 내모는 결과밖에 나오지 않는다. 클레어는 멸종 위기종 동물을 살리겠다면서 이 사람들에게서 생계와 삶의 터전을 빼앗는 방식의 운동은, 이미 500년 동안 북미 전역을 백인이 지배해오면서 저지른 환경 파괴에 우리 모두가 공범이란 사실을 은폐하고, 이 사회적 주변부에 내몰린 타자들에게만 죄를 전가하는 행위라고 비판한다.

클레어는 젠더, 섹슈얼리티, 성폭력, 퀴어, 장애, 계급, 환경, 노동 문제의 복잡한 얽힘을 집과 망명이라는 키워드로 성찰하면서, 자기 몸의 역사와 몸 안팎을 교차하는 정체성들을 이야기한다. 억압당하고 침해당한 장소이자 공동체와 문화와 연대의 기반을 일구는 장소, 자기혐오와 낙인으로 얼룩진 장소, 결코 단일하지 않고 수많은 몸들이 출몰하고 엮여 짜이는 장소, 저항과 긍지의 장소로서 '집'이 되는 몸의 복잡성을 언어화하면서, 클레어는 억압과 저항이 뒤얽힌 일상을 살아가고 이해하는 데 필요한 것이 교차적 인식틀임을 감동적으로 보여준다.

이 책은 장애, 퀴어, 여성, 환경, 노동, 계급과 같은 쟁점들을 어떻게 논의하고 위치시킬 것인가에 대한 중요한 통찰을 우리에게 제공해준다. 그동안 한국에서는 이런 사안들을 서로 분리하여 외따로 논의하는 경향이 있었다. 퀴어, 환경, 노동 운동 및 이론들은 대개 비장애 중심주의 성향에 매몰되어 있었고, 장애 운동 및 이론 안에서 섹슈얼리티가 논의될 때는 대개 이성애자 남성의 성적 욕망에 초점이 맞춰져왔기에 여성과 성소수자가 가부장적이고 퀴어 혐오적인 사회에서 성적 대상화와 성적 욕망의 모순적 얽힘을 어떻게 경험하고 협상하는가는 제대로 논의된 적이 없었다. 반면에 이 책은 인종·민족·계급·젠더·섹슈얼리티·장애 등등 권력 구분선으로 작동하는 범주들을 나열하는 데서 그치는 것이 아니라, 실제 현실에서 이러한 범주들이 어떻게 권력 벡터로서 서로 수렴하고 중첩되고 충돌을 일으키면서 삶과 운동 자체를 구성해나가는지를 보여준다. 이 중첩 지대에서 살아가는 사람들이 존재하지 않았던 것이 아님에도 이들의 목소리가 한국 사회에서 거의 들리지 않았다는 점을 생각하면, 이 책의 출간은 그러한 목소리들이 나올 수 있는 장을 열어주는 계기가 될 수 있을 것이다. 또한 이 책은 그러한 존재들을 드러내는 데서 더 나아가, 권력 벡터들의 중층결정이 만들어내는 삶과 운동의 구성이 어떻게 이루어져야 하는가에 대한 반성적 사유와 앞으로의 방향을 우리에게 가르쳐준다는 점에서 매우 값진 책이다. 클레어는 서로 맞물린 권력 구조를 폭로하고, 그에 대항하기 위해선 단일 쟁점 정치에 매몰되지 말고 광범위한 교차성 정치로, 다중 쟁점 정치로 나아가야 한다고 주장한다. 클레어는 각기 다른 주제로 투쟁하는 운동 끼리의 연대와 제휴가 어떻게 가능하고 왜 반드시 필요한지, 아군과 적 혹은 옳고 그름을 절대적으로 나누는 대신 복잡한 결을 살피는 것이 왜 중요한지를 다각도로 설득한다. 클레어에게 우리의 삶과 이 세상의 모든 복잡다단함을 반영하는 정치를 구축하는 일은 선택 사항이 아니라 절대적으로 필요한 일이다.

용어 번역 및 해설

이 책의 바탕에 퀴어와 장애 공동체 및 운동의 역사가 깔려 있는 만큼, 번역하기 조심스러운 용어들이 많았다. 일례로 이 책 2부 1장 「프릭과 퀴어」에 등장하는 'crip'과 'freak'은 낙인찍는 혐오 표현이었다가 당사자들이 되찾으려 시도하는 용어로, 고통의 역사를 증언하는 용어이자 자긍심의 용어라는 양가성이 그 용어와 관련된 이들에게 수많은 의미와 복잡한 감정을 불러일으킨다. 클레어는 용어의 수용/거부라는 양자택일 대신, 이 복잡성의 결을 공들여 탐색한다.

'크립crip'은 '절름발이'나 '불구자'란 뜻으로 쓰이던 'cripple'에서 파생된 용어로, 우리말의 뉘앙스를 살리자면 장애인을 비하하는 표현인 '불구'나 '병신'에 가깝다. '퀴어queer'라는 용어가 원래 규범적인 젠더 내지 섹슈얼리티에 들어맞지 않는 사람들을 향한 욕이었다가 성소수자 당사자들이 "그래 나 퀴어다, 어쩔래!"하고 맞서면서 자긍심의 용어로 재전유된 것처럼, '크립'이란 용어 또한 1980년대부터 장애인 하위문화에서 당사자 용어로 활발하게 재전유되기 시작했다. 이후 로버트 맥루어Robert McRuer와 캐리 샌달Carrie Sandahl 등의 장애학자들이 '퀴어'와 비슷한 위상으로 이론적으로 재개념화했다. 이 용어가 신체장애에 국한된 용어가 아니냐는 비판도 있었지만, '크립'을 사용하는 학자들은 이 용어를 신체장애를 넘어서는 정치적인 개념으로 설명한다. 기존 게이 레즈비언 이론 및 정치를 혁신하기 위해 퀴어 이론이 나왔던 것처럼, 퀴어 장애학자 로버트 맥루어는 기존 장애학 및 정치를 혁신하기 위해 정상성과 규범성에 폭넓게 맞서는 대안적인 장애 이론 및 정치학으로서 크립 이론을 주창한다.* 이 책에서 클레어가 '크립 문화'라고 말할 때, 이는 장애인을 '불쌍함 아니면 끔찍함'이라는 이분법 안에서만 재현하는 지배적 인식틀을 뚫고 나갈 틈을 만들어 새로운 지평을 열고자 하는 문화 정치를 일컫는다고 볼 수 있다.

처음에 역자들은 한국에서 음역이 널리 쓰이고 있는 '퀴어'처럼 'crip'도 '크립'으로 음역할지를 고민했다. 한국에서는 장애인과 성소수자를 일반적으로 가리키는 비하와 경멸의 용어가 자긍심의 용어로 변환된 경우가 없다시피 하기에, 아직 당사자 공동체의 담론이 형성되지 않은 멸칭을 번역어로 사용하는 것이 적절치 않다 여겼기 때문이다. 그러나 한편으로 이 책에서 클레어는 'crip'과 'cripple'을 동의어처럼 사용하고 있는데다 낸시 메어스를 따라 'cripple'을 비하

* Robert McRuer, *Crip Theory: Cultural Signs of Queerness and Disability*(New York and London: New York University Press), 2006.

와 자긍심의 의미를 둘 다 담은 용어로 사용하고 있기에, 전자를 '크립'으로 후자를 '불구자'로 구분해서 번역하는 것도 적절하지 않았다. 다른 한편 역자들이 이 책을 오래 붙들고 있는 동안, 이 '크립'의 의미와 정치적 취지를 담아 한국에서 '불구'라는 표현이 막 사용되기 시작했다. 예를 들어 2018년 초 한국의 장애 여성 인권 운동단체 '장애여성공감'은 단체 20주년을 맞아 "시대와 불화하는 불구의 정치"라는 슬로건을 내건 바 있다.* 따라서 이 한글판에서는 잠정적으로 'crip'을 '불구'라 번역했다. 또한 문맥에 따라 'crip'의 양가적 의미의 역사를 다 담아낼 필요가 없거나 담아내기 어려운 경우에는 드물게 '장애인'이라 번역하기도 했다. 예를 들어 이 책의 첫 장 「산」에 등장하는 'supercrip'은 '슈퍼장애인'으로 번역했다. 다만 '불구'라는 번역어도 완전히 만족스럽지는 않다. 미국에서 'crip'이란 개념이 신체장애에 더 가까운 용어로 비판받은 것처럼, '불구'라는 용어도 정신장애나 지적장애보다는 신체장애를 뜻하는 용어로 사용되어왔기 때문이다. 더욱이 'crip'과 달리 '불구'는 한국에서 아래서부터 형성된 당사자 용어가 아니기에, 음역 대신 '불구'라 번역하는 데서 불편함을 느낄 독자들도 많을 것이라 생각한다. 이 개념의 번역과 사용에 대해서는 더 많은 이들이 참여하는 논의의 장이 필요하다.

한편 이 개념이 모든 장애인 개인과 공동체에 자긍심과 정체성

---

* 장애여성공감, 「[시대와 불화하는 불구의 정치④] 장애여성공감 20주년 선언문: '시대와 불화하는 불구의 정치' 선언문」, 《오마이뉴스》, 2018년 2월 1일('www.ohmynews.com/NWS_Web/View/at_pg.aspx?CNTN_CD=A0002400624').

의 용어로 공유되는 건 아니다. 1960~1970년대에 '퀴어'라는 말을 자신을 공격하는 욕으로 들어왔던 나이 든 성소수자들이 '퀴어' 개념을 불편해하는 것처럼, '크립'이라는 용어 또한 그 복잡하고 굴곡진 역사 때문에 이 개념을 받아들이는 다양한 반응이 존재한다. 또한 장애의 범위가 매우 다양한 만큼, 장애 특성에 따라 자신을 대표하는 자긍심의 용어를 따로 사용하는 집단들도 있다. 예를 들어 미국의 청각장애인 공동체는 청각 손상을 가진 사람들을 일반적으로 부르는 말인 'the deaf'를 집단적인 정체성으로서의 청각장애인을 말하는 'the Deaf'와 구분하여, 후자를 자긍심의 용어로 사용하는 경향이 있다. 한국에서도 당사자들은 '청각장애인'보다 '농인'을 자긍심의 이름으로 사용한다. 「프릭과 퀴어」에서 클레어는 '크립'을 비롯하여 차별적 의미로 사용되었던 용어의 역사로 인한 양가감정을 상세히 논의한다.

'crip'과 마찬가지로 'freak'에 대해서도 번역어를 두고 고민이 많았으나, '프릭'으로 음역하기로 했다. 'freak'은 사전적 의미로는 '기형(畸形), 변종(變種), 진기한 구경거리, 괴물'로 정의된다. 프릭 쇼에 대한 분석이 실린 로즈메리 갈런드-톰슨의 『보통이 아닌 몸』**에서는 프릭 쇼를 "기형인간쇼"라고 번역한다. 그러나 'queer'와 'crip'과 마찬가지로 'freak'도 차별과 억압과 멸시의 역사와 자긍심의 용어로

** Rosemarie Garland-Thomson, *Extraordinary Bodies: Figuring Physical Disability in American Culture and Literature*(New York: Columbia University Press, 1997[손홍일 옮김, 『보통이 아닌 몸: 미국 문화에서 장애는 어떻게 재현되는가』, 그린비, 2015].

재전유되는 역사를 모두 담고 있는 용어인데, '기형인간'이라는 번역어는 이 중 전자의 의미만을 담고 있기 때문에 '프릭'의 복잡한 의미와 역사를 논하는 이 책에서는 적절한 번역어로 쓰이기 어렵다고 판단했다.

한편 마찬가지로 중요하지만 개념어로 부각시키는 대신 맥락을 살려 번역한 용어들도 있다. 예를 들어 2부 1장에는 'freakdom'이란 용어가 등장한다. '-dom'은 '~의 상태, ~의 지위, ~집단'이란 뜻을 더해주는 접미사로, 이 책에서 클레어는 장애인이 본디 괴물이고 기형인 것이 아니라 역사적으로 비장애인 사회가 장애인을 흉측하고 기이한 괴물로 낙인찍어 관리해왔음을 드러내기 위해 이 용어를 사용한다. 시대에 따라 장애인을 신기한 볼거리로 전시하는 프릭 쇼에서 의학의 대상으로 발가벗기고 검사하고 단속하는 방식으로 옮겨갔을 뿐, 여전히 장애인이 인간 이하의 것으로 묶여 취급되고 있음을 짚어내는 이 용어를 우리는 '프릭으로 범주화하다'로 풀어 번역했다.

'gawk'도 번역이 까다로운 용어였다. 영한사전에서는 "얼빠진 듯 (멍하니) 바라보다"로 번역되지만, 영영사전에서 이 용어는 "To gawk at someone or something means to stare at them in a rude, stupid, or unthinking way", 즉 '무례하고 멍청하게 혹은 아무 생각 없이 상대를 쳐다보는 행위'로 정의된다. 말하자면 예의 차리지 않고 시선을 자기 멋대로 휘둘러 상대방을 타자화하는 기득권층의 시선 처리를 가리키는 용어다. 한국에 사는 여자들 대부분은 이게 어떤 시선인지 알 것이다. 길거리에서 마주 오는 남자가 끝까지 눈 돌리지 않고 내 얼굴과 몸 구석구석까지 샅샅이 쳐다보고 평가하며 지나가는 그 시선은 여자들에게는 징그러울 만치 일상적인 경험이다. 그럴 때 여자가 그 시선을 피하지 않고 마주 보면 남자들은 당황하거나 매우 불쾌해한다. 마치 그런 시선을 내리꽂을 수 있는 권리가 남자인 자신에게만 있는데 감히 여자가 쳐다본다는 식으로 말이다. 클레어가 'gawk'라는 표현을 통해 말하고자 하는 것은 장애인들이 이와 비슷한 경험을 매우 강렬하고 노골적으로 겪는다는 것이다. 「얼빠진 듯 보기, 입 벌리고 보기, 빤히 쳐다보기」*에서 클레어는 뼈에서 살을 발라내듯 집요한 이런 시선이 너무도 일상적으로 장애인의 몸에 내리꽂혀 어떻게 당사자의 삶과 자아의식을 끝없이 갉아먹고 내면에 자리 잡는지를 이야기한다. 클레어는 이러한 시선이 자신에게 "괴물, 지진아, 병신"이라는 메시지를 고함지르듯 전달한다고 서술하지만,** 이 말은 빤히 쳐다보는 비장애인이 반드시 의도적으로 그런 메시지를 전달한다는 뜻은 아니다. 'gawk'는 좀 더 미묘하고 무의식적인 차원—스스로 '정상적인 주체'라 믿는 사람이 자신과는 다른 '비정상적인 타자'를 발견했을 때의 놀람과 불쾌감—까지 포괄한다. 클레어는 'gawking', 'gaping', 'staring'을 개념적으로 구분해서 쓰기보다는 장애인을 인간보다 못한 것으로 정의하는 시선

---

* Eli Clare, "Gawking, Gaping, Staring," *GLQ: A Journal of Lesbian and Gay Studies* 9.1(2003), pp. 257~261.

** 같은 글, p. 257.

폭력의 특징을 묘사하는 말로 섞어 쓴다. 더욱이 이 책에서 클레어는 일반적으로 비장애인들이 장애인을 바라보는 시선, 프릭 쇼 무대에 올라간 장애인을 바라보던 비장애인 구경꾼들의 시선, 백인이 유색인을 타자화하는 시선뿐 아니라, 장애인 당사자가 그런 시선을 맞받아치는 시선을 표현할 때도 'gawk'를 사용한다. 그래서 우리는 번역어를 통일하는 대신 문맥을 살려 '얼빠진 듯 보다', '구경하다', '빤히 쳐다보다' 등 조금씩 번역을 달리했다.

한편 다양한 퀴어 정체성을 담아내는 이름들이 이 책에 많이 등장하는데, 이런 이름들에 익숙하지 않은 독자들을 위해 용어 해설을 달아달라는 요청을 받았다. 이 짧은(짧아야 하는) 역자 해제에 어떻게 담아내야 할지 고민이 많았다. 본문에 각주로 달기도 곤란했는데, 이 이름들은 간단한 한 줄짜리 사전적 정의로 담아낼 수 없는 다양하고 복잡한 역사적·문화적 맥락 속에서 발전해온 것이기 때문이다. 예를 들어 이 책에서는 '트랜스', '트랜스젠더', '트랜스섹슈얼', '젠더퀴어'라는 이름들이 등장하는데, 이 용어들은 섹스와 젠더, 섹슈얼리티에 대한 이해가 발전하면서 정의가 바뀌거나 새로이 생겨난 것이다. 한국성적소수자문화인권센터 홈페이지에서 제공하는 '성적소수자 사전'에 따르면, "트랜스젠더"는 "지배적 젠더 규범에 부합하지 않는 방식으로 젠더를 실천하는 사람, 태어났을 때 지정받은 섹스-젠더와 다른 방식으로 섹스-젠더를 실천하는 사람"을, "트랜스섹슈얼"은 "태어났을 때 지정받은 섹스-젠더와 자신이 인식하는 섹스-젠더가 일치하지 않으며, 자신이 원하는 섹스-젠더로 살기 위해 의료적 조치를 적극 활용하는 사람"을 뜻한다.[*] 그러나 이 정의 또한 잠정적인데, 이러한 구분은 한편으로는 성별 재지정을 위한 의료적·법적 절차가 당사자를 병리적 대상으로 낙인찍는 문제와 씨름하고, 다른 한편으로는 반드시 남/여 단 두 개의 항에 맞춰 젠더와 섹스를 일치시킬 필요가 있는가 하는 근본적인 문제와 씨름하면서 논쟁적으로 발전하는 과정 속에 있기 때문이다.[**] 이런 고민 속에서 '젠더퀴어'나 '트랜스*'[***] 같은 이름들도 탄생했다. 이런 이름들은 트랜스젠더의 삶이 남자에서 여자(혹은 여자에서 남자)로 완전히 건너가면서 과거의 나와 단절하는 식으로 경험되는 것이 아니라는 점을 짚고, 섹스/젠더를 이분법적으로 적용하는 인식틀 자체를 문제시하고, 젠더가 달라질 때 섹슈얼리티 또한 이성애/동성애라는 이분법적 틀로는 더 이상 설명될 수 없는 복잡성을 띠게 되는 방식을 담아내고자 노력해온 과정 자체다. 이런 이름들은 성을 '전환'하는 것이 아니라 젠더 이분법의 범주를 횡단하고 범주의 안정성에 균열을 낸다.

이 책의 2부 3장 「주머니 속의 돌, 심장 속의 돌」에 등장하

---

[*]   자세한 설명은 '성적소수자 사전'의 'ㅌ' 항을 보라('kscrc.org/xe/index.php?mid=board_yXmx36&category=278'). 이 항목은 한국의 퀴어 이론가 루인이 작성했다.

[**]   트랜스젠더와 트랜스섹슈얼의 역사에 대한 보다 상세하고 체계적인 설명은 다음을 보라. 수잔 스트라이커, 제이·루인 옮김, 『트랜스젠더의 역사: 현대 미국 트랜스젠더 운동의 이론, 역사, 정치』, 이매진, 2016.

[***]   '트랜스*' 혹은 '젠더 비순응자(gender nonconforming)'에 대해서는 다음을 보라. 에반 T. 테일러, 메리 K. 브라이슨, 전혜은 옮김, 「암의 가장자리: 트랜스* 및 젠더 비순응자의 지식 접근과 암 건강 경험, 의사결정」, 『여/성이론』 36호(2017), pp. 60~95. 한편 이 책에서 일라이 클레어는 '트랜스 공동체', '트랜스들'이라고 통칭하는 표현을 쓰는데, 이는 '트랜스'가 붙은 이 모든 다양한 이름을 묶어 부른 것이다.

는 '안드로진androgyne', '팬젠더pangender', '바이젠더bigender', '폴리젠더polygender', '젠더가 없는 사람들ungender' 또한 젠더 이분법으로는 결코 담아낼 수 없는 다양한 젠더 정체성을 표현하기 위한 이름들이다. 어떤 이는 자신의 젠더를 혼합된 것으로 체험하고(안드로진), 어떤 이는 자신의 성별을 두 개나 그 이상의 발현으로 감각하고(바이젠더), 어떤 이는 이 사회에서 남성성과 여성성으로 구분되는 모든 것들을 스펙트럼처럼 한 몸에 담아내고(팬젠더), 어떤 이는 젠더를 설명하는 현재의 인식틀 모두가 자신과 동떨어져 있다고 느끼거나 자신에게 젠더가 없다고 느낀다(이러한 괴리 혹은 부재를 설명하는 이름도 '언젠더ungender, 에이젠더agender, 넌젠더nongender, 젠더리스genderless, 뉴트로이스neutrois' 등 다양하다). 이런 이름들은 명확한 기원도 알 수 없고, 본질적인 혹은 전 세계적으로 합의된 사전적 정의로 고정될 수도 없다. 왜냐하면 이 이름들은 젠더 이분법은 물론 현재 이해되는 방식으로서의 젠더의 유무만 가지고 따지기엔 도무지 설명할 수 없는 자신의 감각을 언어화하기 위해, 다양한 지역에 사는 수많은 사람들이 고민하여 만들고 알음알음 건너듣고 공유하고 수정하며 발전시켜온 귀납적 언어이기 때문이다. 마찬가지로 '넬리nellie', '근육질studly', '퀸queen', '요정fairy'과 같은 이름은 다양한 지역의 퀴어 하위문화에서 발전된 귀납적 용어로, 이런 이름들은 현재처럼 다양한 퀴어 정체성이 젠더와 섹슈얼리티에 대해 최소한으로 공유된 틀(~젠더, ~섹슈얼 같은)을 바탕으로 명명되기 전, 오직 감각과 경험의 차원에서 두루뭉술하게 범주화된 것이다. 따라서 이런 속어들은 역사적으로 오래되었으나 명징하게 정의하는 것이 불가능하다.*

남/여 젠더 이분법에 들어맞고 섹슈얼리티만 동성애자인 경우도 이분법적 젠더의 규범적 안정성을 뒤흔들 잠재력을 품고 있다. '부치butch'와 '펨femme'은 여성 동성애자(레즈비언lesbian)가 젠더를 표현하는 여러 양식 중 대표적인 것으로, 보통 부치는 사회에서 남성성으로 여겨지는 젠더 표현을 실천하고 펨은 여성성으로 읽히는 젠더 표현을 실천한다고 구분한다(성관계에서 삽입을 하는 쪽과 받는 쪽을 구분하는 표현으로 쓰기도 하지만, 이 구분이 명확하게 고정된 것은 아니며 일종의 기대에 가깝다. 또한 삽입은 레즈비언 성관계의 다양한 방법 중 하나일 뿐이다). 이 범주 구분은 꾸준히 논쟁 중에 있는데,** 한국에서는 '긴머부(긴 머리 부치)'처럼 '부치는 남성적

---

* 레즈비언, 게이, 바이섹슈얼, 트랜스젠더(LGBT)라는 대표적 구분을 아득하게 넘어서는 이러한 복잡한 퀴어 정체성들을 본질적으로 구별되는 범주로 고정시키기보다 그 역사성과 복잡한 맥락을 고찰하는 글을 곧 출간할 예정이다. 전혜은, 『퀴어 이론 산책하기』(여이연, 근간) 3장을 보라.

** 논쟁 중 하나는 부치/펨이 남성/여성의 이성애적 관계를 답습한다는 비판을 둘러싼 논쟁이다. 이에 대해 사회인류학 연구들은 부치/펨을 20세기 중반 영미권의 노동계급 레즈비언 공동체에서 가시화된 생활양식으로 밝히면서, 이를 이성애의 모방으로 읽는 것이 계급 문화의 다양성을 획일화하게 된다고 비판했다(한편 부치/펨 구도는 영미권뿐만 아니라 세계 곳곳에서 발견된다. 한국에서도 1960~1970년대 '바지씨'와 '치마씨'라는 구분이 있었다. 이영 감독의 2015년 다큐멘터리 〈불온한 당신〉 참조). 또한 한국에서도 유명한 퀴어 페미니즘 이론가 주디스 버틀러(Judith Butler)는 부치/펨과 드랙(drag)이 남/여 이분법과 그에 기초한 이성애를 모방하는 것이 아니라, 이성애적 젠더스타일이 자연스러운 것이기는커녕 사회적으로 구성된 행동 습관임을 폭로함으로써 원본과 모방본의 관계를 근본적으로 재설정함을 논증했다(주디스 버틀러, 조현준 옮김, 『젠더 트러블: 페미니즘과 정체성의 전복』, 문학동네, 2008).

젠더 표현이다'라는 통념에 들어맞지 않는 존재들을 '부치'로 읽어내기도 하기 때문이다. 이는 우리가 남성성과 여성성의 표지로 읽어내는 것이 무엇인가, 무엇을 통해 상대방을 읽고 정의할 수 있는가 하는 문제를 더욱 복잡하게 만든다. 한편 '여자 같지 않은 여자'를 가리키는 '다이크dyke', '부치 다이크butch dyke', '톰보이tomboy' 같은 이름들은 섹슈얼리티의 위반이 젠더 위반과 깔끔하게 구분될 수 없음을 보여준다. '다이크'는 여성의 남성성을 가리키는 속어로, 동성애 혐오적이고 남성 우월주의적 사회에서 여성을 모욕하기 위한 욕으로 사용되었으나 나중에 당사자의 언어로 되찾은 이름이다. 이런 변화는 부치에 대한 이해 변화와 맞물려 있다. 1970~1980년대에는 남성 우월주의와 이성애 중심주의에 찌든 사회는 물론 이에 대항해 대안적인 여성성을 발굴하려던 제2물결 페미니즘에서도 부치/펨 스타일(특히 남성적 젠더 표현을 하는 부치)을 배척했으며, 이런 시대적 분위기에서 다이크는 욕으로 기능했다. 그러나 이런 배척에 맞서 1980년대 레즈비언들이 스스로를 '다이크'라 칭하기 시작했고, 특히 1990년대 이르러 여성의 남성성과 젠더 수행에 관한 연구들이 나오고 공동체 문화에서 다이크란 표현이 활발히 쓰이게 되었다.[*] 이 용어는 여성을 사랑하지만 사회에서 이해되고 훈육되는 여성성과 자신을 도무지 연결시키기 어려워하는 부치 여성들과 ftm 트랜스젠더[**]에게는 일반

---

[*] 대표적으로 다음을 보라. 주디스 핼버스탬, 유강은 옮김, 『여성의 남성성』, 이매진, 2015.

[**] 'ftm 트랜스젠더'는 태어날 때 의학적·법적 성별로 여성으로 지정되었으나 자신이 이 지정성별에 잘 맞지 않음을 체험해온 사람들로, 'ftm'은 'female to male'의 약자이다.

적으로 '여성을 사랑하는 여성'으로 정의되는 '레즈비언' 대신 자신을 좀 더 편하게 담아내는 이름으로 받아들여진다.

앞에서 소개한 이들이 그저 자기 자신으로 살려고 했을 뿐인데 젠더 이분법과 이성애 규범성에 저항하는 반동분자가 된 셈이라면, 드랙drag 문화는 보다 적극적이고 의식적으로 이분법적 젠더 범주의 경계를 넘나들면서 범주의 안정성을 시험하고 대안적인 가능성을 미학적으로 실천한다. '드랙퀸drag queen'이 〈루 폴의 드래그 레이스 Rupaul's Drag Race〉 등 대중매체를 통해 좀 더 잘 알려진 반면,*** '드랙킹 drag king'은 상대적으로 덜 알려져 있으나 한국을 포함한 세계 곳곳에서 자신들만의 하위문화를 창출해왔다. 드랙퀸과 드랙킹 모두 이

젠더퀴어는 자신이 남/여 이분법 중 어느 한쪽에도 딱 들어맞지 않음을 고민하는 과정에서 나온 비교적 최근의 이름인 반면, ftm과 mtf(male to female) 트랜스젠더는 자신이 지정성별(여성 혹은 남성)과는 고통스러울 만큼 불화하는 반면 반대편 성별(남성 혹은 여성)에 더 잘 맞는다고 감각하는 사람들의 이름이다. 이 구분이 반드시 확정된 것은 아니다. 퀴어 이론 및 운동이 발전하고 젠더에 대한 이해가 이분법적 틀에서 보다 다양성을 사유하는 방향으로 바뀌어가는 역동적인 흐름 속에서, 한때 자신을 '부치'로 이해했던 사람이 ftm으로 정체성을 재인식하기도 하고, 젠더퀴어로 재정체화하기도 한다. 의료적 처치 및 수술과 법적인 성별 정정을 희망하는 사람도 있고 아닌 사람도 있다. 현재는 '성전환'보다는 '성 재지정'이라는 표현이 보다 선호되긴 하지만, 10여 년 전 한국의 ftm을 알린 훌륭한 다큐멘터리와 책으로 김일란 감독의 〈3xFTM〉(2008)과 연분홍치마의 『3×FtM: 세 성전환 남성의 이야기』(그린비, 2008)가 있다.

*** 〈루 폴의 드래그 레이스〉는 2009년부터 방영된 미국의 리얼리티 드랙퀸 경연 프로그램으로 넷플릭스를 통해 한국에도 방영되었다. 한국의 댄스가수 엄정화가 2010년 드랙퀸 공연자들과 함께한 공연(youtu.be/hV1IDmLUT1o), 미국의 팝스타 마일리 사일러스가 2015년 MTV 비디오 뮤직 어워즈(MTV Video Music Awards)에서 드랙퀸 공연자들과 함께 펼친 공연(youtu.be/nI5p-81uYuk) 등 드랙퀸 공연은 공동체의 하위문화를 넘어 종종 방송에도 나온다. 최근 컴백한 브라운아이드걸스의 〈원더우먼〉(2019) 뮤직비디오도 드랙퀸 공연자들과 함께 만들었다(youtu.be/-ZvOzBOv1nc).

분법적 젠더를 과장되고 비규범적인 방식으로 패러디함으로써 이분법의 허구성을 폭로하는 공통점을 갖지만, 드랙킹 문화는 특히 남성 우월적인 가부장제 문화 안에서 여성이 남성성을 수행하는 것이 어떤 의미와 효과를 창출하는가를 실험하고 향유한다. 드랙퀸을 '여장남자', 드랙킹을 '남장여자'로 정의하는 건 정확한 이해가 아니다. 드랙을 하는 사람은 스스로를 여성, 남성, 트랜스젠더, 젠더퀴어 등 다양하게 정체화하며, 자신의 젠더와 섹슈얼리티 정체성의 표현으로 드랙 퍼포먼스를 하는 이도 있지만 그러한 연관 자체를 교란시키는 사람도 있다. 드랙 문화는 우리가 상대방으로부터 섹스와 젠더와 섹슈얼리티로 읽어내고 이해하고 기대하는 게 무엇인가를 끊임없이 열린 질문으로—이 사회가 반드시 진지하게 고민해야 할 중요한 질문으로—만든다.

한편 지금까지 설명한 존재 및 실천들은 젠더 이분법과 이성애를 수호하는 주류 사회로부터 '뇌 내 망상' 취급을 받으며 지금까지도 배척받고 있지만, 간성間性이라고도 번역하는 '인터섹스intersex'의 존재는 젠더 이분법을 떠받치는 기본 전제인 남성과 여성 단 두 개로 이뤄진 '생물학적 성별'이라는 게 있다는 근본적인 믿음 자체를 뒤흔든다. 인터섹스는 남성male과 여성female을 구분하는 특징(염색체, 호르몬, 성기의 해부학적 구조, 재생산 기능, 몸의 형태 등등)이 다양하게 결합되어 태어난 사람들을 부르는 이름이다.*

---

* '인터섹스'는 모든 사람이 남성 아니면 여성이라는 믿음을 해친다는 바로 그 이유로 인해 기형, 괴물 취급을 받고 프릭 쇼에 전시되었으며, 20세기에는 영유아 때 강제로 성

지면이 한정되어 있어 간략한 설명밖에 적지 못했지만, 본문에 등장하는 퀴어한 이름들에 대한 이 설명이 클레어의 이 엄청나게 멋진 책을 읽는 데 조금이라도 도움이 되길 바란다.

감사의 말

감사의 말을 전할 분들이 있다. 이 책은 2009년 장애와 퀴어에 관해 공부하고자 모인 세미나 모임 '리카 패밀리'에서 처음으로 함께 읽은 책으로, 그때부터 이 책은 꼭 번역 출간하자고 마음을 모았으나 여러 사정이 겹쳐 10여 년이 지난 이제야 세상에 내놓게 되었다. 그사이 모임 구성원인 제이와 루인이 먼저 수잔 스트라이커Susan Stryker의 『트랜스젠더의 역사』(이매진, 2016)을 번역 출간했다. 몇 년

기를 훼손하는 수술을 겪어야 했다. 이들이 겪은 폭력은 사람보다 이분법적 젠더 규범이 우선시된다는 사실을 입증한다. 즉 그리스 신화에 나오는 프로크루스테스의 침대처럼, 남/여 젠더 이분법은 본디 자연스러운 것이 아니라 사람을 규범에 끼워 맞추기 위해 얼마든지 폭력적이고 억압적으로 작동할 수 있는 규범권력 체계인 것이다. 다음을 보라. 셰릴 체이즈·피터 헤가티, 제이 옮김, 「피터 헤가티(Peter Hegarty)와 셰릴 체이즈(Cheryl Chase)의 대화」, 『여/성이론』 27호(2012) pp. 130~157; 정희진, 「인터섹스, 사이에서 차이를 허물다」, 『인물과 사상』 2016년 2월호, pp. 111~214.

한편 인터섹스 당사자들의 삶과 경험과 필요에 대해서는 그다지 주목하지 않은 채, 생물학적 성별에 대한 이분법적 인식틀을 깨부수는 증거로서만 학계에서 소비되는 경향에 대해서도 꾸준한 비판이 제기되어왔다. 한국에서는 2017년에 인터섹스 당사자 모임 '나선'이 만들어졌다(트위터 @intersex_kr). 섹스와 젠더의 이분법이 왜 무엇이 문제인지, 생물학적 성별이라는 게 정말 남성과 여성으로 나누어진 것이 아니라면 어찌해야 하는지 당황스럽고 어려운 독자에게는 다음 책들이 도움이 될 것이다. 조안 러프가든, 노태복 옮김, 『진화의 무지개: 자연과 인간의 다양성, 젠더와 섹슈얼리티』, 뿌리와이파리, 2010; 미미 마리누치, 권유경·김은주 옮김, 『페미니즘을 퀴어링!: 지금 우리에게 필요한 페미니즘 이론, 실천, 행동』, 봄알람, 2018. 곧 출간될 내 책 『퀴어 이론 산책하기』(여이연, 근간) 2장에서도 이 주제를 다룬다.

전부터 각자의 삶이 바빠 모임은 잠정 휴식 상태지만, 이 책은 리카 패밀리의 두 번째 책인 셈이다. 우리는 앞으로도 꾸준히 따로 또 같이 퀴어와 장애와 페미니즘의 교차점에 놓인 좋은 책들을 번역할 예정이다. 이 책에는 함께하지 못했지만 구성원인 루인과 지성에게 감사의 말을 전한다. 무엇보다 이 책의 편집을 맡아주신 홍원기 선생님께 감사드린다. 원고를 주고받는 동안 이토록 섬세하고 열정적이고 정확한 교정을 받게 된 것이 우리에게 얼마나 행운인가 몇 번을 감탄했는지 모른다. 우리가 몇 번씩 원문 대조하면서도 미진했던 부분은 물론 원서 자체의 오탈자와 원저자가 잘못 알고 있던 부족명이며 지명까지 꼼꼼하게 수정해주신 선생님 덕분에 이 책의 완성도가 비약적으로 올라갈 수 있었다. (그럼에도 이 책의 번역에 미진한 부분이 있다면 그것은 우리 역자들이 부족한 탓이다.)

내 소중한 멍뭉이 왓슨이에게도 감사의 인사를 전하고 싶다. 일라이 클레어가 「감사의 말」에서 반려견 재스퍼가 세상엔 컴퓨터 키보드보다 훨씬 좋은 게 많으며 하루 두 번 산책과 특히 숲에서 오래도록 노는 것이 반려인간의 의무임을 알려줬다는 이야기를 썼는데, 그 사랑스럽지만 고된 일정에 번역하는 내내 공감의 눈물이 솟구치곤 했다. 클레어 님 아시나요, 당신의 책 역자 중 한 명은 개 산책을 하루 네다섯 번 나간다는 것을……. 부모님 댁 근처로 이사 온 다음에 가족들이 산책을 자주 도와주지만, 왓슨이는 저랑 나갈 때만 꼭 한 번에 두세 시간 연속으로 날아다니며 끝까지 밖에서 논다고 고집부리다 안겨 들어옵니다. 재스퍼는 매일 숲에서 몇 시간씩 놀았나요……. 세상에서 산책을 제일 좋아하는 왓슨이 덕에 이 책(을 비롯한 모든 마감)이 늦어지는 것일지도 모르지만, 만성적인 신체 질환과 우울증에 허덕대는 인간이 삶을 포기하지 않고 10년 전에 읽었던 이 책을 세상에 내놓을 수 있게 되기까지 왓슨이가 절대적인 공헌을 했다는 걸 꼭 밝혀두고 싶다. 모든 반려동물은 마감하는 인간을 강하게 키운다.

아울러 이 책의 세미나로 처음 만나 10년째 우정을 이어오고 있는 소중한 친구이자 동료 공역자인 제이에게도 감사의 말을 전한다. 각자의 생계 문제는 물론 둘 다 만성질환과 만성적인 기력 고갈을 짊어진 상태에서 예정보다 작업이 늦어지긴 했지만, 함께 작업하는 시간 동안 늘 즐거웠다. 쉽게 울컥하는 나와 달리 차분한 성격인 제이는 내가 번역에 비속어를 섞고 싶어 할 때마다, 예를 들어 어린 일라이를 학대해온 친부를 차마 '아버지'라 번역하기 싫어 '애비'라고 적어놓는 짓을 할 때면 침착하게 표준어로 수정해주었다. 둘 다 꼼꼼한 성격인지라 초벌 번역을 분담하고, 서로의 1차 번역을 건네받아 2차 수정한 다음, 그걸 1차 번역했던 사람이 다시 3차 수정하고, 서울과 대전에 떨어져 살기에 주말마다 보이스톡을 통해 함께 문장 하나하나 고치는 4차 수정 작업을 이어갔다. 우리와 성향이 맞는 훌륭한 편집자 선생님을 만난 덕에 5차, 6차 늘어나는 수정 작업도 힘들지만 즐거웠으며, 이 멋진 책을 빨리 한국의 독자들에게 알리고 싶다는 설렘이 커져만 갔다.

드디어 나온 소중한 책을 여러분께 보여드릴 수 있어 기쁘다.

이런 이야기를 필요로 했던 분들에게 이 책이 많은 도움이 되길 바란다.

2020년 봄
전혜은

미주

2판 서문 _ 단일 쟁점 정치에 도전하다: 10년 뒤의 회고

1) Combahee River Collective, "The Combahee River Collective Statement,"(1977) in eds. Cherríe Moraga and Gloria Anzaldúa, *This Bridge Called My Back: Writings by Radical Women of Color*(Watertown, MA: Persephone Press, 1981), p. 210[한우리 옮김, 「흑인 페미니스트 선언문」, 한우리 기획, 『페미니즘 선언』(현실문화, 2016), 147쪽, 번역 일부 수정].

산

1) David Hevey, *The Creatures Time Forgot: Photography and Disability Imagery*(London: Routeledge, 1992), p. 9에서 재인용.
2) 같은 책, p. 9.
3) Marta Russell, *Beyond Ramps*(Monroe, ME: Common Courage Press, 1998), pp. 96~108.
4) Dick Sobsey, *Violence and Abuse in the Lives of People with Disabilities*(Baltimore: Paul H. Brooks Publishing, 1994), p. 68.
5) Joseph Shapiro, *No Pity: People with Disabilities Forging a New Civil Rights Movement*(New York: Times Books, 1994), pp. 27~28[윤삼호 옮김, 『동정은 싫다: 미국 장애운동의 역사』(한국DPI출판부, 2010)].

개벌: 거리를 설명하기

1) Bill Devall ed., *Clearcut: The Tragedy of Industrial Forestry*(San Francisco: Sierra Club Books and Earth Island Press, 1994).
2) 같은 책, p. 106.
3) 벌목 노동자들이 '불도저'를 부르는 은어다.

4) Dave Foreman, *Ecodefense: A Field Guide to Monkeywrenching* (Tucson: Ned Ludd Books, 1985).

집을 잃는다는 것

1) Elliott, "Whenever I Tell You the Language We Use Is a Class Issue, You Nod Your Head in Agreement—And Then You Open Your Mouth," in Julia Penelope ed., *Out of the Class Closet: Lesbians Speak*(Freedom, CA: Crossing Press, 1994), p. 277.

2) 같은 책, p. 278.

3) 같은 책, p. 280.

4) [2판 주석] 2009년인 지금 이 이야기를 읽으면서, 나는 내가 백인이라는 나 자신의 특권과 인종차별주의를 이렇게 대수롭지 않게 여겼다는 사실에 충격을 받았다. 바브와 마거릿이 묵시적으로 받아들여져 직접적이고 공공연한 인종차별주의의 표출은 누그러졌더라도, 시골의 백인 확대가족 안에서 바브가 암암리에 흐르는 숨겨진 인종차별주의를 헤쳐가야 했다는 것을 알고 있기 때문이다. 그런 인종차별주의는 의혹과 호기심, 고정관념, 무례한 농담을 포함한다. 이처럼 겉으로 드러나지 않는 흐름을 도외시하여 백인 특권을 드러내기란 내게 너무 쉬운 일이다.

5) Suzanne Pharr, "Rural Organizing: Building Community Across Difference," *Sojourner: The Women's Forum* 19.10(1994), p. 14.

개벌: 짐승과 범퍼 스티커

1) [2판 주석] 이 기사와 1999년 나의 분석은 북서부 지역에 강력한 백인 우월주의 운동이 존재한다는 사실에 대한 현실적 인식을 결여하고 있다. 자신의 일을 하는 남성들과 그 일에 저항하는 활동가들 사이의 갈등이라는 맥락에서 벌목 노동자들을 KKK단에 비유하는 것은 단순히 그들을 "짐승"이라고 부르는 것의 선동적인 방식일 뿐이지만, 그와 동시에 이 비유는 수십 년간 KKK단에 의해 저질러진 대단히 실질적인 테러와 폭력을 대수롭지 않은 것으로 만든다. 나는 백인 환경운동가들이 이러한 비유를 쓰는 대신에, 북서부 지역의 환경적 부정의와 백인 우월주의 운동 사이의

연결을 캐내는 질문을 던지고, 유색인, LGBT, 유대인 공동체처럼 그러한 운동에 의해 공격받아온 모든 집단과 연대했으면 좋겠다.

2) Forest Action Network, "Violent Attack on Activists in British Columbia," *Earth First! Journal* 14.5(1994), p. 28

개벌: 막다른 길

1) 법에 따르면 개인이나 주정부가 소유한 토지에서 잘라낸 나무는 수출이 가능하지만, 연방정부 소유지에서 잘라낸 나무는 수출할 수 없다.

카지노: 에필로그

1) 사회생태학과 심층생태학(deep ecology), 그리고 이 둘 사이의 긴장에 관한 더 많은 정보는 다음을 보라. Steve Chase ed., *Defending the Earth: A Dialogue Between Murray Bookchin and Dave Foreman*(Boston: South End Press, 1991). 계급, 노동조합 조직, 급진적 환경운동에 대한 탁월한 분석은 다음을 보라. Judi Bari, *Timber Wars*(Monroe, ME: Common Courage Press, 1994).

2) [2판 주석] 백인 중산층 환경운동에 대해 내가 한 비판을 되돌아보면서, 나는 유색인과 백인 노동계급 및 빈민계급 사람들이 한 중요하고도 맹렬한 환경 정의(environmental justice) 운동에 경의를 표하고 싶다. 수많은 사람 중 즉각 떠오르는 사람만 해도 위노나 라듀크(Winona LaDuke), 린다 호건(Linda Hogan), 반다나 시바(Vandana Shiva) 등이 있다. 또한 나는 '어스 퍼스트!' 안에서 오랫동안 힘들게 투쟁해온 유색인들을 떠올린다. 《어스 퍼스트! 저널》의 전 편집장이자 유색인 운동을 하는 무정부주의자 퍽(Puck)의 말을 들어보자. 「린치를 해대는 급진적 환경주의자 무리와 대결하자」라는 글에서 퍽은 '어스 퍼스트!' 내부의 인종차별주의를 끄집어낸다. "우리는 미국뿐만 아니라 세계에서도 가장 오염되고 억압적인 환경 속에서 연대를 구축하고 있다. 로스앤젤레스에서 디트로이트며 마이애미까지, 유색인은 항상 자신들의 생활 터전 근방에 유독성 폐기물을 갖다버리고 태우는 기업들에 맞서 조직을 꾸리고 있다. 유색인 대부분은 깨끗한 물을 마시고 신선한 유기농 음식을 먹길 바라고 아름다운 숲과 사

막과 강을 누리길 바란다. (…) 백인이 생태학적 문제를 유색인종은 신경 쓰지도 않고 이해할 수도 없는 '위대한 하얀 비밀'인 양 이야기하는 것은 정말 모욕적이다"(Puck, "Facing Off the Radical Environmental Lynch Mob," *Earth First! Journal* 24.6, 2004).

3) Kathie Durbin, *Tree Huggers: Victory, Defeat, and Renewal in the Northwest Ancient Forest Campaign*(Seattle: The Mountaineers, 1996), p. 184.

프릭과 퀴어

1) **핸디캡**(handicap)이란 단어는 "모자 속에 손(hand in cap)"이라 불리던 도박 게임으로부터 나온 말로, 이길 기회를 공평히 하기 위해 시합에 참 가한 각 참여자들에게 각기 다르게 보상한다는 의미다. 그 게임에서 참가 자들은 모자 하나에 벌금을 넣어둔다. 비록 어원은 이렇지만, "손에 든 모 자(cap in hand)"라는 말장난은 장애인이 거지로서 생존했던 방식과 아 이러니하게도 공명한다.

2) Nancy Mairs, *Plaintext*(Tuscon: University of Arizona Press, 1986), p. 9.

3) 같은 책, p. 10.

4) 사실 **프릭**은 수많은 주변화된 사람들—장애인뿐만 아니라 히피, 마약 사 용자, LGBT 사람들—이 사용한다.

5) **변태**(pervert)는 더 큰 퀴어 문화 내에서도 주변화되었다고 느끼는, 가죽 과 사디즘/마조히즘 공동체(leather and s/m commnunities)에 속한 퀴 어들이 가끔 사용하는 단어다. 여기서 요점은 **변태**와 **지진아**가 결코 애정 이나 자긍심을 동반하여 말해진 적이 없다는 게 아니라, 그 단어들이 개 인과 공동체의 정체성 둘 다를 구축하는 데 사용되고 포용되진 않았다는 것이다. [옮긴이] '가죽과 BDSM 공동체'는 복장 관행 및 성적 실천이 가 죽으로 만든 의류, 오토바이, 가죽으로 만든 구속 도구 등을 중심으로 전 개되는 퀴어 하위문화 중 하나다. 이 문화를 둘러싼 담론에 대해서는 게일 루빈(Gayle Rubin)의 「가죽의 위협: 정치와 S/M에 관한 논평」(임옥희 외 옮김, 『일탈: 게일 루빈 선집』, 현실문화, 2015, 225~278쪽)을 참고하라.

6) [2판 주석] 1999년 이래 **변태**란 단어에 대한 내 분석 때문에 가죽과 BDSM 공동체에 있는 사람들에게 몇 번이고 책망을 들었다. 1999년 각 주에서 나는 그 단어가 "개인과 공동체의 정체성 둘 다를 구축하는 데 사용"된 적 없다는 주장을 하면서, 내 분석을 유연하게 만들려 애썼다. 하지만 "그래 우리는 **변태**다"라고 주장하는 것이 공동체적 정체성을 구축하는 데 정말로 중심이 되어왔던 BDSM 공동체들 안에서 보기엔, 내 추론은 완전 틀렸다. BDSM 세계의 외부자로서 내가 그 단어를 오독한 방식들은, 추한 단어들을 되찾아오기(reclaiming)가 어떻게 맥락과 매우 밀접하게 관련되어 있는지를 보여주는 좋은 예이다. 장애 공동체 안에서의 **지진아**(retard)란 단어와 유사한 단어를 LGBT 공동체 안에서 찾으려던 내 원래 의도는 매우 복잡해진다.

7) Rosemarie Garland Thomson, *Extraordinary Bodies: Figuring Physical Disability in American Culture and Literature*(New York: Columbia University Press, 1997), pp. 62~63[로즈메리 갈런드-톰슨, 손홍일 옮김, 『보통이 아닌 몸: 미국 문화에서 장애는 어떻게 재현되는가』(그린비, 2015), 120~121쪽, 번역 일부 수정].

8) Robert Bogdan, *Freak Show: Presenting Human Oddities for Amusement and Profit*(Chicago: University of Chicago Press, 1988), p. 136.

9) Lori Merish, "Cuteness and Commodity Aesthetics: Tom Thumb and Shirley Temple" in Rosemarie Garland Thompson ed., *Freakery: Cultural Spectacles of the Extraordinary Body*(New York: New York University Press, 1996), p. 190에서 인용.

10) Robert Bogdan, *Freak Show*, p. 268.

11) Joseph Shapiro, *No Pity: People with Disabilities Forging a New Civil Rights Movement*(New York: Times Books, 1994), p. 159에서 재인용[윤삼호 옮김, 『동정은 싫다: 미국 장애운동의 역사』(한국DPI출판부, 2010), 68쪽, 새로 번역].

12) Joanna Kadi, *Thinking Class: Sketches from a Cultural Worker*(Boston: South End Press, 1996), p. 103.

13) 예를 들어 노예제가 종식되기 전에, 장애인으로 태어난 노예 아동은 흥행사에게 팔려가는 경우가 많았고 때로는 거금에 팔려갔다. 결합 쌍둥이인 밀리와 크리스티나 맥코이(Millie and Christina McCoy)는 1852년에 노예로 태어났는데, 노예주는 그들을 팔고 3만 달러를 벌었다. [옮긴이] 사실관계를 정정할 필요가 있다. 맥코이 쌍둥이의 이름은 밀리와 '크리스틴(Christine)'이고 이들의 출생년도는 1851년, 팔려간 년도가 1852년이다 ('en.wikipedia.org'의 'Millie and Christine McKoy' 항목 참조).

14) Bernth Lindfors, "Circus Africans," *Journal of American Culture* 6.2(1983), p. 9에서 재인용.

15) Nigel Rothfels, "Aztecs, Aborigines, and Ape-People: Science and Freaks in Germany, 1850~1900" in Rosemarie Garland Thompson ed., *Freakery*, p. 158에서 재인용.

16) Michael Oliver, *The Politics of Disablement*(New York: St. Martin's Press, 1990), p. 48.

17) Robert Bogdan, *Freak Show*, p. 230.

18) Christopher Vaughan, "Ogling Igorots" in Rosemarie Garland Thompson ed., *Freakery*, p. 222.

19) 1년 동안 진행된 이 기념행사는 크리스토퍼 콜럼버스(Christopher Columbus)의 미국 도착 500주년을 맞이하여, 인종차별주의, 제국주의, 집단 학살에 맞선 유색인의 계속된 저항에 초점을 맞췄다.

20) Coco Fusco and Paula Heredia prod. and dir., *The Couple in the Cage: A Guatinaui Odyssey*, 31 min., sd., col. with b&w sequences, 4 3/4cm(Chicago: Authentic Documentary Productions/Video Data Bank, 1993), videodisc/DVD.

21) Robert Bogdan, *Freak Show*, p. 173에서 재인용.

22) Joseph Shapiro, *No Pity*, pp. 63~64.

23) Robert Bogdan, *Freak Show*, p. 280.

24) Lisa Blumberg, "Public Stripping" in Barret Shaw ed., *The Ragged Edge: The Disability Experience from the Pages of the First Fifteen Years of The Disability Rag*(Louisville: Avocado Press, 1994), pp.

73~77.

25) Lisa Blumberg, "Public Stripping Revisited," *The Disability Rag* 17.3(1996), pp. 18~21.

26) Doris Baizley and Victoria Ann Lewis, "P.H. *reaks: The Hidden History of People with Disabilities" from Victoria Ann Lewis ed., *Beyond Victims and Villains*(New York: Theatre Communications Gruop, 2006), pp. 78~79.

27) Disability Rights Nation, "'Nearly Half of Us Don't Know About the ADA,' Says New Harris Poll," *Ragged Edge* 19.5(1998), p. 5.

28) [2판 주석] 1999년에 나는 장애인 실업률을 잘못 인용했다. 난 **실업률**이 100%에서 **취업률**을 뺀 값과 같다고 가정했다. 그러나 두 비율은 전혀 다른 방식으로 계산된다. 장애인 **취업률**은 18~64세의 장애 인구 중 시설에 있지 않은 사람 모두를 고려한다. 반면 실업률은 실제 노동 인구에 속하는 장애인들만 고려한다. 2002년에 장애인 취업률은 21%였고, 비장애인 취업률은 78%였다. 같은 해 장애인 실업률은 14%였고 비장애인 실업률은 6%였다. 이 수치들 밑에 깔려 있는 건, 전체 비장애인 인구 집단 중 노동 인구에 속하는 비율(83%)이 전체 비장애인 인구 집단 중 노동 인구에 속하는 비율(24%)보다 훨씬 더 크다는 현실이다. 더 많은 정보는 'www.ilr.cornell.edu/edi/DisabilityStatistics/issues.cfm'(2009년 5월 20일 접속)을 보라. [옮긴이] 현재 이 웹 주소는 찾을 수 없다. 해당되는 자료들을 'disabilitystatistics.org'에서 찾아볼 수 있다.

29) Joseph Shapiro, *No Pity*, p. 28.

30) ADAPT(American Disabled for Attendant Programs Today)의 주소와 연락처는 다음과 같다. 1640 E. Second St., Suite 100, Austin, TX 78702. Telephone: (512) 442-0252. www.adapt.org|adapt@adapt.org.

31) Not Dead Yet의 주소와 연락처는 다음과 같다. 497 State St., Rochester, NY 14608-1642. Contact: Diane Coleman, Telephone: (585) 697-1640. www.notdeadyet.org|ndycoleman@aol.com.

32) Joseph Shapiro, *No Pity*, pp. 66~70.

결을 가로질러 읽기

1) "We Wish We Wouldn't See…," *The Disabiity Rag* 13.5(1992), p. 46.

2) Sam Maddox and Christopher Voelker(photographer), "The Seven Year Itch," *New Mobility* 5.15(1994).

3) David Hevey, *The Creatures Time Forgot: Photography and Disability Imagery*(London: Routeledge, 1992), plate 5.

4) "Meet Ellen Stohl," *Playboy* 34.7(1987), pp. 67~74.

5) 같은 기사, p. 68.

6) Paul Longmore, "The Second Phase: From Disability Rights to Disability Culture," *The Disability Rag* 16.5(1995), pp. 8~9.

7) [2판 주석] 지난 십여 년간 나는 장애인들, 특히 만성질환이나 통증 혹은 둘 다를 상대해야 하는 사람들이 자신의 일상적인 삶이 실제로 어떠한지 이야기하는 걸 들었다. 나는 치료에 대한 정치가 내가 여기에 썼던 것보다 훨씬 더 많은 뉘앙스를 담을 필요가 있음을 깨닫게 되었다. 비장애 중심주의를 끝장내는 것이 사회정의를 위해 우선시되어야 하는 것은 맞지만, 많은 장애인에게 효과적인 치료나 치유 가능성 혹은 둘 다 역시 매우 중요할 수 있다는 것도 사실이다. 한편으로 비장애 중심주의가 야기한 광범위한 피해를 정치적으로 이해해야 한다는 점, 그리고 다른 한편으로 많은 사람들의 삶에 치료나 치유 혹은 둘 다 필요하다는 점, 이 양쪽의 균형을 어떻게 맞출 수 있을까? 물론 문제는 장애인을 가치 없는 존재로 여기고 장애는 반드시 치료되어야 한다고 믿는 지배 문화 내에서 그러한 균형을 찾아야 한다는 것이다.

8) Joseph Shapiro, *No Pity: People with Disabilities Forging a New Civil Rights Movement*(New York: Times Books, 1994), pp. 143, 208[윤삼호 옮김, 『동정은 싫다: 미국 장애운동의 역사』(한국DPI출판부, 2010)].

9) 같은 책, pp. 289~321.

10) Dick Sobsey, *Violence and Abuse in the Lives of People with Disabilities*(Baltimore: Paul H. Brooks Publishing, 1994), pp. 119~120.

11) Barbara Faye Waxman, "It's Time to Politicize Our Sexual

Oppression" in Barret Shaw ed., *The Ragged Edge: The Disability Experience from the Pages of the First Fifteen Years of The Disability Rag*(Louisville: Avocado Press, 1994), p. 83.

12) Joseph Shapiro, No Pity, pp. 255~256.

13) 같은 책, p. 238.

14) Kiss and Tell Collective, *Her Tongue on My Theory*(Vancouver, B.C.: Press Gang Publishers, 1994), p. 80.

15) Connie Panzarino, *The Me in the Mirror*(Seattle: Seal Press, 1994), p. 212.

16) Joseph Shapiro, *No Pity*, p. 39[『동정은 싫다』, 46쪽, 번역 일부 수정].

17) 같은 책, p. 40[『동정은 싫다』, 47쪽, 새로 번역].

18) 가난한 여성들도 항상 이런 주장을 듣는다. 가난한 주제에 임신하는 건 너무 무책임하다는 것이다. 가난한 비장애인 여성의 경우, 그런 주장은 그들이 원래 태생부터 게으르고 문란하다는 가정으로 이어진다. 장애 여성들에게 그런 주장은 조금 다른 방향으로 빠지는데, 이 여성들이 부도덕하게도 장애를 재생산할 가능성이 있다는 것은 그들이 성적인 존재여서는 안 된다는 걸 입증한다는 것이다.

19) Anne Finger, "In Vogue," *The Disability Rag* 16.4(1996), p. 33.

20) 같은 글, p. 33.

21) Kiss and Tell Collective, *Her Tongue on My Theory*, p. 51.

22) Anne Finger, "Helen and Frida" in Kenny Fries ed., *Staring Back: The Disability Experience from the Inside Out*(New York: Plume, 1997), pp. 255~263.

23) Cheryl Marie Wade, "A Night Alone," *The Disability Rag* 13.5(1992), p. 36.

24) Kenny Fries, *Anesthesia*(Louisville: Avocado Press, 1996), p. 10.

25) Joan E. Biren, *Making a Way: Lesbians Out Front*(Washington, DC: Glad Hag Books, 1987), plate 20.

26) Doris Baizely and Victoria Ann Lewis, "P.H. *reaks: The Hidden History of People with Disabilities" from Victoria Ann Lewis ed.,"

Beyond Victims and Villains(New York: Theatre Communications Gruop, 2006), pp. 45~48.

27) [2판 주석] 불구(crip) 몸과 섹슈얼리티에 대한 이미지는 10년이 지난 지금도 아직 풍성하게 존재하지 않지만, 불구 문화적 작업이 그 방향으로 분출되어왔다. 최근 사례를 몇 가지 들어보자. 신스 인발리드(Sins Invalid)가 계속 진행하는 작업을 보라. 신스 인발리드는 "장애와 섹슈얼리티에 관한 퍼포먼스 기획으로, 유색인과 퀴어와 다양한 젠더의 예술가들이 주축을 이뤄 만들었다. 이 프로젝트는 장애가 있는 예술가들을 육성하고 찬양한다"('www.sinsinvalid.org'). 로리 에릭슨(Loree Erikson)이 만든 정치적으로 영악한 단편 불구 포르노 비디오 〈원해(Want)〉를 보라(배포 중단 상태. 영화감독에 관한 정보는 'www.xtra.ca/public/Toronto/Sex_on_wheels-3315.aspx')[옮긴이: 현재 이 웹 주소는 접속할 수 없다. 감독에 대한 정보는 다른 인터뷰 'www.dailyxtra.com/sex-on-wheels-18519'에서 볼 수 있다]. AXIX 댄스 컴퍼니에서 20년간 공연한 춤을 보라('www.axisdance.org'). GIMP의 새로 나온 작업을 보라('www.thegimpproject.com'). 페기 먼슨(Peggy Munson)의 소설 『종이접기 스트립쇼(Origami Striptease)』(San Francisco: Suspect Thoughts Press, 2006)도 보라.

28) Joan E. Biren, *Making a Way*, plate 20.

29) Barbara Faye Waxman, "It's Time to Politicize Our Sexual Oppression" in *The Ragged Edge*, p. 84.

30) Lucy Gwin, "Auschwitz on Sesame Street" in *The Ragged Edge*, pp. 178~185.

31) Lucy Gwin and Lydia Gans(photographer), "Ed Roberts: We're Talking About Inclusion Here," *New Mobility* 5.15(1994), p. 43.

32) Joseph Shapiro, *No Pity*, p. 45[『동정은 싫다』, 53쪽, 새로 번역].

33) [2판 주석] 지난 10년간 MiCASA는 '공동체 선택법(Comm unity Choice Act, CCA)'으로 변화해왔다. 이 법안은 2007년과 2009년에 의회에 상정되었다. 2009년 5월, 아직도 많은 장애인이 수용 시설에 짐짝처럼 수용된 가운데 이 법을 통과시키기 위한 투쟁이 지속되고 있다. [옮긴이] 공동체 선택법은 미국 연방법에 입법 상정 중으로, 장애인들이 자신이 거주할 곳

을 선택하여 돌봄을 받을 수 있도록 지원하는 것을 골자로 한다.

주머니 속의 돌, 심장 속의 돌

1) Riki Anne Wilchins, *Read My Lips*(Ithaca, NY: Firebrand Books, 1997), p. 118.

2) [2판 주석] 여성과 남성을 구분하는 엄격한 이분법은 생물학을 통해 너무도 오랫동안 수호되어왔다. 이에 저항하려면 우리는 생물학적 성별을 기반으로 하는 범주들이 사실은 사회적으로 구성되는 수많은 방식을 다각도로 검토해야만 한다. 하지만 1999년에 이 글을 쓸 당시에 내가 한 분석에선, 다른 많은 트랜스 활동가와 페미니스트 활동가들이 다년간 그래왔듯, 나도 인터섹스들과 그들의 몸을 끌어다 사회적 구성에 관한 내 주장을 뒷받침하는 데 썼다. 우리가 인터섹스들의 실제 삶보다는 인터섹스 몸이 젠더와 섹스의 체계에 대해 말해준다고 믿는 무언가에 훨씬 많은 관심을 기울인 데 대해, 인터섹스 활동가들은 정당하게 분노했다. 인터섹스 몸을 트랜스젠더/페미니즘 분석의 상징으로만 사용하는 대신에, 우리는 인터섹스들이 어떤 경험을 하는지 배워야 하고, 그들이 직면하는 계속된 수치심, 침묵, 비밀 유지, 그리고 의학의 이름으로 자행되는 학대에 관해 이야기해야 한다.

3) 지금의 나는 아버지가 날 성적으로 학대했던 방식들을 생각하면 이게 얼마나 충격적인 아이러니인지 안다.

찾아보기